一本书读懂
30部人文社科经典

郭泽德 宋义平 关佳佳 编

清华大学出版社
北京

图书在版编目(CIP)数据

一本书读懂 30 部人文社科经典 / 郭泽德，宋义平，关佳佳编 . —北京：清华大学出版社，2021.11（2025.4 重印）

ISBN 978-7-302-59093-4

Ⅰ.①一⋯　Ⅱ.①郭⋯ ②宋⋯ ③关⋯　Ⅲ.①人文科学－普及读物②社会科学－普及读物　Ⅳ.① C49

中国版本图书馆 CIP 数据核字 (2021) 第 182104 号

责任编辑：顾　强
装帧设计：方加青
责任校对：王荣静
责任印制：曹婉颖

出版发行：清华大学出版社
　　　　　　网　　　址：https://www.tup.com.cn，https://www.wqxuetang.com
　　　　　　地　　　址：北京清华大学学研大厦 A 座　　　邮　　编：100084
　　　　　　社 总 机：010-83470000　　　　　　　　　邮　　购：010-62786544
　　　　　　投稿与读者服务：010-62776969，c-service@tup.tsinghua.edu.cn
　　　　　　质 量 反 馈：010-62772015，zhiliang@tup.tsinghua.edu.cn
印 装 者：三河市东方印刷有限公司
经　　销：全国新华书店
开　　本：148mm×210mm　　　**印　张**：10.375　　**字　数**：239 千字
版　　次：2022 年 1 月第 1 版　　**印　次**：2025 年 4 月第 11 次印刷
定　　价：68.00 元

产品编号：093921-01

前　言

预　见　未　来

一花一世界，一叶一菩提。

在浩荡的书海中选择阅读经典，是建立深度思维的必经之路。

学术志团队倾力打造的人文社科必读 100 本经典，邀请知名高校教授与博导遴选书单，从上千种经典著作中精选了 100 种，覆盖哲学、社会学、教育学、管理学、心理学、经济学、法学等多个学科，希望为学人带来经典学习的全新体验。

经典虽好，读之不易，尤其是在快节奏的当下，如何做到既不失精髓，又能够应对"吾生也有涯，而知也无涯"的时间荒，编写团队认真讨论了编写思路，邀请名校博士，将每一本经典缩编为 8000~10000 字的精华，使读者能够在短时间内了解经典著作的撰写背景、主要内容、理论观点与知识体系，进而引发进一步阅读全书的兴趣。

读者可将本书视为阅读经典之前的前传和开胃小菜，既可以止步于此，作为对经典的一般化了解；也可探步向前，进一步阅读全书获得深度给养。

当前中国正处于百年未有之大变局，如何通过纷繁复杂的社会万象去洞悉社会运行的基本规律，去理解日新月异的社会变迁，去探究社会发展的未来趋势，读经典是最为重要的一步。

理论素养的提升、学识水平的改进非一日之功，站在巨人的肩膀上思考问题、看待事物，能够帮我们建立洞察世界本质的学术思维，本书是在此方向上的一种尝试。

鉴于解读人学科背景与学识水平的差异，解读经典需要极大的勇气与自信，也难免出现一定程度上的偏颇与不足，编写团队对此文责自负，也欢迎广大学友一起讨论交流。

期待诸君在书中预见未来！

宋义平

2021 年 8 月 20 日

目　录

社　会　学

哲　学

政　治　学

心 理 学

社会学

01

《新教伦理与资本主义精神》：从根源上分析西方社会资本主义的源与流

马克斯·韦伯（1864—1920），德国人，20世纪最著名的社会学家。他通晓欧洲多种语言，在政治学、历史学、经济学、哲学、宗教学、教育学、文艺学等领域都有重要建树，是公认的百科全书式学者。毫不夸张地说，西方的社会学家几乎是言必称韦伯，韦伯的观点在西方学术界的引用率，一直处在最前列。

马克斯·韦伯

他积极投身于社会政治运动，曾随德国代表团参加凡尔赛会议，反对签订《凡尔赛和约》，并参与了魏玛共和国宪法的起草设计。

此外，他还有专门研究亚洲文化的论著，如《中国的宗教：儒教与道教》《印度的宗教：印度教与佛教》等，这让亚洲的学者们也逐渐关注到了韦伯，尤其是现代新儒家，在寻求中国现代化的进程中，掀起了一股"韦伯热"，对韦伯的思想进行了深刻的反思及再研究。

一、作者生平

马克斯·韦伯1864年出生于爱尔福特城的一个知识分子家庭。韦伯的父亲是一位训练有素的律师，他的母亲信仰基督新教，开明而有教养。在韦伯5岁的时候，韦伯全家移居到柏林，他的父亲开始活跃于政坛，参与了柏林市议会、普鲁士邦议会、帝国新国会等，和他来往交游的，都是政界和学术界的有名人物。这让韦伯从小就受到了高于同龄人的思想和文化的熏陶，增加了他的见识，为他一生的学术研究打下了良好的基础。

18岁的韦伯就读于海德堡大学，和他的父亲一样，专业是法律。后来，韦伯在柏林大学获得了博士学位，他的博士论文从法律史、经济史的交叉点切入，研究了中世纪的贸易公司史，方法是从社会、经济和文化等多方面来分析社会现象与社会发展。这种研究方法一直被韦伯所用，成为他的一种特色。

二、为什么要写这本书

《新教伦理与资本主义精神》从根源上分析西方社会资本主义的源与流，这与作者的生活经历息息相关。

这位百科全书式学者曾患有严重的精神类疾病，导致他无论说话、阅读、写字、走路，还是睡觉，都有着极大的痛苦感，使得他的生活和工作都脱离了正常轨道。在接受了医生的建议后，他一边使用药物治疗，一边四处游历放松，以缓解身体的病痛。在患病期间，韦伯几乎游历遍了欧洲各国。

病情逐渐好转后在美国的经历对他的思想触动最大。也正是这段经历促使他开始思考新问题，并试图回应这些问题。

当时的美国还是新大陆，曼哈顿夜生活的繁华，让韦伯着迷；芝加哥贫民窟的暴力，也让韦伯震惊。在韦伯看来，美国一方面有着旺盛的经济生命力，熔各种巨大的差异于一炉；另一方面又好像毫不在意那些乱象，政府对铜臭和血腥视而不见，任其自由发展。这样的美国，是和欧洲不同的社会模式。

韦伯开始思考很多新问题。欧洲资本主义工业化的发展，冲击了欧洲人作为精神寄托的基督教；在美国兴起的现代资本主义，也在很大程度上剥离了宗教的伦理意义。西方社会遭遇了宗教危机，人们的精神空洞无着，进而造成了西方社会的精神危机。那么，究竟该如何面对这些危机呢？

《新教伦理与资本主义精神》就是试图回应这些问题。书中，韦伯没有妄自菲薄、盲目批判，只看眼前的缺陷和不足，而是从根源上挖掘，分析了西方社会资本主义的源与流。韦伯采用了全新的视角，以基督新教来解释资本主义精神，认为经过宗教改革后的新教伦理，将会对现代资本主义的良性发展起到重大的作用。或者说，新教伦理才是资本主义精神的第一原动力。

三、研究的核心：哪些新教伦理对资本主义精神产生了影响

韦伯通过讨论新教伦理和资本主义精神，想要解决怎样的核心问题呢？韦伯在引言中提出了两个疑问，并且自问自答，给出

了自己的答案。

第一问：为什么西方社会率先发展出了资本主义精神，而不是在同样有着物质基础的东方社会呢？因为西方文化有独特的理性主义。

第二问：为什么科学的、艺术的、政治的或经济的发展，没有在印度、中国也走上理性化的道路呢？因为西方经过了宗教改革，新教伦理就是去除神秘主义且理性化后的产物。

由此，便引出了《新教伦理与资本主义精神》这本书最核心的问题：理性化的新教伦理，到底对资本主义精神产生了怎样的影响？其影响主要体现在以下三个方面。

第一方面，新教伦理的预定论，塑造了资产阶级的典型人格。

预定论是加尔文派的观点。关于预定论，加尔文曾说："我们把上帝的永恒教导称为预定，他以此预定他愿意为每个人所做的事。因为他不是在同等条件下创造他们的，所以令一些人得永生，另一些人受永恒诅咒。"意思就是说，一切都在上帝的掌握之中，都是出于上帝无可测度的、绝对的旨意，人绝对不能离开上帝而独立有所作为。作为新教教徒必须做的，就是依靠内心，保持纯洁的情操，勤勉工作，过节欲的生活，从而增加上帝的荣耀，获得上帝的恩宠，最终使灵魂得救。

根据这种解释，韦伯认为，预定论不会引起人的内心焦虑，恰恰相反的是，它还会促进人们积极地工作和生活，把认真的世俗生活推崇为个人道德行为的最高形式，这正是新兴的资产阶级的典型人格。

第二方面，新教伦理的天职观，促成了资本主义的经济态度。

我们现在常说的是职业，在韦伯当时的语境下，带有宗教意味的职业，就是天职。加尔文派认为，上帝赋予了人在社会中的责任和义务，人们就要通过忠于职守来保证。或者说，每个人承担自己在世俗中应有的责任，完成自己应尽的义务，这就是他责无旁贷的天职。

人们合理地追求经济利益，也是天职。而且，天职没有优劣之分，上帝的神意已毫无例外地替每个人都安排了天职，人们必须各司其业、辛勤劳作，如果好逸恶劳、贪图享受，那是在逃避世俗的责任，就是对上帝的不敬。韦伯认为，正是这样的观念，促成了资本主义经济行为中勤勉进取的积极态度。

第三方面，新教伦理的入世禁欲主义，推动了资本主义生活方式的发展。

新教伦理的禁欲主义是一种入世的禁欲主义，它与传统的、出世的禁欲主义不同。新教伦理反对苦修的自我折磨，主张把追求财富当作人生目的。但积累财富的过程，并不等于追求人生享乐的过程。

当人为了以后穷奢极欲、可以过高枕无忧的生活，而盲目追求财富时，他是不正当的；当人因拥有大量财富而无所事事，沉溺于人生享乐时，他是不道德的。只有通过勤奋工作获得应当的财富，一方面使自己避免经济窘迫；一方面尽自己的力量，为社会和他人奉献，才是真正的禁欲。这就塑造了资本主义理性的生活方式，既集中精力于经济活动，又摒弃了过度的经济欲望。

四、研究的对象：新教、资本主义精神、宗教三者与经济的关系

《新教伦理与资本主义精神》的研究对象，一是主张世俗化、合理化、入世禁欲主义的新教伦理，二是作为一种复杂的社会精神气质的资本主义精神。前者侧重于宗教伦理，后者侧重于经济伦理。在资本主义精神形成的过程中，宗教伦理启发了经济伦理。

第一组关键词：基督教与新教。

韦伯在第一章提出了宗教派别与社会分层，讨论了传统基督教与新教在社会中的不同影响。韦伯指出，商界领袖、资本所有者和现代企业中的高级技工、职员等，大部分都是新教教徒。这就可以得出一个结论，新教教徒比传统基督教教徒对社会发展的贡献更大。

传统基督教是西方社会深层文化积淀的反映，在极长的时间内，传统基督教的教义已经深入人们日常的一点一滴中。在中世纪的欧洲，随处都有传统基督教的痕迹，城镇乡村、街头巷尾，都有耶稣受难像和供着烛光的圣母像，教会更是无处不在。但当具有绝对权威的教会开始腐化膨胀，在巨大的权力之上，就滋生了满足无尽私欲的土壤，罪恶的勾当被堂而皇之地使用。传统基督教的弊端越来越明显，教会与教徒之间的矛盾越来越激化，终于在 16 世纪爆发了一场席卷欧洲的宗教改革，试图将神秘的宗教世俗化。在这场宗教改革之后，产生了以马丁·路德和让·加尔文为代表的新教，进而有了新教伦理。

韦伯集中分析的对象，正是新教伦理。在韦伯看来，新教伦理有机结合了宗教信仰与市民文化，强调人们要科学、理性地追

求金钱，并以宗教情怀，给了人们心灵深处强大的精神动力和心灵归属感。从这个角度说，新教与传统基督教并不是截然对立的，新教是对传统基督教的取其精华、去其糟粕。

新教伦理有三大主张：一是世俗化，将世俗的职业视为上帝赋予的天职，肯定了人们劳动的意义；二是合理化，认为通过正当劳动获得经济利益是合理的，肯定了经济的价值；三是禁欲主义，职业是要理性而非感性的，获得利益是要适度而非过度的，否则便会过犹不及。

第二组关键词：资本主义与资本主义精神。

在韦伯看来，社会经济发展过程中的各种制度构成了资本主义，如劳动分工、货币体系、信用制度、证券交易、官僚机构等制度，在这些制度的影响下，生产的目的是为了利润，生产的方式也更加合理化。在书中，韦伯笃定地说，"贪得无厌绝对不等于资本主义""相反，资本主义倒是可以等同于节制，或至少可以等同于合理缓和这种不合理的冲动"。也就是说，资本主义不是贬义词。在这一点上，韦伯与我们更熟悉的、撰写了《资本论》及《共产党宣言》的卡尔·马克思是不同的。

值得注意的是，韦伯集中讨论的是资本主义精神，并不是资本主义。从第二章开始，韦伯就说，"资本主义精神"的这种说法，多少会让人觉得有些玄乎，他自己也很难给"资本主义精神"下一个确切的定义，因为"资本主义精神"是在历史与现实中互相关联的各种因素的复合体。

韦伯将"资本主义精神"定位为一种复杂的社会精神气质，包括人们的行为规范、价值目标、生活态度等。韦伯借用美国本杰明·富兰克林的一段话，描述了资本主义精神的很多特质，如勤奋、节俭、诚实、正义、珍惜时间、讲究信用、行为谨慎、合理谋利等。这些特质不仅是人们立身处世的手段，更是社会所必需的伦理。在这些精神特质的影响下，社会组织是合理的，管理模式是合理的，科学技术是合理的，宗教文化是合理的，社会才会有序发展。可以说，正是资本主义精神决定了资本主义的生产方式和生活方式，也使得资本主义有别于以往的那些经济制度，抵制了利用各种特权、以不合理的投机，甚至不择手段追求经济利益的弊端。

第三组关键词：宗教伦理与经济伦理。

韦伯分析了基督教与新教、资本主义与资本主义精神，在这两组概念中，后者与前者都是递进关系。与之相比，韦伯继续分析了宗教伦理与经济伦理，后者和前者则是并列关系，在韦伯肯定的资本主义社会，宗教伦理与经济伦理是同等重要的。

韦伯讨论的宗教伦理，在《新教伦理与资本主义精神》这本书中侧重新教伦理。此外，韦伯还关注过中国的儒教、印度的佛教以及中东地区的伊斯兰教等。宗教伦理只是宗教学的一个侧面，指宗教对人和社会的内在作用，韦伯尤其强调它在西方社会向现代化转型中的作用。韦伯讨论的经济伦理，从字面意思看，指的是社会经济生活和经济组织方式中表现出来的伦理；从深层内涵看，指的是推动经济发展的内驱力，也就是社会特有的精神气质。

韦伯把经济伦理和宗教伦理合而论之，关键的连接点就是新教伦理。打个比方来说，以新教伦理为代表的宗教伦理和以资本主义精神为代表的经济伦理，就像两个元素一样，原本是分开的，但在历史的机缘下，两者选择性地亲和到了一起，共同推动了西方社会的发展。

韦伯对新教伦理、资本主义精神的关注，以及对宗教与经济关系的讨论，在当时是极具创见的。正是有对研究对象的精准选择，才使得韦伯在解决新教伦理与资本主义精神的核心问题时，能以最大的力度直接切入。

五、研究的思路：假设问题—构建概念—追溯因果—展望未来

韦伯将研究内容分为两部分，以方便研究思路的展开。第一部分，韦伯明确了宗教派别和社会分层、资本主义精神、天职观；第二部分，韦伯探讨了禁欲主义新教诸分支的实践伦理观，分析了禁欲主义与资本主义精神的关系。这两部分都是论据、论证兼具，最后共同确定了韦伯的论点，即新教伦理与资本主义精神之间，存在着一些特殊的因果关系。

韦伯的研究思路还有着深层的逻辑。他曾在一篇名为《社会科学与社会政策认识的"客观性"》中，总结自己的四步研究法，即假设问题、构建概念、追溯因果、展望未来。

- 第一步是假设问题。在第一章，韦伯大胆假设，指明了资本主义精神、天职观、禁欲等关键概念点。
- 第二步是构建概念，在第二章，明确了何为资本主义精神。在界定的过程中，韦伯使用了对比法，在多方面将自己认可的资本主义与旧的经济制度相互比较，以评判优劣，突出了资本主义精神的特质。
- 第三步是追溯因果，在第三章到第五章，韦伯以历时性的考察，分析了新教多个分支的发展脉络。韦伯把研究焦点集中于新教伦理对社会的影响，认为加尔文派更系统化、

理性化，也更容易擦出资本主义精神的火花。

- 第四步是展望未来，韦伯希望自己的研究更有启发意义，但他确实也没有说过，未来的资本主义精神究竟会走向什么方向，会变好还是会变坏。后来有学者批评韦伯的摇摆不定，其实这就是我们前面提过的，韦伯不可能超越他所处的时代，言之凿凿地预言未来。

六、拓展阅读

（1）《经济与社会》/ 马克斯·韦伯著

（2）《社会学的基本概念》/ 马克斯·韦伯著

（3）《法律社会学：非正当性的支配》/ 马克斯·韦伯著

扫码获取附赠资料

02

《工业文明的社会问题》：合作是医治社会的良药

人际关系理论创始人——**乔治·埃尔顿·梅奥**

乔治·埃尔顿·梅奥（1880—1949），美国管理学家、行为科学奠基人、人际关系理论创始人、美国艺术与科学院院士。梅奥因对霍桑实验的贡献和对西方管理理论的发展产生了重大影响而闻名于世。

他创立的人际关系理论，使西方管理思想在经历过泰勒的科学管理理论、法约尔的一般管理理论和韦伯的官僚组织理论之后，进入一个新阶段。

乔治·埃尔顿·梅奥

一、作者生平

乔治·埃尔顿·梅奥出生在澳大利亚，20岁时取得逻辑学和哲学硕士学位，应聘至昆士兰大学讲授逻辑学、伦理学和哲学。后赴苏格兰爱丁堡研究精神病理学，对精神上的不正常现象进行分析，从而成为澳大利亚心理疗法的创始人。

1922年在洛克菲勒基金会的资助下，梅奥移居美国，在宾夕法尼亚大学沃顿管理学院任教。其间，梅奥曾从心理学角度解释产业工人的行为，认为其影响因素是多重的，没有一个单独的要素能够起决定性作用，这成为他后来将组织归纳为社会系统的理论基础。1923年，梅奥在费城附近一家纺织厂就车间工作条件对工人的流动率、生产率的影响进行实验研究。1926年，他进入哈佛大学工商管理学院专事工业研究，以后一直在哈佛大学工作直到退休。

二、为什么要写这本书

20世纪20年代左右，随着工人权利意识的觉醒和工会组织的发展，工人与雇主之间的斗争日益频繁，周期性经济危机不断加剧。这些问题的出现，使泰勒的科学管理理论所倡导的流水线式的工作方式受到挑战。

1924年，美国科学委员会决定在一个位于霍桑的电器工厂

（下文统称"霍桑工厂"）进行一项实验，即著名的霍桑实验。原因是，尽管科学委员会发现霍桑工厂具备较完善的娱乐设施、医疗制度和养老金制度，但工人们仍愤愤不平，生产业绩很不理想。为了找出其中原因，科学委员会组织研究小组开展研究。

霍桑实验分为两个大的阶段，第一阶段从 1924 年 11 月到 1927 年 4 月。当时关于生产效率方面的探索，劳动医学的观点占统治地位。按照这种观点，影响工人生产效率的也许是疲劳和单调感等。于是开始实验时，研究人员就假设：提高照明度会减少疲劳，从而提高生产效率。可是经过两年多的实验发现，照明度的改变并没有影响生产效率。不管把灯光调暗还是调亮，实验组和控制组都实现了增产，甚至当实验组的照明度降低到 0.06 烛光时，产量也没有明显下降，直至实在看不清时，产量才迅速下降。研究人员对这样的实验数据找不出合理的解释，实验陷入僵局。

1927 年，梅奥被邀请主持这项研究，开始第二阶段的实验，这个阶段的实验一直持续到 1932 年才结束。梅奥主持的实验又分为三个小实验。

第一个小实验是验证福利待遇和生产效率的关系。经过两年多的实验发现：不管是改变工资支付办法、增减优惠措施还是增减休息时间，都没有影响到产量，产量一直在持续上升，而工人自己也并不清楚生产效率提高的原因。通过分析发现：产量的提高来自员工参加实验的光荣感，参加实验的员工觉得自己能参与实验，说明组织对自己重视，觉得自己被认可，从而提升了积极性，产量也因此得到提高。从而有了一个专门的词汇——"霍桑效应"，用来描述人们在意识到自己正在被关注或者被观察的时候，会刻意去改变一些行为或者言语表达的现象。

第二个小实验是访谈实验。实验结果表明：如果管理者在管理过程中为员工们提供表达意见、想法和情感的机会，就会让员工觉得心情舒畅，从而促使员工提高工作积极性，最终就会提升产量。

第三个小实验是群体实验。该项实验的研究人员规定：谁的产出高，谁就能获得更高的收入。研究人员原以为员工是逐利的"动物"，员工们为了赚更多的钱，一定会有更高的产出。实验结果却表明：大家的产量都差不多，并且都保持在中等水平。后来发现，这是工人们为了维护班组内部的团结，从而放弃了物质利益，这说明人并不像古典管理学所信奉的那样，只是"经济动物"。

梅奥的这三个小实验表明：人其实是社会的人，人际关系对员工的健康和工作的效率有很大影响，管理者需要改变过去人是"经济动物"的假设，树立以人为本的管理理念。同时，梅奥也发现：在组织中也存在着非正式组织，它是以工人之间的好感和互相喜爱为基础而结成的小团体。非正式组织的存在对员工的心理健康和工作效率有很大的影响，组织中的领导者需要给予非正式组织发展的空间，以此来提高员工的满意度，最终提升组织绩效。

三、研究的核心：如何促进和加强人与人之间的合作

20世纪初，一方面，第二次工业革命带来了科学技术的巨大进步，物质也因此得到了从未有过的丰富，人们的生活水平也因此得到了显著提高。但另一方面，社会问题越来越多，贫困、腐败等问题日益加剧，人与人之间的合作与信任也面临着前所未有

的挑战。科学进步本应为人类带来"幸福圆满"，而现实却是"满目疮痍"。

简单说，科技发展与合作能力的脱节导致了人们的精神和心理需求被忽视，每个人似乎都成为组织和社会里的孤舟，孤独而冷漠。如何促进和加强人与人之间的合作，以解决人们所面临的社会问题？梅奥认为首先需要搞清楚几个问题。

● 人真正的需求是什么？

● 人的心理是如何运作的？

● 基于人的需求和心理特征，我们又该如何促进和加强人与人之间的合作？

梅奥认为导致问题的原因，在于人们对古典经济学派倡导的"自然秩序"和"自由放任"思想的过度推崇。当时人们普遍认为：人受到自利动机的驱使，会在群体中自发产生关系，人们会以组织的形式聚集起来。不管这个组织是国家还是氏族，人的行为都要符合其所在组织的规范。

随着科学技术的发展和教育水平的提高，组织和个人掌握的技术体系进步了，但是组织中的合作体系却没有得到相应发展，这是因为人们的精神和心理需求被忽视了。这种情况导致的结果就是：组织中生产效率低下，员工离职率和缺勤率不断攀升。

任何组织要保证其有效性，就需要具备两个条件：第一，组织要满足成员的物质需要；第二，组织要保证成员之间的充分合作。与此相对应，组织也需要建立起两种体系：完成专业任务的技术体系和促进协作的合作体系。

要解决这些问题，不是要让人回到过去的淳朴时代，而是要关注人的需求，加强人与人之间的联系和合作。

四、研究的观点：好的管理者需要发展员工在技术方面的能力，还需要关注员工人际关系的能力

本书的核心思想有以下三点。

第一，人不仅仅是理性的"经济动物"，还是有情感的、需要协作的"社会动物"。

梅奥认为由于科技进步和工业文明的不断发展，传统的"定型社会"发生了解体，取而代之的是一个新的、不稳定的、不断变化的"非定型社会"。

定型社会是一切事物都按照千百年来形成的规则运行的社会。在这样的社会里，一个人从出生开始就生活、工作在一个特定的团体之中，比如铁匠的儿子还是铁匠，面包师傅的儿子还是面包师傅。他们的技能是通过父亲带儿子或师傅带徒弟的方式发展起来的。正是由于这种职业在社会关系方面的稳定性，人们在孩提时代就知道了需要掌握什么样的技能、在社会中扮演什么样的角色以及对其他人或者在团体中要承担什么样的责任等。

随着工业社会的发展，人们需要不断去新地方学习新技能，只有这样才能胜任工作。同时工作也因此变得越来越不稳定，一生可能会变换很多次工作。这些变化使社会过去的稳定结构被打破了，没有人去关心社区和团体的发展，人与人之间的关系也变得冷漠，甚至人们相互指责与怨恨，合作也变得困难，从而导致了经济萧条、贫困等问题的产生。同时国家与国家之间的不信任逐渐加剧，这也带来很多严重的问题，比如世界大战。

霍桑实验表明：每个组织中的个体不仅仅是一个经济人，还

是一个社会人。人们并不是完全根据理性、逻辑作出有利于自己的决定的，组织中非理性的人与人的相互关系、团体氛围都会影响到个人的决定。

组织中不仅有理性、效率、逻辑等因素，还包括个体的情感、人际关系等非理性因素，这些非理性的人际因素对于发展员工的"处理人事的能力"具有重要的作用。正是"处理人事的能力"影响了员工的工作满意度和归属感，进而影响了工作效率。

第二，"合作"不管对组织还是个人都极为重要，社会的各个层面都应该不断消除阻碍合作的因素，并注重合作能力的培养。

本书出版于 1945 年，那一年，美国用原子弹轰炸了日本广岛、长崎，第二次世界大战结束。在梅奥看来，原子弹的出现是在提醒人们要注意科技进步带来的后果，因为它可以在一瞬间毁灭万千人的生命。要让人类尽可能地共享科学技术的成果，需要人们理智地使用科学技术，而这离不开国家与国家之间的互相合作，因为只有合作才能清除障碍，才能带来世界和平。

从企业组织层面看，现代技术越来越复杂，工业组织越来越庞大，组织与社会发展也越来越依赖人和人之间的合作。比如说，几十年前，上百人的企业很少，人与人之间的合作问题还不是很突出。但现在，诸如百度、阿里、腾讯等大企业的人数都在几万人以上，华为全球的员工人数达到近 20 万。这些大企业就会面临群体之间交流不畅的问题。最为明显的问题就是管理者和工人之间的交流存在障碍，这种障碍使双方摩擦不断，生产效率也变得低下。所以说，在企业组织中，人们必须在维系合作的问题上下功夫。

梅奥通过实验证明：一个人与他人的相处能力以及他的适应力可以更好地预测他未来的绩效。比如在霍桑实验中，有一个四号接线员，刚开始他是有名的动作不熟练的工人，但几年后，他能和那些刚开始就熟练的工人的业绩不相上下。原因在于：一方面他为了完成自己的产额，付出了很多的努力；另一方面，在整个实验过程中，他都能不断地去和最好的工人交流，并积极地融入团队。梅奥认为他和其他工人的合作交流才是取得好业绩的根本性动力。

既然合作如此重要，那如何培养人的合作能力呢？

要培养人的合作能力，首先需要明白，人类有和人合作的愿望，并且这种愿望从来都是深入人性的。

要培养人的合作能力，还要了解行政管理人员对组织的合作起到了至关重要的作用。

要培养人们的合作能力，还需要人们有关于合作的真知灼见，而不是对合作问题的无端想象和揣测，而人们要获得真知，就需要有优秀的研究能力。

第三，社会研究应该从现场出发。

在梅奥看来，社会研究应当以对研究对象的认真观察为研究起点。在研究社会问题时，他认为研究人员必须引入访谈这种能深入现场的研究方式，并且需要对具体的社会过程保持强烈的兴趣，从而直接获取第一手知识。而不能简单地套用某些现成的方法，把问题过于简单化和抽象化，导致最终的理论失去现实指导意义。也就是说，一个好的研究者，还应该像医生一样，既要学习一定的理论知识，做一定的实验，还要有临床观察的经验。

具体来说，一个好的研究者应该做到以下三点：第一，研究者必须习惯性地运用直觉熟悉事物，这是说研究者要保持对现场的观察、感知；第二，研究者对事物要形成系统认识，要把对事物的认知从点到面地联系起来，从而发现其中的规律；第三，研究者要对事物进行有效的思考，比如对掌握技术的人来说，需要思考技术背后的原理是什么、可以从哪些角度进行创新等。

同时，一个研究者也应该深知，一门科学只有在产生实际应用价值之时，才真正成为一门成熟的科学。科学虽然抽象，但并不是由人们胡思乱想得到的，它从一开始就是深深植根于现实的。一个好的观察家和一个平庸观察家的区别在于：前者能抑制先验图式的影响而发展出独立的思考，不断修正原有的框架；而后者不但抗拒尝试从新的角度看问题，甚至固守陈窠，最终在各种混乱的因素中迷失。

五、研究的思路：理论上强调—指出客观需求—通过实验验证

梅奥的研究思路比较清晰，先从理论上强调合作的必要性，接着指出加强人们之间的合作是科技发展的客观需求，进而通过霍桑工厂的实验过程验证了只有深入现场进行观察才能收获真知，只有促进人与人之间的合作关系，才能实现社会的和谐健康发展。

- 首先，梅奥从理论上强调了合作的重要性。他认为：任何个体都存在于团体之中，并且都有寻求合作的需求，而当下人们却只关注物质和技术，对与合作相关的社会和人类问题视而不见，最终人们就只有处理技术方面的能力，而缺乏处理人事方面的能力。

- 其次，指出加强人们之间的合作是科技发展的客观需求。在 18 世纪前的欧洲，学徒制让人不仅拥有了技术能力，还拥有了处理人际关系的能力。当时人们一生的工作和居

所都比较稳定，在学习技术的同时，也能够不断加强同周围人的协作。但是工业社会是一个快速变化的社会，一个人一生中往往需要辗转多个地方去工作。这些行为带来的结果是：人们处理技术方面的能力得到了提高，却不愿意在人际关系的经营上花费心思，这样就阻碍了他们人事处理能力的发展，让人逐渐变得孤独和不愉快。要解决人们面临的这些问题，就需要从对人与人交往的观察出发，研究人是如何把他的感情和观念传达给另一个人的，团体之间是如何有效、亲密合作的。

● 最后，通过实验验证。梅奥用霍桑工厂的三个实验的研究结果验证了：深入现场进行观察才能收获真知；如果人们只关注技术因素，而忽略人与人之间的关系建立，只会带来人们之间的相互猜忌和不信任，社会就会陷入混乱之中。

六、拓展阅读

（1）《工业文明的人类问题》/乔治·埃尔顿·梅奥著
（2）《组织中的人际沟通技巧》/苏珊娜·杰纳兹著
（3）《工业管理与一般管理》/亨利·法约尔著

扫码获取附赠资料

03

《社会契约论》：如何建构一个好的政府

法国资产阶级的革命先驱者——让·雅克·卢梭

卢梭（1712—1778）是 18 世纪法国启蒙运动的伟大思想家、哲学家、教育家、文学家，法国资产阶级的革命先驱者，也是民主政论家和浪漫主义文学流派的开创者。一生著述颇丰，较有代表性的作品有《社会契约论》《爱弥儿》《新爱洛依丝》《忏悔录》《论人类不平等的起源和基础》等。

让·雅克·卢梭

一、作者生平

让·雅克·卢梭 1712 年 6 月 28 日出生于日内瓦共和国。他的父亲依萨克·卢梭是新教教徒、钟表匠。卢梭是父母的第二个儿子，他出生后几天母亲就去世了。

据卢梭《忏悔录》记载，他 10 岁前的童年生活还是很愉快的。他父亲喜欢古希腊、古罗马经典，曾亲自指导小卢梭阅读，这让卢梭在幼年时期对古希腊民主政治产生了浓厚的兴趣。但好景不长，卢梭 10 岁时，父亲因和人产生纠纷，诉讼失败，逃往里昂，卢梭过上了漂泊不定的生活。他从未接受过系统的学校教育，只是断断续续从牧师或家庭教师那里学习过一些零碎的知识，他的学识基本上是靠自己的生活经验和业余阅读得来的。

卢梭当过学徒、仆役、私人秘书、乐谱抄写员，一生颠沛流离，历尽艰辛。1749 年曾以《科学与艺术的进步是否有助敦化风俗》一文而闻名。1762 年因发表《社会契约论》《爱弥儿》而遭法国当局的追捕，避居瑞士、普鲁士、英国，1778 年在巴黎逝世。

卢梭死后，《社会契约论》开始发挥它的作用，并对法国大革命起到了助推作用，在当时革命运动领袖人物发表的文章和演说中，卢梭《社会契约论》中的论点，比其他任何一个思想家和政论家的言论被引用的次数都要多。

二、为什么要写这本书

卢梭之所以写这本书，一是对 18 世纪法国现行的政治感到厌恶，二是和他的经历有关。

在 18 世纪的法国，谈论政府的形式问题是一个必然要掉脑袋的事情。当时法国实行的还是君主专制制度，政府的形式早已确立，就是国王说了算，正如太阳王路易十四所说的："朕即国家。"

卢梭虽没有接受过系统的学校教育，但经过自学还是建立起超于常人的政教思维与法治理念。他是读普鲁塔克（罗马帝国时代希腊作家）的《名人传》等书长大的，古代的伟人和制度令他心驰神往，形成了他爱自由、爱共和的思想，也塑造了他倔强高傲、不甘被奴役的性格。

后来，在威尼斯的考察和游历让他对现存的制度深感失望，堕落的民风和懒散的政府使他认识到，近代民族的腐化堕落恰恰是由于其落后荒谬的政治制度造成的。正如他在《忏悔录》中所说的："所有一切问题的根子，都出在政治上。"所以，卢梭认为，如果他写一部论述政治制度的著作，为人类指出最好的政府形式，那么于人类而言将是一件功德无量的事情。于是他开始构思一部规模宏大的政治学著作，名称就定为《政治制度论》。按照卢梭原先的设想，《政治制度论》将由两部分构成：一部分阐释政治权利的原则，另一部分论述各民族之间的关系。但在写作的过程中卢梭逐渐感到力不从心，认为自己无法完成这样一部庞大的著作，于是他将已经写成的部分独立成书，就是《社会契约论》。

三、研究的核心：什么才是社会契约

《社会契约论》要解决的核心问题是什么才是社会契约。在卢梭眼中，个人的力量是渺小的，每个个体必须在自愿的前提下，以契约的形式与他人组成政治共同体，将个人与集体联合起来，用共同的力量来保证每个人的个人利益不受侵犯，以此来反抗统治者的专制统治。具体来说，卢梭的观点包括以下三个方面。

第一，广义的枷锁是合理的，狭义的枷锁是需要打破的，如果不打破，就要以契约的方式来对专制进行限定。

"人生而自由，却无往不在枷锁之中。"这句话是《社会契约论》的开卷之语，也是最核心的观点之一。

卢梭对"枷锁"进行了广义与狭义之分。从广义上来说，"枷锁"指的是社会本身对人作为自然人的约束，这样的约束是迫不得已的，但又是合理的。因为没有道德和法律约束的社会必将陷入混乱，所以它必须以社会契约的形式表现出来，就是大家共同默认的社会法则。从狭义上来说，"枷锁"指的是封建专制统治，也就是在这样的政治形式下人民失去了政治上的自由权利，所以被隐形的枷锁牢牢套死。在卢梭看来，人生而自由，没有任何人有资格"教育"别人，因为人都有权利拒绝他不想做的事情。除非人民根据符合自由精神的前提与社会管理者或人民公仆订立契约，人民或者公民才有遵守这个契约的义务，同时也享有相应的权利，其中最重要的就是享有政治上的自由，即言论、出版、结社等自由。

第二，对于如何与社会签订契约这个问题，卢梭指出，社会秩序是一项神圣的权利，它能够作为其他权利的基础。然而这种权利并不来自自然。因此它建立在约定之上。

人与人的叠加共同组成了社会，而与社会签订契约实际上也就是与社会中的其他个体签订契约，只要大家彼此遵守合约的条款，那么契约就永久成立。

按照卢梭的社会契约理论，权力应该来自权利，而不应该来自任何形式的世袭或任命，这是政治上的自由和专制的根本性区别。这当然会让上层统治者不快，因为法国的皇权是世袭制的，在这种制度下，主人把自己的统治转化为权利，把服从转化为义务，这里的权利和义务都是无条件的，它可以保证主人永远做主人。卢梭认为，这种由强力组成的权利，它所规定的任何的"不服从"都是非法的。这种权利不能来自强权，只能来自约定。而且这个约定是有一定转让条款的，也就是说统治者得答应人民一些条件，人民才会把自己的自由出让给统治者，让他来统治自己。出让并不意味着出卖，卢梭绝不赞成把自己剥夺得一无所有。他认为专制制度是不合法的，因为它没有让人民做主是否承认它，而它一旦这样做，就不能称其为专制了。

第三，对于如何对抗这种专制力量的问题，卢梭认为，所谓的"社会契约"就是一种解决方式。每个个体在自愿的前提下，以社会契约的形式将自己与他人组成政治共同体，将个人与集体联合起来，用共同的力量来保证每个人的个人利益不受侵犯，并以此来反抗执政者的野蛮统治。

按照卢梭的设想，人是由自然状态过渡到社会状态的，其间一个很重要的变化，就是懂得了"共同协作"。于是，人开始成"群"，契约观念和"群"的观念是联系在一起的。"群"的力量大于个人的力量，能够战胜个人战胜不了的困难。社会契约最大的合理之处在于，个人对整体的服从其实只是服从他自己的意志，因为他是自愿与他人结合成为社会成员的，合约也是他自愿签订的，所以这个群体里的一切规章制度都是他默许的。虽然他丧失了天然状态下的自由，但是却得到了社会的自由，这才是社会契约本来的意义。而卢梭订立"社会契约"的过程，也就是他所设想的国家创立的过程。

四、研究的对象：什么样的政府是最好的政府

《社会契约论》是围绕"什么样的政府是最好的政府"展开的。卢梭指出，常见的政府形式有民主制、贵族制和君主制三种，究竟哪种适合自己的国家，要看国家和民族的实际情况。评判一种政府形式是否合格，要看人口的数量，如果人口持续增长，那么这个政府就是合格的政府。

关键词一：政府与自由。

之于政府，首要就是自由两字。自由的行为有两个必要因素，其一是行动的意志，要有动机；其二是行动的力量，要有能力。对政治体来说，意志就是立法权力，力量就是行政权力。立法权属于人民，它针对的是公民全体。行政权是执行法律的权力，它针对的是个人，也就是人民选出的代理人，政府就由这些人组成。从社会契约的立场上来看，人民"服从"政府官员，只是服从于自己的委托和信任，官员只是以人民的名义行使人民托付给他的

权力，在权力被滥用的情况下，人民有充分的权力限制、改变和收回官员手中的权力，因为这个权力本身就是从人民手中转让出去的。

关键词二：政府的三种形式。

卢梭继承了孟德斯鸠的说法，认为政府形式大致可分为三种。其中，人民集体具有主权权力的政府，那就是民主制；如果主权权力掌握在一部分人民的手里，就叫作贵族制；如果政府的权力都集中在一个人手里，所有人都从他那里领取权力，那就是君主制。

什么样的政府才是最好的政府呢？卢梭认为要看具体情况，他指出，官员数量要少于人民数量。依此原则，民主制适用于小国，贵族制适用于中等国家，君主制则适用于大国。但这似乎也并不能解决一切问题，事实上政府的形式更加复杂，也许不止这三种，即使这三种形式本身也不是纯而又纯的政府形式。他提出，可以有混合的政府，而且，没有一种政府形式适用于一切国家，也不是所有民族都适用于自由，必须具体问题具体分析。

与其问哪一种政府是好的政府，不如问评价一个民族治理的好坏的标准是什么。但是这个问题从来也没有解决，因为不同的评价者会有不同的标准。例如，君主制下的臣民会称赞社会的安定；民主制下的公民会称赞个人的自由；君主制下的臣民宁愿保证自己的生活，而民主制下的公民则宁愿保证自己的人权。卢梭的标准与众不同，他认为，政治结合的目的只在于保障生存和繁荣，而生存和繁荣的标准就是人丁兴旺。所以他认为，能保证人口持续增长的政府就是最好的政府，是应该被创建的政府；而在统治中人口逐渐凋零的政府就是应该被取缔的政府。

关键词三：合法政府的创建。

卢梭认为，政府必须有两种行为才算合法。首先是法律的确立行为，通过立法手段，作为主权者的人民规定了一个以这样或那样的形式组织起来，以执行法律的政府；其次是法律的执行，由人民任命的政府首脑来管理已经确立起来的政府，但是这样的管理行为只是法律授予的结果，或是政府的职能，而不是另一项法律。也就是说，政府始终受法律的管辖，而没有实际上的特权。

在创建政府而政府没有真正出现之前，人民的立法行为实际上也是一种行政行为，因为人民团体本身也是一个机构，自己制定法律，自己来执行，类似于自己向自己提交一个等待全体会议上通过的法律报告。换句话说，这种行为的行政身份代替了它从前的立法身份。虽然这样的情形在实践上是困难的，但是它却反映了民主制的便利，整个过程就是一次简单的确立公共意志的行为。大家彼此表决，等公意确定了之后，这种由广大人民群众组成的"临时政府"也就可以解散了。为了日常事务的有效处理，它需要重新确立一个由法律所规定的政府来代替之前由民众组成的临时机构，这就是卢梭理解的政府创建的过程。

五、研究的视角：对法律的合理制定与民族性的综合考量

卢梭认为，如果要保证公民的权力不受侵犯，就必须制定合理的法律来规范社会，这样可以防止专制统治的产生和个人权力的滥用。与此同时，在制定法律时还需要考虑民族、领土、人口等民族性问题，要做到具体问题具体分析。对法律的合理制定与

民族性的综合考量，主要体现在以下三个方面的观点中。

第一个方面，制定法律的，只能是公民。

社会契约的核心就是保障主权在民，而保障的基础就是制定合理的法律。卢梭阐述了法律的实现途径，就是立法的权力及过程，应当由公民来掌握和参与。换句话说，制定法律的，只能是公民。任何人都不能凌驾于法律之上，哪怕是君主也只是国家中的一个成员。在这种情形下，无须问法律是否会公正，因为没有人会对自己本人不公正，法律只不过是我们自己意志的记录而已。卢梭还强调，要把法律和命令区分开来，命令只是个别人的行政举措，而不是法律。而凡是实行法制的国家，无论它的行政形式如何，卢梭都称之为共和国。"共和国"在拉丁语中是"公共事物"的意思，所以在卢梭眼中，一切为了公意、公权、公平的政府，才是合法的政府。

第二个方面，要有一个好的立法者。

法律还停留在"应当"的层面，还没有转变为现实。人民应当是法律的创造者，但是该如何创造呢？卢梭指出，个人是盲目的，出于各种局限，很多人不知道什么东西对自己好，他们甚至不知道该如何才能使自己幸福，所以不能人人都参与立法这样重大而困难的事情。于是，就有一个法律实现途径的问题，这途径要保证法律不受个别意志的诱惑。为此，人民要选出一个能代表大众的机构，而这个机构的成员，要代表人民的理性、知识、道德，总之要代表人民进行正确的决断。所有这些问题都归结为：要有一个好的立法者。

立法者应体现的最高智慧，是理性而不是感情，它的使命，是发现社会最好的规则并关心人民的幸福。卢梭认为，立法可以起到改变国民性的重大作用，它可以使个人深刻意识到自己是社会中的一分子，并因此感到骄傲。这就不是生理上的生命了，而是精神上的生命。这独立于人身之外的生命，是靠他人或社会的力量来维持的，它远比个人的力量更长久、更伟大，这就是立法可以达到的最完美境界。另外，一个人不能既是运动员又是裁判员，否则就不可避免地会发生腐败。卢梭认为罗马帝国快要灭亡的一个征兆，就是立法权威与主权权力已经都结合在同样的人身上了。

第三个方面，人民是接受法律的对象，所以立法者要对法律的适用范围进行考察。

卢梭还对"人民"这个概念做了详尽的分析，他认为，制定出好的法律不一定就能施行，还需要有适于接受法律的人民。很有可能，这种法律本身是好的，但对于某个民族来讲却不太适合。一个民族的风俗和偏见远比法律更加根深蒂固，且难以改造。就像意大利政治思想家马基雅弗利所说，一个习惯于在君主制下生活的民族，即使是意外获得了自由，也不能保存自由。一个民族就像一个人一样有着自己的性格特征和行为习惯，一旦确立，终生难改。民族、风俗和法律的辩证关系是启蒙思想家们必须着重讨论的问题。在这里，法律的作用相当于社会环境，它对一个民族风俗和性格的形成有重大影响。卢梭相信，好的法律和社会制度会培养人民好的风俗，坏的法律会使社会滋生贪污腐败。一个民族性格的不同，能适应的国家体制可能也就不同。就像一个人一样，没有人可以和他长得完全一样，一个民族也不可能将其他民族的个性完全照搬照抄。

六、拓展阅读

（1）《爱弥儿》/ 让·雅克·卢梭著

（2）《论人类不平等的起源和基础》/ 让·雅克·卢梭著

（3）《忏悔录》/ 让·雅克·卢梭著

扫码获取附赠资料

哲学

04

《哲学原理》：借用理性，寻求确切的知识

解析几何之父——勒内·笛卡儿

勒内·笛卡儿（1596—1650），是西方现代哲学的奠基人之一，同时也是数学家、物理学家和心理学家。

他对现代数学的发展作出了重要的贡献，因将几何坐标体系公式化而被认为是"解析几何之父"。他还是西方现代哲学思想的奠基人，是近代唯物论的开拓者且提出了"普遍怀疑"的主张。黑格尔称他为"近代哲学之父"。他开拓了"欧陆理性主义"哲学，堪称 17 世纪欧洲哲学界和科学界最有影响的巨匠之一，被誉为"近代科学的始祖"。

勒内·笛卡儿

一、作者生平

勒内·笛卡儿 1596 年出生在法国。父亲是法国一个地方法院的评议员，相当于现在的律师和法官。1 岁时母亲去世，给笛卡儿留下了一笔遗产，为日后他从事自己喜爱的工作提供了可靠的经济保障。8 岁时他进入一所耶稣会学校，在校学习 8 年，接受了传统的文化教育，学习了古典文学、历史、神学、哲学、法学、医学、数学及其他自然科学。20 岁获得法律学学位。

虽然笛卡儿受过良好的教育，但他却认为除了数学以外，其他领域的知识皆是有懈可击的。从此，他没有继续接受正规教育，而是决定漫游整个欧洲，开阔视野，见见世面。笛卡儿的家庭经济富裕，足以使他优哉游哉。

从 1616 年到 1628 年，笛卡儿做了广泛的游历。他曾在三个军队中（荷兰、巴伐利亚和匈牙利）短期服役，但未参加任何战斗。观光过意大利、波兰、丹麦及其他许多国家。在这些年间，他系统陈述了所发现真理的一般方法。52 岁时，他决定用此方法对世界做个综合性的描述。1628 年，笛卡儿定居荷兰，此后的 20 多年一直生活在那里，因为那里有更多的思想自由，还可以躲避巴黎社会的纷扰。

1649 年，笛卡儿受瑞典女王之邀来到斯德哥尔摩担任女王的私人教师，但不幸在这片"熊、冰雪与岩石的土地"上感染肺炎，在 1650 年 2 月去世，享年 54 岁。

二、为什么要写这本书

关于笛卡儿为什么写这本书，他在序言中给出了答案。序言中指出，在此之前发表的《方法论》一书，主要是为了陈述自己关于逻辑的主要规则，将理性主义精准地纳入哲学的思辨当中，以及陈述一些关于伦理道德的主要规则。之后发表的《沉思集》中概括了自己对形而上学基础的主要观点，比如，笛卡儿认为数字、物理定律这类超出感官的知识是通过理性思考得来的，是无法仅仅通过感官认识的。笛卡儿觉得前几部的论文已经使读者有了充分的心理准备，所以在此基础之上，推出这本《哲学原理》。

《哲学原理》是笛卡儿前几本书的衍生，是他全部思想的总结，而且为了便于读者了解并掌握其内容，《哲学原理》是以教科书的形式写的。

笛卡儿在年少时接受了传统的文化教育，但是他对所学的东西颇感失望。在他看来教科书中那些微妙的论证，其实不过是模棱两可甚至前后矛盾的理论，只能使他顿生怀疑而无从得到确凿的知识，唯一给他安慰的是数学。在结束学业时他暗下决心：不再死钻书本学问，而要向"世界这本大书"讨教，于是他决定避开战争，远离社交活动频繁的都市，寻找一处适于研究的环境。

1628 年，他从巴黎移居荷兰，开始了长达 20 多年的潜心研究和写作生涯，先后发表了许多在数学和哲学上有重大影响的论著。

三、研究的出发点：怀疑论

怀疑论是笛卡儿思维方式和哲学体系的出发点，是笛卡儿哲学最重要的核心突破。

书中第一章第一句话是："要想追求真理，我们必须在一生中尽可能地把所有事物都来怀疑一次。"所谓怀疑论，就是我们秉持怀疑事物不具备某一种恒久的确切性的一种态度。

从 17 世纪开始，西方的价值体系受到了极大的冲击。一方面，地理上发现了美洲大陆，让被大众视为权威的《圣经》受到了质疑。另一方面，波兰天文学家哥白尼的日心说的兴起，也让从古希腊时期开始建立的世界观体系崩塌。在笛卡儿所处的时期，权威以及过去的知识都不再可靠，人们想要重新寻找解释这个世界的真理。在这样的背景下，笛卡儿不相信权威和以往的道理，而是选择怀疑一切。因为在他看来想要建立一个全新的体系，必须先找到这个体系所赖以生存的基础，而这个基础就是怀疑论。

怀疑论的核心要义是要从怀疑周围的世界出发，不知道什么为真，因此可以怀疑一切。笛卡儿认为，在对全部思想的整理中，只要发现一点点可疑的东西就要把它们全部抛弃。笛卡儿首先认为来自感性知觉的很多信念是不可靠的。他列举了一件事情：人有时候穿着长袍坐在火炉边看报纸，这是非常真实的事情。但是人也常常做梦，梦见几乎相同的场景，同样坐在火炉边，穿着长袍看报纸。梦境的感觉与真实难以区分。笛卡儿认为，这个示例可以让我们怀疑眼前所有事物的真实性，因为可能当下也是在梦中。但是不管在什么样的梦中，一加一等于二，正方形有四条边，这些命题是毋庸置疑的。所以，笛卡儿认为存在一个全知全能的上帝，是上帝创造了我们。同样也有一种可能，上帝让一加一等于二、正方形有四条边，这样我们一直认为是真的命题其实是错误的。但他不能违背信仰，因为宗教神学的上帝是至善的，不会故意使人们犯错误。所以这个时候笛卡儿假定存在一个能力不低于上帝的恶魔，是他欺骗了我们。这也就是著名的笛卡儿的恶魔理论，这个理论告诉我们，如果我们要了解什么是真理的话，就得从怀疑开始。对笛卡儿来说，怀疑本身不是目的，只是手段，他要用普遍怀疑去寻找不可怀疑的东西，他要用这种方法为构建知识的大厦寻找一个可靠的出发点。

四、研究的核心观点：我思，我在

笛卡儿的普遍怀疑是把"清楚分明"的理性确立为判断真理的唯一标准。在这里，他首先对感觉进行了怀疑。但他又认为，虽然我们可以对一切存在物进行怀疑，但"我在怀疑"这件事本身却是不可怀疑的，因为即使对"我在怀疑"进行怀疑，至少证明了"我在怀疑"本身这件事情。关于这个核心观点，主要体现在两个方面。

第一，通过这个不可怀疑的确定性，引出了再也不可怀疑的第一原理。

笛卡儿说道：当我把一切的事物想象成虚假的时候，这个进行着思维的'我'必然是某种东西不可。思想可以怀疑思想对象，但却不能怀疑自身，它只能怀疑除开自身之外的事物。在这样的推论之下，笛卡儿认为，这种不可怀疑的确定性是存在的，那就是"我在思考"这个事实；哪怕我思考的一切内容都是被某种恶魔或是其他什么东西所蒙蔽的，但是"我在思考"这件事情仍然成立，因为我的的确确在经历一些什么，哪怕我的经验是错误的，我所想的都是错误的，但是我的内心确实在进行一些什么，思考一些东西，这点笛卡儿百分百确认，与此同时，如果能够确认这一点，那"我"也是必定存在的。

笛卡儿通过这个不可怀疑的确定性，引出了再也不可怀疑的第一原理，也就是笛卡儿那句大名鼎鼎的断言"我思故我在"。但是，笛卡儿"我思故我在"这一哲学观点，并不是一个逻辑推论，而是建立在某种理智直观之上的。换句话说，"我思"与"我在"两者之间并不存在因果关系。

另外，笛卡儿这里说的"我"不是一个物质的肉体，而是一个思想的主体。严格来说，"我"只是一个思想上的东西，"我"只是一个心灵、一个理智或一个理性，而不是大家一看到就想到的从小长到大的肉体和意识的我。这个"我"是超越形体的，因为"我"完全可以想象自己没有形体，不能摄取营养和走路，但是却无论如何也不能想象"我"没有思想。我想是"我"的一种本质的属性，"我"思想多久，就存在多久，"我"只要一停止思想，自身也就不复存在了。

笛卡儿通过"我"在怀疑这一思维活动推出"我"的存在，把思维的"我"确立为哲学的绝对起点，表现了近代哲学中自我意识的觉醒，"我思故我在"是笛卡儿哲学的第一原理，他也正是以此作为根基构建起整个形而上学的哲学体系的。

第二，确定自我和上帝这个观念的存在，上帝的存在为外界事物的存在提供了坚实的保证。

笛卡儿认为，真正的认识论和科学体系必须通过直观和演绎严密地建立起来。最直观的就是笛卡儿提到的"自然之光"，也就是我们直接清晰了解到的观念与准则，比如冬天温度会降低、日出之后日落，这些都是在大自然中通过观察直接得出的观念，这些观念学术上被称作笛卡儿的"天赋观念"。通过这些观念总结推导出来而产生的新知识，就是演绎。这样两者结合起来形成的认识论体系就是我们去寻求确定知识的方法。

笛卡儿在证明"我"的存在后，除了"我"其他什么也不能确定，因为按照普遍怀疑的理论来讲，这一切依旧是可被怀疑的。笛卡儿所要证明的上帝可以说是"完美实体：一种确定性知识的体系与观念"。也就是说，我们需要将这里的上帝认为是全知全能的一种体系，上帝具有某种归纳世间万物的准则与能力，他并不是一个具体的物体，或是某种可被代表的人或物。上帝定义了对与错、好与坏等一系列的认知观念。

神的存在与否就像一个梦魇一样，或者说是一个避不开的话题，萦绕在笛卡儿的头脑当中，他必须去面对这个问题：可能存在这么一个上帝，在笛卡儿自以为非常正确的一些认知上面欺骗他，完美的上帝并不让我们看见确切的真理。问题到这里，就出现了一个底层的逻辑冲突，笛卡儿在考虑任何真理的时候都要面对这个问题，也就是上帝隐瞒真理并欺骗他的问题。笛卡儿索性先把上帝存在的问题给解决掉，然后再解决上帝是否在欺骗笛卡儿这样一个问题。笛卡儿实际上是想通过解决上帝存在这样一个问题来避免他的怀疑。他必须认为存在的上帝应该是完美实体，并不会欺骗他。

与此同时，在"我思故我在"的怀疑论证当中，只是确定了一个"我"，其他的什么也不知道。而我们对世界的认识，却是存在于每个人的脑海当中，也就是笛卡儿谈到的"观念"。在这个理解里，我们头脑中有上帝的观念，这个观念可以构想出来，并且这个观念如此强大、如此完美，是无限的、永恒的、自存的、至上的，拥有绝对的智性优越。我们可以把最完美的形容词都加在上帝身上，因为作为个体的人产生不了这样完美的观念。这样伟大的观念我们也无法构建出来，所以它一定有别的来源。至此，我们必须说：只有上帝这个完美实体才能赋予我们完美的观念，因为完美实体不需要通过除自身之外的事物证明自己的存在，而作为人是需要在"我思"这个状态下才可以确定"我在"的。笛卡儿为什么需要证明上帝这个完美实体的存在呢？因为上帝这个观念的存在，保证了我们的认识活动。也就是说，只有确定了上帝的存在，我们才能顺利进行对外部世界的认识。我们对于一切这样"天赋观念"的认知，一定是来自上帝这个完美的观念本身。笛卡儿认识到上帝的存在，就获得了认识事物本质的确定知识，因为上帝这个概念对于知识具有的绝对正确的判断性已经被证明，而上帝同时具有存在的性质和解读自我的能力，所以像笛卡儿一样只能确定"我在"的普通人，必须借助上帝存在这个概念，才能寻求确切知识。

所以说，笛卡儿确定了自我和上帝这个观念的存在，而上帝的存在为外界事物的存在提供了坚实的保证，由此笛卡儿大胆走上了寻求确切知识的道路。

五、研究的方法：身心二元论

笛卡儿认为意识和肉体是两种完全不同且相互独立的基本存在，而区分意识和肉体是由它们不同的性质所决定的，也就是"思"和"广延"。

"思"就是意识的一种思考状态，所有的意识的性质都是思考的，比如：感觉、情绪、理解。物质的本质是"广延"的，比如：形状、大小、位移、颜色等，简单说就是占据着空间。比如我们现在思考在当下的空间里有一张桌子，我们思考有一张桌子本身这个思考状态，就是我们讲的"思"，而这个"思"与笛卡儿前面证明的"我思"是同一种东西，也是我们提到过的实体的存在，比如"我思"时，证明我本身的存在；而当我们描述桌子时谈论的尺寸、高低、四个角还是三个角，这些都是"广延"。"广延"也是占据空间的实体，这两种存在物的性质都是基本存在，因为不取决于其他存在物的存在而存在。

这就是笛卡儿二元论的基本观点：所有的物理运动和反映都可以用机械力学的定律来解释，比如我们可以描述一张桌子的大致形状、尺寸和运动状态，但人类思维的活动是无法用机械力学定律来解释的，人类的活动有物理性的一面又有精神性的一面，人类至少是由两种不同的存在构成的。笛卡儿称这两种基本存在就是意识与肉体。

笛卡儿认为意识是一个实体，它的本质属性是思维，不占空间，也不能分解。可是每个人不仅有心灵，还有肉体。人是两种实体的组合，身体是物质的，意识是心灵的。同时笛卡儿认为意识和肉体有着双向的因果关系。比如说，我们看见一个物体是由于光线从物体上反射进入我们的眼睛后，再由神经信号传入我们的大脑而产生大脑中的某种反应，再在我们的意识中呈现出这个物体的图像。如果我们要去做某一动作，首先我们的意识要导致大脑里出现一系列的物理反应，然后才能移动我们的躯体。在人们还不知道大脑是神经活动中心的年代，笛卡儿就对心理学产生了极大的兴趣，他认为意识和肉体间相互作用的地点是大脑中的松果体，临床也发现松果体是大脑中的一个控制器官。

在将意识与肉体区分开后，笛卡儿也定义了这两者之间相互作用的关系。在这里，现代哲学研究开始进入两个不同方向，也就是笛卡儿身心结合的概念所带来的革命，人们开始通过数学、物理等学科研究所谓的"广延"，来探讨我们身体同所处世界的组成关系，比如我的身体与我面前的桌子的关系，我离桌子的距离，我碰到桌子时与桌子之间在物理层面的力的交互大小，等等。

当我们确定了身心二元论之后，我们就可以用独立于意识的理性的眼光去观察并且发展自然科学。而关于意识方面的探究，承认了意识是独立存在的实体这一观念，在当时社会背景下，是非常具有推动和进步作用的。笛卡儿利用二元论摆脱了神学对科学的绝对控制，将人们的思想引导至理性思维和具体研究上，由此可见，他的身心二元论是卓越且不可忽视的。

六、拓展阅读

（1）*A Discourse on the Method* / 勒内·笛卡儿著

（2）《逻辑研究》/ 埃德蒙德·胡塞尔著

（3）《形而上学》/ 亚里士多德著

扫码获取附赠资料

05

《悲剧的诞生》：浪漫还是癫狂，这是个问题

西方现代哲学的开创者
——弗里德里希·威廉·尼采

尼采（1844—1900）是西方现代哲学的开创者，也是卓越的诗人和散文家。他是一位兼有哲学家的深刻思想和诗人、艺术家的浪漫气息的现代最伟大的思想家和哲学家。著有《悲剧的诞生》《查拉图斯特拉如是说》《权力意志》等。这三部书被誉为"尼采三书"，是了解尼采思想及欧洲近现代哲学发展流脉的必读书目。

弗里德里希·威廉·尼采

一、作者生平

弗里德里希·威廉·尼采 1844 年 10 月 15 日出生于临近莱比锡的洛肯小镇。尼采的父亲是路德教派的牧师和教师，因脑软化症在 1849 年去世。1850 年，尼采全家搬迁到萨勒河畔的瑙堡，与尼采的祖母和父亲的两名未婚姊妹共同生活，由于他母亲终身未改嫁，因此尼采几乎在一个充满女性的环境中成长。

14 岁时他进入普夫达中学，课程以古典教育为主，且以训练严格出名，这一开始让尼采很不适应。在普夫达中学里，尼采接受了希腊和罗马古文学的训练，这也是他首次接触到与家中基督教教育完全不同的教育环境。

1865 年，他敬爱的古典语言学老师李谢尔思（F. W. Ritschls）到莱比锡大学任教，尼采也随之到了那里。当时尼采虽然年纪不大，但已经开始哲学沉思了。那时，叔本华是这个青年心中的偶像，此外他还从朗格、施皮尔、泰希米勒、杜林、哈特曼那里汲取了传统的抽象概念。

在尼采去世后的一个世纪中，他的思想深深地影响了雅斯贝尔斯、海德格尔、里尔克、赫塞、托玛斯·曼、斯蒂芬·乔治、萧伯纳、纪德、萨特和马尔卢等思想家。他的著作不仅在德、法语区域闻名遐迩，而且还流传于北美、南美、亚洲、大洋洲、非洲。

二、为什么要写这本书

《悲剧的诞生》是尼采 1870—1871 年在瑞士巴塞尔大学当教授时的作品，这是他的处女作，也是他的美学代表作。在这本书里，尼采的唯意志论、超人哲学、非理性主义等思想初见端倪，并显露了后来尼采哲学理念中许多关键性的主题和倾向，因而具有特殊的地位。尼采写这本书，受到了叔本华的直接影响，其中有他对痛苦的永恒思考。

1856 年 10 月，年轻的尼采在一家旧书店里无意间看到了一本名为《作为意志和表象的世界》的书，作者是叔本华。尼采随手翻看了几页，便被这位伟大的哲学家深深折服。他后来回忆说，当时就像有圣灵感召奥古斯丁读圣经一样，自己瞬间就陷入了叔本华的精神境界。尼采曾在《不合时宜的沉思》这部著作中，表示叔本华就是他要寻找的引路人。

在叔本华看来，这个世界由两面组成，一面自始至终都是表象，另一面自始至终都是意志。我们存在的世界并没有神权统治，有的只是服从于个体化原理的自然万物。然而，无论是表象的一面还是意志的一面，世界都处在一种痛苦挣扎、永不满足的混沌状态。与传统形而上学所讴歌的真善美世界相比，叔本华眼中的世界充满了恶臭和腐朽，并且毫无理性和秩序可言。在尼采看来，叔本华始终在关注最朴素也最普遍的真理，那就是"提出了存在的价值问题"。

遗憾的是，尽管叔本华提出了存在价值论，但是他并没有把这个问题很好地解决。在尼采看来，叔本华对"存在的价值问题"的解答不仅糟糕而且草率，甚至有点悲观，所以尼采开始自己构想拯救存在意义的思想道路。

和叔本华一样，尼采也承认"存在"有永恒的痛苦，但他并不回避痛苦，而是把痛苦当作激发人类尊严和生命活力的重要手段。尼采热爱生命，而痛苦伴随生命的始终，所以痛苦也就成为尼采眼中无法逾越的人性高峰。那么，有哪个民族、哪类人曾这样严肃而又认真地对待过痛苦呢？尼采认为答案只有一个，那就是希腊人。

在尼采看来，希腊人的生存简直是个奇迹，这个民族非常敏感，他们欲望也非常强烈，所以特别容易痛苦，然而，他们却生活得那么壮丽和美好，足以令整个现代文明都自惭形秽。"向希腊人学习"，这是尼采发自心底的呼喊，也是尼采一辈子都矢志不移的行动准则。尼采认为，应该学习由希腊人创造出的伟大悲剧作品中所诞生出来的悲剧精神。

写作《悲剧的诞生》，就是尼采向希腊人讨教存在意义的初步尝试。尼采认为，希腊是人类精神文明的家园，现代人由于背离希腊的根本精神，也就是悲剧精神，才导致无家可归。

三、研究的核心：什么才是悲剧精神

《悲剧的诞生》要解决的核心问题，就是悲剧精神到底是什么。尼采认为，古希腊人民对于死亡的恐惧促使艺术家们需要构造一个玄幻又美好的神灵世界来慰藉他们的心灵。在荷马的创造下，奥林匹斯诸神世界应运而生。这些带有人性的神灵让希腊邦民看到了人生的希望，连伟大神灵都和自己一样，那自己还有什么理由不快乐呢？在这些神灵当中，日神和酒神是最为重要的两个客体，他们所代表的两种精神，促成了希腊悲剧精神的诞生。

首先，古希腊人民对于死亡的恐惧促使艺术家们需要构造一个玄幻又美好的神灵世界来慰藉他们的心灵。

尼采在《悲剧的诞生》里曾反复叙述希腊民间的一则神话，其大致内容是弥达斯国王在树林里久久找寻酒神的伙伴——智慧的西勒诺斯。当他落入国王手里的时候，国王问他：对人来说，最好、最出色的东西是什么？西勒诺斯一动不动，什么也不说。直到最后，他尖声大笑着说出这样一番话来："可怜的蜉蝣啊，无常与苦难所生的孩子，最好的东西对你来说是根本达不到的，即不要降生、不要存在，处于虚无的状态，不过对你来说还有次好的东西——那就是立刻去死！"西勒诺斯要传达的，就是规避痛苦的最佳方式是不要出生，如果再找一个次一点的方式，那就是结束生命，总之只要你活着就会痛苦。

希腊主要由五大岛组成，耕地的缺失让他们无法满足正常的粮食需求，只能出海闯荡，靠经商等活动换取粮食和日用产品。但海上的狂风和海啸时有发生，加之战争频发，所以希腊人对于死亡的认知要远远大于其他民族。也就是说，希腊社会的悲剧迷雾笼罩在每一个希腊人头上，如果不想面对苦难，那就只有去死。面对这一可怕又荒谬的民间智慧，希腊人该怎么应对呢？为了能够活下去，他们必须在死亡面前构造一个纯粹而又玄幻的神灵世界来慰藉心灵。因此，希腊人荷马便被尼采推向了艺术前台。

其次，希腊的悲剧精神，源于日神精神和酒神精神的结合，日神精神和酒神精神是帮助人们在不同情境下规避痛苦的两种方式，是一种极独特的审美现象。

在尼采眼中，荷马可以被看作是"一个做梦的希腊人"，他用极其灵敏的笔触描绘了虚幻世界里的神、英雄和发生在他们身上的每一个事件，然后又通过艺术加工，让他们的故事变成了富有人文色彩的史诗和神话，为希腊人提供了一个可供心灵栖息的艺术世界，并靠这个世界的旋律和逻辑来解释他们现实的存在。于是，天上的神就变得富有人格，和人一样具有七情六欲，贪嗔痴念，并成为人性欲望的辩护者，因为他们和希腊百姓一样过着衣食住行的普通生活。在这些神灵和英雄的光辉照耀下，希腊人感觉到了寄居在自己身上的神性与美好，渴望生存的欲望便打败了久居于心中的悲叹。这种以梦和追求外观为己任的艺术形式，被尼采总结为希腊艺术中的"日神精神"，正是靠了它，希腊人才没有被现实打倒，反而更加坚强地活在这个世界上。然而，梦终有醒来的一天，人不能永远活在美妙的梦境中，还需要面对现实，这时，酒神的"醉"就开始发挥作用，从而帮助希腊人逃避现实。

在尼采看来，日神和酒神就像是一男一女，彼此交合才能孕育出伟大的艺术境界，也正是在前者的攻和后者的守之间相互碰撞、摩擦和交融，才造就了古希腊灿烂辉煌的艺术文明。正因为希腊人懂得艺术是生命的最高使命，所以他们才在日神和酒神的不断激荡与促进中缔结出了阿提卡悲剧。所谓的阿提卡，就是希腊首都雅典所在的地理位置。雅典悲剧又称"阿提卡悲剧"，是古希腊悲剧的精华所在。

四、研究的视角：阿波罗与狄奥尼索斯的天神形象

在《悲剧的诞生》中，尼采是站在阿波罗与狄奥尼索斯的天神形象的视角来看待问题的。

尼采首先考虑到的是古希腊悲剧产生的内在机制。他认为，这种悲剧是由两种力量构成的，一种是太阳神阿波罗所带有的日神精神，另一种是酒神狄奥尼索斯所带有的酒神精神。

在古希腊神话中，太阳神是阿波罗，他是宙斯和勒托之子，也是古希腊神话中光明、预言、音乐、医药之神和消灾解难之神，同时也是人类文明、迁徙和航海者的保护神，他象征着理想和希望。酒神是狄奥尼索斯，他母亲是凡间女子，宙斯爱上了她，娶她做妻子。狄奥尼索斯出生后，受到宙斯妻子赫拉的迫害，却得到祖母大地之神的庇护，长大后他教人类种植葡萄、酿制葡萄酒，成了有名的酒神。同时，他还是农业之神，是丰收、享乐和放纵的象征。

尼采认为，阿波罗精神，代表着一种梦幻精神，这种精神有两个特征：其一，梦中的一切景象都是以形象的方式直接呈现给我们的。其二，梦境是由虚幻事物形成的虚幻世界，里面的一切形象都不是真实的形象。尼采进一步指出，梦中的景象似乎总是美好的，所以他提出梦境具有"美丽的外观"特性，这种外观是艺术创造的前提。

日神的精神实质就是享受和把玩美丽的梦中幻境，它的目的是从幻想中获得生活的乐趣，进而忘却人生的痛苦。日神是给希腊民众以"强心剂"与"壮骨粉"。酒神能给希腊人带来一种形而上的复归感，一种醉到极致后的癫狂感、舒适感，这是每个喝醉酒的人都有过的切身体验。和梦境中冷静看待一切现象的日神不同，"醉酒"的状态表现为自我意识的丧失和消极情绪的遗弃。尼采指出，这种精神来源于古希腊的酒神祭奠，这种节庆所做的主要事情差不多都是肉欲的极度放纵，在这个时候，人类最原始的冲动都得到了解放。在艺术上，狄奥尼索斯精神集中表现在音乐、舞蹈和某些抒情诗歌上，因为这些艺术形式表现的都是人类最本真、最初始的愿望。当人们面临痛苦时，除了到阿波罗的梦幻世界里去寻求慰藉之外，还能到狄奥尼索斯的狂醉世界里去"完全忘了自己"，通过放纵来逃避现实的苦痛，从而达到人性的解脱。

尼采把悲剧精神看作是日神精神和酒神精神的结合体。从实质上看，他更喜欢狄奥尼索斯的酒神精神，因为狄奥尼索斯精神也代表着音乐精神。

尼采认为，在所有艺术中，音乐处于最高地位。瓦格纳是尼采从小就仰慕的人，他对瓦格纳旋律的向往超越了世间的一切欲望。尼采曾一度把瓦格纳的音乐视为叔本华哲学的化身，并把德国精神的复兴寄托在瓦格纳身上。《悲剧的诞生》就是献给瓦格纳的，书的序言就叫作《致理查德·瓦格纳》。他接受了叔本华的命题："音乐是意志的表现"，同时还接受了他另一个观点，那就是"人都是利己主义者，但是人们利己的生活意志在现实中很难得到满足，故而人生充满痛苦"。所以，尼采断定，古希腊人的意志就是用美感来对抗痛苦。究竟该怎么才能对抗痛苦呢？如果用阿波罗的日神精神来对抗，那也只是幻想中的幻想，根本没有什么实质上的改变，同时由于阿波罗是"道德之神"，富有理性，他对人的意志自由有所限制，所以并不能让人完全地脱离痛苦。

但是狄奥尼索斯就不同了，古希腊人一来到酒神的祭奠仪式上，就完全忘记了阿波罗定下的法则，开始自由狂欢，在迷乱中寻求真实的自我。这时，从痛苦中生长出的个体快乐便迅速占据了上风，人性深处的表达也变得更加清晰。狄奥尼索斯比阿波罗更接地气，也更平民化。古希腊悲剧的精神实质，便是由高高在上的阿波罗和草根出身的狄奥尼索斯共同构成的，一种是梦幻的慰藉，一种是现实的放纵。前者代表的是幻想、理性、道德，在艺术上对应的是造型艺术和史诗等。后者代表的是真实、放纵、疯狂，在艺术上对应的是音乐、舞蹈等。通俗点来说，日神精神就像穿着西服坐在西餐厅里面，被一堆"端盘子的"围着，正襟危坐地吃着那一小块牛排。而酒神精神，则像是大排档里的烧烤摊，你穿啥都没人管，甚至你还能大声跟老板吆喝"我的腰子要烤老点"。作为普通人来讲，肯定是喜欢酒神精神，毕竟他更平民化一点儿。所以尼采认为酒神精神更为重要，并进一步提炼说"悲剧诞生于酒神精神中的音乐精神"。

五、研究的核心思想：悲剧为何会灭亡

尼采讨论古希腊悲剧并非纯粹地讨论悲剧艺术，而是想由此产生出哲学思想。他关注的是，悲剧为何会灭亡，并且给出了自己的答案。

在探讨古希腊悲剧的灭亡原因时，尼采把矛头直接指向了苏格拉底，断言导致悲剧衰亡的哲学原因是苏格拉底精神的泛滥。

尼采认为，古希腊悲剧是突然消亡的，欧里庇得斯是造成悲剧消亡的罪魁祸首，因为他对悲剧的改革，导致原始的酒神因素从悲剧的创作中被永久地剔除出去，伴随而来的是把悲剧建立在非酒神艺术的风俗和世界观之上。失去酒神因素的悲剧变得平庸

和世俗，最终演变为阿里斯托芬式的喜剧了。尼采指出，欧里庇得斯对悲剧的改革所遵循的正是苏格拉底的教学，因为他是苏格拉底的绝对粉丝，对他的哲学思想更是坚定不移地贯彻始终。所以，希腊悲剧等于是被一个完全不懂悲剧的苏格拉底毁掉的。

按照尼采的说法，苏格拉底是一个典型的理性主义者，苏格拉底精神的实质就是理性主义，即广义的"科学精神"。这种理性主义不同于日神精神也不同于酒神精神，它是一种新的生存态度，具有苏格拉底精神的人需要借助无尽的知识来获得解脱，从而克服"悲观主义"，走向"乐观主义"。

尼采肯定日神精神和酒神精神，但苏格拉底称它为浅薄的乐观主义。苏格拉底精神大行其道将会造成文化的堕落，而悲剧的消亡正是这种堕落的标志。他开始对欧里庇得斯大加批判，认为他响应苏格拉底"知识即美德"的口号从而主张"理解而后美"是十分愚蠢的行为，并提出欧里庇得斯毁灭悲剧的行为实际上也就是毁灭艺术的真正行为。欧里庇得斯之后的艺术创作由于被苏格拉底精神所支配，已经堕落为伪艺术，就差被钉在历史的耻辱柱上任后人唾骂了。

尼采虽然对古希腊悲剧因苏格拉底精神的崛起而消亡感到惋惜，但他并未死心。他认为古希腊悲剧是可以复生的，而复生的国度，就是生他养他的德国。一方面，苏格拉底精神经过长时间的狂飙突进后，已经到达了自己的边界。德国哲学对于理性认知界限的揭示则是产生新悲剧的前提条件，而这种新的悲剧将是古希腊悲剧精神的复兴。另一方面，尼采认为瓦格纳音乐剧的产生也预示着悲剧将要勃兴。因为瓦格纳音乐具有两种特性，一种是音乐，一种是神话。音乐的精神即酒神的精神，神话的精神即日神的精神，而希腊悲剧则是日神精神和酒神精神的完美融合，所以德国悲剧的复兴指日可待。

六、拓展阅读

（1）《权力意志》/ 弗里德里希·威廉·尼采著

（2）《查拉图斯特拉如是说》/ 弗里德里希·威廉·尼采著

（3）《瓦格纳事件》/ 弗里德里希·威廉·尼采著

扫码获取附赠资料

06

《小逻辑》：掌握辩证逻辑，洞察绝对真理

唯心论哲学家——弗里德里希·黑格尔

弗里德里希·黑格尔（1770—1831），是19世纪德国唯心论哲学和德国古典哲学的代表人物之一，同时也是著名的政治哲学家，著有《精神现象学》《逻辑学》《小逻辑》等。

黑格尔在哲学界是神人一样的存在，他是集西方哲学之大成者，也是古典形而上学的终结者。有人认为他的哲学思想超过了从希腊到他之前的全部哲学家的总和，他的名言之一"存在即合理"可谓振聋发聩。

弗里德里希·黑格尔

一、作者生平

弗里德里希·黑格尔于 1770 年 8 月 27 日生于德国一个官吏家庭。1808—1816 年，他在纽伦堡当了 8 年的中学校长，在此期间完成了《逻辑学》（简称"大逻辑"）。1817 年，出版《哲学全书》（其中的逻辑学部分简称"小逻辑"），完成了他的哲学体系。

黑格尔一生的哲学思想精髓都浓缩在《哲学科学百科全书纲要》里，而《小逻辑》是这本书的第一卷，是重中之重，也被认为是黑格尔哲学的灵魂。

二、什么是逻辑学

逻辑学是黑格尔思维方式和哲学体系框架的基本规定，是黑格尔哲学的核心和灵魂。关于逻辑学，黑格尔给出了定义，也给出了相关诠释。

黑格尔给出的定义是这样的："逻辑学是研究纯粹理念的科学。"而"所谓纯粹理念即是思想的抽象成分所形成的理念"。它不研究反映自然界或者人类社会的理念，它只研究人的理性思维所形成的理念，是研究抽象思维的思维。

黑格尔特别推崇理性思维，认为理性思维是每个人都应该具备的最基本的能力。学习逻辑学的目的就在于练习思维，让人们拥有思辨理性的认识。逻辑学中研究的是"纯思"，是研究纯粹思维的思维，就是真理的"绝对形式"。因为它包含着一切，"纯思"思考的是一切的思想和理念，本身是绝对抽象的，代表着自身。它又包含了思想和普遍概念所包含的具体客观事物与人的思维层面的认知。

《哲学科学百科全书纲要》一共有三卷，分别是逻辑学、自然哲学和精神哲学。逻辑学是第一卷，是这本书中最核心的部分，也是统领黑格尔哲学的核心部分。逻辑学部分与自然哲学和精神哲学的不同在于，逻辑学是研究纯理念的科学，而自然哲学是研究理念的外在化的科学，精神哲学是研究理念由外在化返回到它自身的科学。

在黑格尔眼中，哲学可以定义为"对于事物的思维着的考察"。他认为哲学和宗教关心的对象基本一致，那就是"真理"。真理是绝对的，同时是具有矛盾性的。只有通过思维的纯粹形式，也就是思辨的概念，才能真正认识真理。因为逻辑学是研究纯粹思维和理念的科学，自然就是通向真理的一把钥匙。

黑格尔认为逻辑思想形式一共可以分三种，分别是知性逻辑、否定的理性逻辑和思辨的理性逻辑。其中，知性逻辑主要是明确每一个对象的固定规定和概念以及各个规定的差别，难以认清和表达整个思维与概念，具有很大的局限性。而否定理性逻辑只是孤立地把肯定与否定对立起来，缺乏辩证关系。辩证法是自然界和精神界万事万物的推动原则。事物是遵循辩证法原则从发生、发展再到消亡自我运动的。人们要想在认识论上了解概念或者事物内在联系和必然性，就只能通过辩证法原则来进行推演。

黑格尔辩证法的逻辑范畴推演核心和公式，可以简单概括为"正、反、合"。什么是"正、反、合"逻辑范畴推演公式呢？

在黑格尔看来，万事万物都在自我否定中自我发展，最后达到自我统一。正就是肯定，是一种简单规定，具有直接性；反就是否定，是一种思想分化，具有间接性；而合是否定的否定，由分化又回到简单的自我联系。正是有了正与反的肯定与否定辩证关系，才有了矛盾，而矛盾是推动世界的原则和动力。"正、反、合"是绝对精神在不同阶段的表现形式。

黑格尔曾经用麦粒来形象地展现"正、反、合"的范畴推演过程："正"就像是一颗麦粒，是一切的开端，麦粒包含着自我否定、自我突破的张力，它会通过自我否定成长为麦苗。这时候它已经不是麦粒了，完成了自我否定。最后，麦苗成熟还会结出新的麦粒，这时候新的麦粒既不是原来的麦粒，也不是现在的麦粒，已经成为两者综合的产物了，也就是"合"的状态。从这个角度上讲，黑格尔的辩证法逻辑阐述了万事万物"正、反、合"的自我否定、自我发展的运动变化规律。

三、研究的起点：有论

在黑格尔逻辑学中，主要有三个组成部分，分别是"有论""本质论"和"概念论"。其中，"有论"是最基本的一个，涉及两组关键词。

关键词组一："有、无、变"。

在黑格尔看来，所谓的"有"是一种没有任何规定的纯粹的有，是一切的开端。这种"有"是一种绝对的有，不是具体的有。这与古希腊哲学中形式逻辑上的"有"不同。在古希腊哲学里，亚里士多德、柏拉图所阐述的形式逻辑的"有"，英文叫"be"，更多的是系词意义上的"有"，比如我们生活中会说："那有一个茶杯，这有一双筷子。"这是有规定性的，是形式逻辑上的"实有"。而黑格尔所讲的这种"有"，是具有一种能动性的、无规定的有，英文叫"being"，是"be"的动名词形式，是蕴含着一种能动的状态，我们可以理解为，是"有起来"的一种状态和趋势。比如在形式逻辑中，我们说"他是爱因斯坦"，这个人与爱因斯坦是类似于数学等式一样的 A=B。但是在黑格尔的"有论"中，"他是爱因斯坦"蕴含着一种能动性，他之所以能"是"，或者说能成为爱因斯坦，需要付出很多努力，甚至穷极一生，才能"是"爱因斯坦，才能"是起来"。

黑格尔指的"有"是一种绝对的有，就像是上帝要开天辟地的一种想法，是逻辑的开端。"有"作为最初的潜在概念，是第一个绝对的规定。而与"有"相对的"无"，是绝对的第二个规定。黑格尔认为概念是早于一切的真理，是绝对精神，概念自己天生会"反思"，所以通过反思，万事万物可以自我否定、自我发展，所以"无"是从"有"转化而来的。"有"和"无"之间可以相互过渡转化，"有"和"无"是一切的开端，一切范畴都是从"有"和"无"推演出来的。所以"有"和"无"都没有规定性，也不是具体的概念。"有"和"无"互相过渡、互相代替，于是就有了"变"，"变"是第一个具体的概念和思想。"变"是"有"和"无"的统一。

关键词组二："质、量和程度"。

黑格尔认为"变"有一个结果，他把这个结果叫作"限有"，也有被翻译成"定在"或者"实在"。此时的"有"，已经是有规定性的"有"，属于现象范畴，不属于"有、无、变"这类哲学原则范畴了。"限有"否定并发展了"有和无",成为一种有限定、有规定性的"有","质"就是"限有"的规定性,所以"限有"也是"质"的"有"。

黑格尔认为"限有"是"质"的某一个点,也就是能具有事物特征的一种维度。比如我们可以感受到火的炙热和冰的寒冷,能看到森林带给我们的"绿色"等。但是黑格尔认为"限有"无限发展下去,就只能是"限有",只有通过自我否定和发展,自我扬弃,才能重新回到"有"。"限有"的扬弃就是"自有",所以黑格尔认为"自有"是"一"。所谓"一"就是自身别无他物,与他物相排斥的"一",关注内在之有,在先刚老师的翻译版本中,也叫"单一体"。黑格尔关于"一"和"自有"的概念有些抽象,他指出我们可以把"一"和"自有"看成"我"来更好理解这个概念,因为"我"是"自有"和"一"的单纯形式,只有人才拥有理性,而理性是有限事物的真理。

在黑格尔看来,"量"是扬弃了"质"的"有","量"扬弃了"质"内部的自在自为的"一",关注外在他物的"多"。"量"分三个部分,分别是纯量、定量和程度。

纯量其实就是扬弃"质"之后的纯粹的"量",比如纯空间、纯时间等。这和数学意义上的可以增加减少的"量"不是一个概念。黑格尔认为数学意义上的"量"只看到大小可增可减,并不能看到"量"的内在性质。只有通过找到"量"在哲学范畴中的位置和依据才能表达它的思想实质。

另一种"量"叫"定量",它是"数"的角度,具有一定排他性。定量的规定性是"数",例如在定量中,加减法的根据就是"数"是不相等的;乘法和除法的根据就是"数"是相等的;乘方和开方的根据就是"数"的数目和"数"的单位相等;等等。在黑格尔看来，"量"既是分离的，也是连续的。

程度可以理解为统一后的"有"。"限有"之间差异的多少就是程度。程度是"质"和"量"的统一。"量"和"质"都是可以变化的，在一定程度内，量变不会引起质变。但是一旦超过了一定限度，量变就会导致质变。

四、研究的关键：本质论

黑格尔推演了"本质"是如何扬弃了"有"，成为间接性的"有"，又推演了"本质"内部"同一、差别和根据"的辩证对立统一关系。

问题一："本质"是如何扬弃了"有"？

在"有论"阶段，一切都是潜在的概念，是直接的。而"本质"是对"有"的扬弃，是扬弃的"有"。"扬弃"是哲学术语，意思就是继承和发扬旧事物内部积极合理的因素，摒弃和否定旧事物内部消极的、丧失必然性的因素，也就是自己否定自己、自己发展自己的一个过程。黑格尔认为，一切事物都有它的"本质"。只有事物的"本质"才是永久的东西，才是事物的真正性质。

"本质"是间接性的，"有"和"本质"都是绝对精神的一个阶段，但是"本质"的意义要高于"有"，因为"有"是直接的"有"，而"本质"是扬弃的"有"，是自我映现的"有"。"本质"扬弃了"有"，是一种否定和不否定并存的状态。比如说，你曾经去过北京。这只是否定了你现在在北京的直接性，但是并不否认你确实曾经到过北京。在"本质"中，十分注重间接性，"本质"中讨论的范畴都是相对的。

问题二："本质"内部"同一、差别和根据"的辩证对立统一关系是怎样的？

同一分为抽象的同一和具体的同一。抽象的同一是形式同一，而具体的同一才是真正的同一。形式逻辑的同一，是抽象的形而上学的同一，比如说 A 是 A，世界上只存在 A 和非 A，非此即彼。但黑格尔认为真正的具体的同一，是辩证的同一，认为同一和差别是对立的统一，同一和差别也是可以互相转化的。差别本身包含肯定和否定两方面：一方面否定了同一，包含着差别的自身；另一方面是肯定的自身联系。黑格尔认为本质的差别就是对立。对立是一个事物与和它正相反的事物相对立，在对立中，两个事物之间互为彼此，矛盾统一，这个统一体就叫"根据"。根据中包含了同一和差别两个环节，是"本质"的统一体。在根据中"异中有同，同中有异"。

黑格尔认为从根据可以过渡到实存。这时候就又从间接性回到了直接性。不过这时候的直接性和"有论"中的最初的直接性不同，这时候的直接性是扬弃了间接性的直接性。也就是说，实存中的直接性是包含了最初直接性和后来间接性的统一。所以这个时候所有的实存都是互相联系起来的，万事万物，对立统一，你中有我，我中有你，互相映现。

在黑格尔看来，"本质"一定会以某种形式表现出来，这就是现象。现象其实是扬弃自身矛盾性的表现，"本质"的单纯自身存在是假象，还不是独立存在的事物。只有过渡到现象，"本质"才既有内在性又有外在性。正因为在现象中包含了内外性，黑格尔认为"本质"就在现象之中，是可以被认识到的，这个观点也批判了康德等人"只能认识现象，不能认识本质"的"物自体"等观点。

五、研究的核心：概念论

概念论是逻辑学的核心和灵魂。所以，它是核心中的核心、灵魂中的灵魂。黑格尔的《小逻辑》整本书都是在论述和推演概念如何从"有"到"本质"到概念自身发展的。概念论是推演的终点，绝对理念就是苦苦探求的真理。

第一，概念是一切事物规定和联系的根本所在。

在一切的开端"有论"中，表现的是思想的直接性，是概念的潜在形式。"本质"表现的是思想的间接性，是概念的自为存在形式，是假象。概念论，表现的是思想又回到自身并且在自身中的发展形式，这时候的概念是自在自为的。不同于"自在或潜在的概念"，自在自为的概念是在自身中规定自己，在自身中发展自己，不受外物的控制。黑格尔认为概念是一切事物规定和联系的根本所在与全体所在。

第二，理念是概念和客观性的绝对统一。

在黑格尔看来，思辨逻辑的概念有三个部分，分别是主观性、客观性和理念。主观性概念就是形式的概念，形式逻辑就属于形式的概念，它只是把逻辑形式当成思维的形式，是一种知性思维；客观性概念是具有直接性的概念；而理念指的是主体与客体、概念和客观相统一。所以，黑格尔认为，理念是概念和客观性的绝对统一，也是绝对真理。绝对理念是最高的纯思，它的内容是自身，没有任何前提和过渡。此外，黑格尔认为思辨逻辑的主观概念具有普遍性、特殊性和个别性三个特点。概念蕴含着直接性"有"，是统摄一切的，因此它具有普遍性，同时概念又包含着间接性的"本质"，蕴含着特殊性和个别性。所以，概念既具有普遍性，也具有特殊性和个别性。

第三，概念的客观性和主观性也是对立统一的。

客观性内部有三个环节，分别是机械性、化学性和目的性。机械性是我们观察客体时通过反思发现的第一个范畴，是一种较为浅表的认知方式；在化学性里，事物的联系已经从外部发展到内部，但仍然是潜在的概念；而到了目的性，概念是由潜在概念变为自觉的概念。黑格尔认为客体是扬弃了间接性并现实化了的概念。所以客体中这个理念是概念与客观性的绝对统一。理念是绝对真理，一切都以理念为实体，受理念的统摄。所以任何存在都是理念的一部分，是有限的。而理念是无处不在的，存在于一切的事物里，也存在于每个人的意识里，但需要人自觉意识到它。

理念从三个阶段自身辩证发展，分别是生命、认识和绝对理念。生命是理念的直接性阶段，认识是间接性阶段，而绝对理念是辩证统一的最高阶段。生命，分为概念的精神和实在的肉体。当精神和肉体的结合处于直接性时，人还没有达到真正的自觉。而当人的反思性克服了这种缺陷，理念就从生命发展到了认识。在认识阶段，理念通过扬弃人的认识的主观性和扬弃客观世界的偶然性，不被假象和表象等迷惑，才能认识到真理，过渡到理念的真正统一。所以，黑格尔认为，绝对理念是最高的纯思，它的内容就是它自身是概念的纯形式。

六、拓展阅读

（1）《精神现象学》/ 弗里德里希·黑格尔著
（2）《法哲学原理》/ 弗里德里希·黑格尔著
（3）《逻辑学》/ 弗里德里希·黑格尔著

扫码获取附赠资料

07

《实践理性批判》：学习实践理性，探寻道德生活

德国古典哲学创始人——伊曼努尔·康德

伊曼努尔·康德（1724—1804），启蒙时代著名的哲学家，德国古典哲学的创始人，开启了德国唯心主义等诸多流派，被认为是继苏格拉底、柏拉图和亚里士多德后，西方最具影响力的思想家之一。他关注理性，探讨人类理性的内在逻辑，寻求"独立于经验"的确切知识。他的义务论哲学也与理性思想连接，自成体系，奠定了基本的道德观与伦理学基础，而且影响了后世很多重要的哲学大家。

伊曼努尔·康德

一、作者生平

伊曼努尔·康德终生恪守书斋，从未参与任何重大的现实斗争，纵观其一生，学术乃是生活中第一大事，余皆庸常。哲学是他至高的成就，不过康德的研究并不完全以哲学为主线，他毕生追求真理，不断改进他的学说，使其更加精确、日益完美。

康德丰富的精神世界就体现在他个人著述和教学中。康德于1804年在自己的家乡科尼斯堡（今俄罗斯加里宁格勒）去世，他一生出版了大量的著作，包括《道德形而上学基础》《自然科学的形而上学基础》等。其中最为著名的就是《纯粹理性批判》《实践理性批判》《判断力批判》共同组成的"三大批判"。这三部作品分别系统地阐述他的知识学、伦理学和美学思想，而今天我们要解读的就是三大批判中的《实践理性批判》。

二、为什么要写这本书

康德时代的欧洲，是一个思想大变革和科技大发展的地方。在哲学的形而上学领域，经验主义与理性主义两个派系展开了长达上百年的争论，彼此各执一词，被各自的学说支撑。在康德这里，这两者达到了完美的调和。

由于《纯粹理性批判》讨论到纯粹理性不能证明意志自由，又因为康德的观点，道德要求这样的自由，理性的作用似乎已经离开了道德，正如神学，缺乏合理推理的基础。启蒙运动由于怀疑信赏必罚的上帝存在，削弱了宗教的道德基础。假如这些传统的道德支柱崩了，文明如何能够残存？

康德坦然以启蒙运动人的门徒自许，负有为道德规范寻求某种合理根据的义务。他拒绝了自由思想家把道德置于个人或种族经验基础上的企图，这样一种"后天的由来"将使道德原则失去普遍性和绝对性，与理性带来的稳定思想相左，理性应当作为一种坚实的伦理要求，他曾在书中自信地宣称："很明显地，一切道德概念有它们的地位和起源，完全先天于理性之中。"《实践理性批判》就是去发现和阐明这种地位与起源的。

三、研究的核心：经验主义和理想主义

在康德的时代，经验主义与理性主义是可调和的。经验主义与理性主义是康德批判思维方式和哲学体系框架的基本规定，是康德哲学的核心和灵魂。

第一个关键词：经验主义。

在哲学的定义中，经验主义又被称作经验论，"是一种认为知识只能或者基本来源于感官经验的理论。"这里的感官经验就是指我们身体各自的感觉器官给出的反应，比如人通过眼睛看见的、耳朵听见的、肌肤碰到的等经验，去认识、判断外部世界的方法，而这个方法就被称作经验主义。经验主义是知识论的一种，是我们获取知识的一种基本方法。

在古希腊时期，经验主义具有重要位置。"经验主义"一词来源于古希腊时期医生更多凭借个人经验进行诊断治病，拒绝一

味接受当时的宗教教条所推崇的方法。当时，人们信奉传统宗教教育所指导的解决方法，比如，通过在神庙的祈祷或是神婆的祷告来解决身体疾病，即使这些方法实际上并不能解决问题。而古希腊医生以所观察到的现象为分析依据，对病人进行诊断、治疗，这样的方法在当时是非常科学有效、值得信任的。不过，那个时候人们只是依赖于这样单纯有效的经验，却并没有哲学化的定义与描述。关于经验主义系统性的阐述，来源于 17 世纪英国哲学家约翰·洛克。洛克举了一个经典的比喻，他认为人的心智原本是一块白板，而经验则被标注在上面。意思是说，人通过后天的经验得出相对应的知识结构，而这与古希腊时期单纯的经验认知不同，这种经验主义认为，必须通过适当的归纳或演绎，才能形成知识。这也就是欧洲所秉持的经验主义理论。

第二个关键词：理性主义。

理性主义又称为唯理论，是指建立在承认人的理性可以作为知识来源的理论基础上的一种哲学方法，认为理性高于感官感知，与传统的经验主义相悖。从形式上来说，理性主义是指不依赖感官而依赖理智和演绎推理的方法论。详细来说，理性主义认为，我们的感官所积累的知识是不可靠的，我们可以本能地掌控一些基本原则，比如几何法则，我们也可以根据基本的运算法则推出相关的结果。比如平面三角形是三条边，把这个法则放在地球的任何一个角落，世界的任何地方，都不会发生改变，因为这样的法则是定理，是绝对正确的确切知识，所以，可以根据这样的知识推理出其余知识。

理性主义的奠基人笛卡儿从怀疑感觉开始，提出了理性主义的"天赋观念"。这个观念说的是，人类与其他生物不同，我们先天就掌握一些知识，比如数学知识，在掌握这些知识之后，可以根据其中的公理运算法则，引出对世界的完整描述：我们就可以描述树有多高、车有多快、房子有多大等问题。但了解这些问题却不是依赖于我们的个人经验，因为如果我们不知道测量的法则，即使我们每天生活在自己的房间之中，也无法凭经验、凭感觉描述房间的大小。所以，理性主义者认为，凭借经验而得到的知识，归根结底只是个别的、相对和偶然的，不能成为普遍有效的科学知识。

第三个关键词：先验唯心主义。

刚开始，康德是一位理性主义者，他阅读启蒙时期经验主义哲学家大卫·休谟的著作《人类理智研究》后，通过分析批判的手段，将自己的理论发展成理性主义以及经验主义的综合体。

在康德之前，经验主义者只承认来自感性经验的"后天综合判断"，也就是说，只相信对事情经历过后作出的判断，或是规律的总结，比如，乌云伴随着下雨是一个凭借经验判断的事件，但了解这个规律的前提是在事情发生之前的时间线经历这件事，也就是说必须得看到过、经历过才知道，经验主义者认为这类知识只凭借后天的经验，是粗糙的、不够细致的，没有意识到先天的认识能力可以弥补这样的不足。所以，康德认为，经验主义对人的先天能动性是否定的，如果一味依靠经验获取知识，是不够完备的，不会具有科学上的进步，如果具备测量降雨量的数理知识，就能够让我们对乌云伴随着降雨这个事件有更加科学的认识和利用，而其中用到的数理知识，就是来自我们先天的、不受任何影响的理性知识，因为高度、体积的测量方法是不会发生改变的。但是如果只凭借数理知识，缺乏人先天的、对经验事物的处理，也依旧是不足的。这就是经验主义和理性主义两种学说对应的不完备性。

康德认为，两种学说都没有注意到"先天综合判断"究竟是怎样工作的，即使理性主义具有寻求确切的知识的能力。但人类认识的经验基础也是非常重要的。在此基础上，康德提出了"先验唯心主义"。所谓"先验唯心主义"，就是讲人的认识能力本来就具备一种认识形式和认识方法，这种认识形式是先于经验的，但不来自经验，不依赖于经验；但是一切经验发生的可能性、知识的普遍性和产生知识的必然性，都必须以这样的先天的认识形式为条件或依据。比如当我们戴上墨镜时，世界是一片茶色，我们看到的是"世界是茶色"这种知识，就是我们的先天认识框架（墨镜）赋予对象（世界）以某种形式（茶色）的结果。也就是说，有一种先天的、来自一切经验之前的认知方法，导致我们学会判断和思考。经验主义和理性主义都是来自这样的方法，而且各自都有各自正确的、可取的一部分。

康德成功地对经验主义和理性主义进行了调和。康德通过相对应的批判，认识到理性与经验结合起来的必要性。他断言：人的知识是先天的认识形式和后天的感觉相结合而成的，人们只能从人本身出发去认识外部世界，但是形而上学意义上的事物本身，也就是所谓的"物自体"是不可能被认识的。就是说寻求确切的知识必须从人本身具有的先天认知能力和后天经验出发，如果脱离这个前提去探讨事物本身的意义，是做不到的。而这样认知的突破，就是被人们称为"哥白尼式革命"的康德哲学革命。

四、研究的对象：经验知识的形式的 分析和分类

康德批判哲学的重要开端，就是对经验知识的形式进行分析和分类，也就是"先天""先验""超验"的概念，了解这三个概念是如何运行，带领人类认识经验知识的。

概念一：先天。

先天的意思是，一个自然对象先天所具有的所有属性。比如人是一个自然对象，当我们出生之际就具备的属性就是先天属性，如身体器官、性别以及我们先天具备的思维能力等。后天的概念就比较容易理解，比如出生之后的家庭、学历、宗教信仰等，这些都是对应属于后天的属性。

在大自然中，任何事物都不是一成不变的，这就代表着其中具备变化，既然有变化，就意味着有与之对应的反应，正如物理定理中的相互作用力等。除了反应，还有感应这个概念，比如我们感受天气，就会有一个具体的关于天气的结论，这其中就蕴含着人的思维活动，在我们面对自然界发生的活动时，康德认为是人自身自带的一些功能帮我们在处理信息，形成知识。与此同时，上述获得知识的过程中，经验是获取知识的先决条件，我们只有对经验进行分析，才有获取知识的可能性。人的认识能力，必伴随着种种不同的经验。可以说，经验的累积是知识的基石。

概念二：先验。

在康德的哲学中，先验不是指获取知识时间上的先后，而是指逻辑上的先后顺序。简单来说，先验更像是人类获取知识的一

个先决条件，这个先决条件中包括感性和知性。

其中，感性指的是人类对空间和时间所形成的先天认知。康德认为时间和空间并不是世界存在的对象，它只是引起人类产生经验活动的一个形式。比如说，我们眼前有一个用沙子堆成的城堡，其实这个城堡并不存在，存在的只是我们眼前城堡的形状而已。这个形状就是一个形式，这个形式里包含我们对空间的先天理解。

知性可以简单理解成人类表达的形式，例如，讲话的固定形式，你讲："康德是伟大的哲学家。"这句话包含主语，句子中包含判断，而这样的固定形式，就是人类知性的结果，它代表着某些固定的理性判断。

康德认为确切知识的可靠性就建立在人类的感性和知性相结合的可靠性之上。先验的真理是借由经验和逻辑论证所形成的，这就是先验知识的形成。后验通俗来说，就是体验过后才知道的确切知识，比如温度升高会感受到炎热，喝到冰水会感受寒冷，这些都是后验知识。

概念三：超验。

在哲学研究中，形而上学作为人类理性的一种自然倾向，一直伴随着人类。什么是形而上学的自然倾向呢？形而上学的自然倾向就是指人类的理性对自身经验条件自发性的思辨后，追溯现实世界无条件的存在缘由。我们都知道，只要是有理性的人，都会有这样一种思维倾向。比如人会提出我为什么活着、我来到这个世界有什么意义等，只要你提出了"为什么"，就说明你的理性始终在寻找现实存在的一个无条件因素，而这个追溯过程到最后一定会超出人类自身经验之外，最终到达灵魂、意识和上帝这几个绝对的概念上来。所以超验就是人类理性追溯到超出经验的一个思维阶段。比如鬼魂、神仙、外星人等。这种超验对象，人类一时或永远无法证明或根本就不存在，但它在人类思辨过程中有其存在的必要性和合理性。

五、研究的实践理论性：对人进行道德观的塑造

康德的实践理性是一种道德学说。但在康德的思想中，实践理性的体系不包含非常具体的道德主张，或某一些特定的道德要求，比如说，它并不会出台每个人必须扶老人过马路这样如同法律条文的道德规范。康德的理性实践性，主要有两个方面。

第一个方面，自由是道德的必要条件。

康德道德观里有一个具体的先决条件，那就是认为自由是道德的必要条件，也可以说是一种自由意志的体现。康德会强调自由，因为在康德的伦理学体系中，认为道德行为的体现，是在人本身拥有的自由概念中去得到证实的，我们对于道德不同的要求，是基于每一个人在社会活动中获取经验知识的不同而决定的，这个经验知识的获取方法在前面已经通过先验、后验、超验证明是纯粹理性的。在这个前提下，基于每个人经验的不同，需要通过个人自由意志去划分道德这样非常具体的社会行为模式。康德认为，道德行为中必须存在自由。他还证明，道德只有依据自由才会可能存在，而意识只有通过道德要求才感受得到人自身的自由。意思是道德和自由是相互成就的。比如一个社会人都知道我们在社会当中应该遵守基本的道德准则，与此同时只有遵守这样的道德标准才能保证我们在社会里真正自由地生活，因为一旦违反道

德标准，你就注定受到约束，这样的约束不一定来自法律，也有可能来自其他人的谴责，这样的谴责也会导致不自由，所以，道德和自由是相互依存的。

那么康德是怎么证明自由体现在道德之中的呢？我们可以说：通过整个认识理性的过程，或者说了解知识的过程，如果我们没有拥有一丝一毫的自由概念，如果在知识中找不到自由，那么自由就不可能在知识中呈现，而我们又缺乏拥有自由这个概念，那么除非它是作为实践对象而出现的意识，否则就不可能有自由的概念。明确地说就是，人只有拥有自由，才能寻求确切知识，继而制定道德标准。但是人的行为为什么能够表现出自由呢？是因为它在进行一种道德行为，在道德行为中人就脱离了单纯的动物本能，所以人也就从道德规律中获得了自由，我们所要取得的是这样一种行动的本质，它一方面立足于自由，另一方面又具有普遍性，当它作为一种知识的时候，它就是具有自由的普遍法则，也就是道德律令。

道德是人为自己的行为制定的一系列原则。为什么道德有必要呢？因为人是理性的，理性生物的自由，就是生活在自己为自己的行为立法的世界，自己为自己设定行为准则，而不是像其他动物那样仅仅依靠欲望而行动。与此同时，由于我们证明了自己是有理性的生物，我们真正的自由来自为自己立法，这个立法就代表我们为自己制定道德标准，这么做是为了我们真正的自由。

第二个方面，人类存在自我规范和判断的能力。

为什么我们必须遵守自己为自己订立的道德原则呢？康德认为，因为我们是理性的人，这是我们的义务，而不是因为其他原因。比如，帮助别人不该只是为获取他人的感激，或是为了满足自我。你帮助别人的原因只有一个，对他人伸出援手在人制定的道德律令里是绝对正确的，是作为"君子"的行为，这样的结果可能是好的，比如你帮助了被抢劫的姑娘，因为你富有同情心，且姑娘楚楚可怜。但是，这样做在康德的道德观中是没有道德价值的，之所以没有道德价值，是因为你做正确的事是你的主观意愿，而不是因为你认为这件事是应该做的。如果被抢的是个中年妇女，你可能就不会伸出援手，帮助的行为全凭你的意愿。所以，即使结果是好的，这种行为依然没有道德价值，因为你以自己的欲望和感受为标准。而在康德的道德观里，你帮助别人的原因只有一个，就是帮助别人在人类自己制定的道德法律中是对的，是君子的行为，而作为理性的人，有义务做正确的事，所以你帮助别人，不管被抢劫的是什么人，都应该尽可能提供帮助，因为这是正确的行为，是理性思考过后履行义务的行为。康德认为人类存在着自我规范和判断的能力，并非只是受感情和欲望驱使的动物，而是可以追求一种合乎伦理规范的生活，这种规范是超乎个人之上的。

六、拓展阅读

（1）《论优美感和崇高感》/ 伊曼努尔·康德著

（2）《自然科学的形而上学基础》/ 伊曼努尔·康德著

（3）《宇宙发展史概论》/ 伊曼努尔·康德著

扫码获取附赠资料

08

《新工具》：将科学作为改造生活的"工具"

近代归纳法和实验科学的创始人
——弗朗西斯·培根

　　弗朗西斯·培根（1561—1626），16、17世纪英国著名的散文家、哲学家，是近代归纳法及实验科学的创始人，也是给科学研究程序进行逻辑组织化的伟大先驱。同时他在历史学、法学、教育学、心理学方面也有卓越的建树。主要著作有《论说文集》《新工具》《论科学的增进》《论古人的智慧》等。

弗朗西斯·培根

　　培根的历史著作，被誉为"富有哲学意味的史学著作楷模"；培根的散文，被认为"堪与莎士比亚的诗歌并负盛名"；培根的教育思想，开近代教育学之先河；培根的心理学思想也被誉为"近代心理学的鼻祖"。

一、作者生平

弗朗西斯·培根 1561 年 1 月 22 日出生于伦敦临河街约克府一个新贵族的家庭，父母双方都是高级知识分子。他的父亲尼古拉·培根毕业于剑桥大学，曾担任伊丽莎白女王的掌玺大臣，同时也是一位受人尊敬的大法官。母亲安尼是英王爱德华六世的教师，安索尼科克爵士的女儿。她博学多才，精通拉丁文和希腊文，并热心改革宗教事业。受父母双方的影响，培根从小就获得了良好的教育，并逐步培养了自己善于思辨与质疑权威的进步思想。

弗朗西斯·培根 13 岁入剑桥大学，大学中的学习使他对传统观念和信仰产生了怀疑，开始独自思考社会和人生的真谛。3 年后，培根作为英国驻法大使的随员旅居法国巴黎。在短短两年半的时间里，他几乎走遍了整个法国，这使他接触到不少新的事物，汲取了许多新的思想，并且对其世界观的转变产生了极大的影响。

他曾担任女王特别法律顾问以及朝廷的首席检察官、掌玺大臣等，晚年，受宫廷阴谋的影响被逐出宫廷，脱离政治生涯，专心从事学术研究和著述活动，写成了一批在近代哲学思想史上具有重大影响的著作，其中最重要的一部是《新工具》。

另外，他以哲学家的眼光，思考了广泛的人生问题，写出了许多形式短小、风格活泼的随笔小品，集成《培根随笔》。1626 年 3 月底，培根由于身体孱弱，在实验中遭受风寒，支气管炎复发，病情恶化。1626 年 4 月 9 日清晨病逝。

二、为什么要写这本书

《新工具》是培根对旧体哲学的质疑和对科学精神的拥护，集中批判了传统哲学脱离生活实际的荒谬主张，揭露了妨碍人们获得理性认识的几种心理障碍和虚妄观念，并指出科学的归纳法必将取代盛行的思辨推理方法。

在剑桥就读期间，培根阅读了大量的哲学和文学作品，尤其是柏拉图和亚里士多德的著作，使他受益匪浅，获得了关于古希腊、古罗马哲学家的一些最初的知识。并且在崇尚争辩的经院哲学与追求真实的自然哲学两种不同思想的对比中，他逐渐喜欢上了深入自然的早期哲学家的思想。由此，他萌生了科学、哲学必须为人类生活实践服务的思想信念，并以此作为他终生进行学术活动的唯一法则。

1576年，培根成为英国驻法大使馆的随员，获得了观察欧洲大陆政治现状的良好机会，并由此写成了《欧洲政情记》。1582年，培根通过考试，正式成为一名律师，并出任国会议员。这期间，培根已怀有改革人类知识事业的大志。他在给时任财政大臣的姨夫博莱的求职信中，第一次透露自己的志向："我认为我能带来一些勤勉的观察，有根据的结论和有益处的发明与发现。"此时的培根信心满满，他决定把亚里士多德脱离实际、脱离自然的哲学观改造为以经验观察、事实依据、实践效果为主导的认识论。这就是培根日后提出的"伟大的复兴"的重要目标，也是他为之奋斗一生的哲学信仰。

但培根通过博莱求职并未成功，直到1608年，他放弃了对仕途的谋求，转而开始研究学术问题。正如他自己所说的："从事著述活动，不是通过政府的官位，而是通过自己的笔尖来实现自己改革人类知识的大志。"于是他挥笔写就了《时代勇敢的产儿》，对旧哲学大加批判，并提出培根哲学的重要命题。这个命题同时也是本书的副标题，那就是"人对宇宙统治权的伟大复兴"，这比 1620 年出版的《伟大的复兴》要早近 20 年的时间。

《时代勇敢的产儿》其实是培根《伟大的复兴》的最初图稿，而《伟大的复兴》就是《新工具》的最初名称。培根在世时，并未以《新工具》为名印刷此书，而是以《伟大的复兴》为名进行出版。"新工具"只是《伟大的复兴》的第二部分，是这部书真正完成的部分。后人为方便阅读，便将"新工具"以单行本进行发售，并独立地加以批评阐释。

三、研究的核心：什么是科学归纳法

科学归纳法是培根思想最出彩的部分，它包含收集资料、"三表法"、"排斥法"、解释自然四个要素，其核心是从多个单体事物的观察实验中，推导出这一类事物的一般性结论，从而实现从个别到一般的过渡，以求得对规律的认识。

所谓的归纳法，是从一类对象的多个单体样本中，推导出这一类对象的一般性结论，从而实现认识从个别到一般的过渡，以求得对规律的探索。从逻辑学上来说，培根正是要借归纳法来弥补演绎逻辑学的不足，目的就是要通过把握事物的本质和真相，来保证认识的正确性问题。培根的这个科学的归纳法，正是他所开创的经验认识原则的具体化和现实化呈现。

培根的归纳法到底是怎样一种归纳法呢？

培根强调他的科学归纳法的目的是要认识客观事物，发现客观真理，把握事物的形式。这是一种认识的工具，而不是议论的工具。

培根阐释了科学归纳法必须遵循的两条基本原则：第一是暂时抛弃传统的概念，第二是暂时不要做最高层次的概括。培根认为现在通行的概念，大部分都是草率而无原则地由个别事物汇集来的，既缺乏严格的定义，又缺乏准确性。在培根看来，这样得来的概念必须存疑，必须再对它们重新实验、重新判断后，才能相信并使用它们。否则，即使对推理、论证或命题的真理性加以严格的检验，也不能免于错误。所以，培根非常看重这两条原则，甚至把这两条原则看作是对人类思维积攒的旧习气、旧方法的摒除，是对人心真纯力量的有效恢复。

培根指出了科学归纳法的四步基本程序。

第一步，材料的收集。

培根把收集材料作为归纳法得以开始的一个重要条件。收集材料，凭借的是观察方法和实验方法。对于观察方法，培根强调观察的客观性、全面性、目的性和准确性。至于实验方法，他指出，要把归纳与实验结合起来，这是以往的归纳都不曾有过的。以往的哲学家仅仅使用简单的观察手段，而培根则是把归纳法建立在实验方法之上，认为通过人工控制自然现象，把不易出现的现象再现出来，或把复杂的自然现象加以分析、分解并加以观察研究，才能称之为科学归纳法。

第二步，三表法。

培根提出的"三表法"也就是通过例证列表，对感性材料进行整理。"三表法"包括三个层次的内容。首先，培根把那些实质上有差异，但却具有某种同一性质的例证，列为一表，称之为"本质和具有表"，即"肯定表"。例如，关于热的研究，培根就把太阳热、闪电热、火焰热、液体热等自然界可见的热，一共28项，不论是固体还是液体，只要有热性的都一一列入表内。

依据当特定性质存在时形式也存在，当特定性质不存在时形式也不存在的原理，把与上表所列物体相近，但却缺乏这种性质的例证列为一表，称之为"接近中的缺乏表"，即"否定表"。比如，在热的研究中，他把一切不具有热的特性，但与热的特性十分相似的物体，单独列了一个表。例如月亮虽然发亮，但是却不能发热，如此等等。

把所研究的性质出现的各种不同程度加以列表，也就是把同一物体或不同物体中该性质的增减加以比较，培根称之为"程度表"。比如，在热的研究中，把那些只具有发热或受热能力，但热度还不能被感官感知的物体，以及这些物体热的不同程度的增减都一一列入"程度表"。

第三步，排斥法。

排斥法也就是通过概括与排除，淘汰无关因素的过程。培根认为，经过"三表法"对感性材料的整理后，真正的归纳本身的工作便开始了。他指出，要发现事物的形式，就要在对"三表"整理的例证做综合的观察、分析、比较的基础上，把和事物形式不相干的因素加以剔除。在关于热的研究中，任何一个被研究的客体都应该排除外在干扰因素，例如各类热源、紫外线、明火、炎热天气等，以保证被研究客体数据的准确性。

第四步，解释自然。

解释自然，培根称其为"初次的收获"。培根认为，经过事实的收集、列表的分析整理，到排斥法把无关因素剔除，至此，便可以收获形式的正确结论了。满足上述三种条件的性质，也就是该事物的真正形式了，人们也就能正确地认识该事物了。

四、研究的对象：四幻象说的总结及阐释

《新工具》研究的对象是四幻象说的总结及阐释。培根将幻象分为四种，分别是"种族幻象""洞穴幻象""市场幻象"和"剧场幻象"。他指出，这些幻象阻碍了人们客观地认知世界，应该予以剔除。"幻象说"是培根为扫除人们认知道路的障碍而提出来的。

关键词一：种族幻象。

"种族幻象"是指人类常把自己的本性混杂到事物的本性当中，因而干扰了他们正确认识事物的判断，比如说人会根据自己所谓的经验来判定一个事物的好坏与否。正如培根所说的，人的理智就像一面不平的镜子，不规则地接收光线，因而把事物性质与自我性质混杂到了一起，使事物性质发生了歪曲，所以造就了人在认识中主观脱离客观的可能性。归根到底，就是人在认识过程中总有一种先入为主的偏见。培根认为，这就是"种族幻象"的一种表现。他说："人的理智一旦接受了一种意见，就会把别的一切都拉来支持这种意见，或者使它们符合这种意见。"培根认为占卜、做梦、占星术等诸如此类的东西都是如此，应验了的人们就去注意，不应验的就不去注意，而且人往往容易被积极的东西激励。不过，培根也认为，就验证真理来说，消极的例证

往往更有力量。此外，人常常因情感或意志的支配而产生困惑，这也是"种族幻象"之一。比如我们因浮躁而排斥困难事物，出于敬佩而错判某些事实，等等。

人的思维不会停止，总是徒劳地思考一些虚无的东西，这是"种族幻象"的又一表现。培根这里所说的人类无休止的幻想，是人们把握真理的一个障碍，这正是后世德国哲学家康德提出的"二律背反"。人们认识中的二律背反，就是先追求和推论这个宇宙的绝对总体而引起的，也就是从自己有限的知识和视角去推断复杂的、不受限制的宇宙，从而引起无法解决的矛盾。

关键词二：洞穴幻象。

"洞穴幻象"来自理智本性，它是具体的个人所特有的。这说的是个人以自己的性格、爱好、所受教育以及所处环境为出发点来观察事物，可能歪曲事物真相。在培根看来，这种因个人天性习惯所产生的幻想，用柏拉图的洞穴假设来说明是最合适的。按照柏拉图的说法，如果一个儿童从小就生长在地窖里，那么等他成人之后，一定会有许多奇特荒谬的想象。同样，我们的身体虽然对着天空，但我们的思想、心理如果只是幽居在自己身心组织的"洞窟"中，也一定会产生许多虚妄的观念。培根认为："每个人都有他自己的洞穴，使自然之光发生曲折和改变颜色。"简单来讲，培根在这里说出了人们认识中只见树叶、不见树林的片面性。也就是，人们在认识过程中往往受以前认识经验的局限而妄下结论，这也可以说是人类思维的"惯性"，是应当予以摒弃的。

关键词三：市场幻象。

"市场幻象"是人们在来往交际中由于语言概念的不确定性、

不严格而导致的思维混乱。培根认为这种幻象最难解除，他认为，虽然人们可以掌控语言，并按照自己的心意随意支配，但实际上，语言对思维却可以起到反作用，比如人们经常会说一些口是心非的话。在培根看来，词语是强制和统率人类理智的，它可以使一切陷入混乱，并且使人陷入无意义的争辩和幻想中。培根认为，这方面应该效仿数学家，一开始就对各个名词制定好具体含义，不然很多争论归根到底不过是名词概念的争辩而已。

关键词四：剧场幻象。

"剧场幻象"是指不加批判而盲目顺从传统或当时流行的各种科学和哲学原理、体系及权威从而形成的错误，这就跟看了一场话剧一样，人家说什么，你就接受什么，这显然是一种错误的价值取向。

培根的"四幻象说"具有重大的革命和理论意义。首先，通过对谬误的分析，培根反对迷信古代权威，反对脱离自然；其次，培根揭示了人们错误的认识论根源，并且提出了一系列复杂的认识论问题，例如主观与客观的关系，感性与理性的关系等，这对日后哲学的发展都是具有启发意义的。

五、研究的思路：对旧体哲学"认识论" 进行根本改造

认识事物必须与事物进行密切接触，要通过经验来进行认识，一切以经验为准绳，从经验中寻求普遍的客观规律，这就是培根在近代开创的经验认识原则。

培根率先将思维怎样才能正确反映存在纳入自己的哲学课题，并且进一步研究思维如何转化为存在，以及如何使思维的主

体干扰自然，从而使物质存在为人的目的所服务等问题。

第一，感性自然。

培根首先提出的，就是经验的认识原则。在他看来，认识的客体就是感性自然。培根对思维与存在、主体与客体的考察，涉及各个方面，但基本上是从内容方面而非形式方面考察怎样使主体与客体同一的问题。作为这种考察的前提，培根首先确认了认识的客体就是感性自然，就是客观存在的经验事实，而不是什么超感性的精神性的东西。也就是说，自然的自发进程就是人们的认识对象，一切自然现象都是人们直接观察和研究的对象。培根这种对自然的强烈追求，坚持以自然为人们认识对象的做法，既反映和代表了近代科学精神的开端，同时在理论上也是培根认识论的唯物主义前提。

第二，自然的本源性。

只有通过自然界本身才能解释和说明自然界，既要按自然界本身的面貌接受自然界的影像，又不能将其作为想象的幻梦来定义世界。在培根眼中，只要人们遵循客观规律，用经验事实回答问题，观察自然的真相，则事物的一切原貌都是可以发现出来的。"睁开眼睛观看存在的东西"，这是培根整个认识论的立足点，这与中世纪经院哲学对摆在眼前的东西视而不见，只靠抽象概念进行推理的方法大相径庭。

第三，感官知觉。

一切认识都开始于感官知觉，知识的全部路径应当从感官的原始知觉开始。也就是说，概念和公理的认识来自感官经验，人脑的认识不是天生的，而是来自外来的感觉表象，也就是通过感官感知世界从而获取知识，最终从客观事物中把公理引申出来。在以感官知觉开启认知，也就是寻求公理的过程中，培根仍在强调对经验事实的绝对顺从，要一刻不离开事实，并且强调要循序渐进，要经过一切中间步骤，由最低公理逐渐引申到高级公理。虽然培根也指出了感官具有一定的局限性，但作为认识世界的一种通过媒介，其利用的价值还是利大于弊的。

第四，归纳和实验。

对于感官的局限性，培根提出要采用归纳方法和实验方法来进行矫正，尤其是实验的方法。培根指出，实验是在人为的条件下进行的，它可以使实验过程在相同或相异的情况下反复进行操作。因此，实验观察比一般观察更精准、更可靠。实验既是发展科学知识的方法，又是证明真理的重要方法。在培根看来，正是实验弥补了感官的不足，比如人眼看不到微观世界，但是显微镜却可以，正是靠着实验，人们才能通过感官找寻出自然的真正光明。

六、拓展阅读

（1）《培根随笔》/ 弗朗西斯·培根著
（2）《论古人的智慧》/ 弗朗西斯·培根著
（3）《新大西岛》/ 弗朗西斯·培根著

扫码获取附赠资料

政治学

09

《君主论》：君主如何掌握权力，实现稳定统治

近代资产阶级政治学说的奠基人 ——尼科洛·马基雅维利

尼科洛·马基雅维利（1469—1527），是当时意大利乃至整个欧洲最伟大的政治家、思想家和近代资产阶级政治学说的奠基人，曾被恩格斯誉为"第一个值得一提的近代军事著作家"。

马基雅维利的传世之作有《君主论》、《论李维罗马史》（也称《李维史论》）、《佛罗伦萨史》、《战争的艺术》、《曼陀罗花》等。其中，《君主论》是马基雅维利献给当时在佛罗伦萨（欧洲文艺复兴运动的发祥地）执政的美第奇家族的传世之作。

尼科洛·马基雅维利

这部著作以耀眼的光辉照耀着文艺复兴时代意大利的整体景观，博学的历史学家们把马基雅维利生活的时代称为"马基雅维利时代"。

一、作者生平

尼科洛·马基雅维利所在的家族是佛罗伦萨的一个古老的家族，这个家族以献身于共和政体而出名。在马基雅维利出生前的两个世纪里，这个家族为佛罗伦萨贡献了 12 位正义旗手和 54 位执政团成员。其父是一名律师，在马基雅维利出生时家道已经衰落，但父亲仍然供他接受古典教育，对他进行了系统培养。

马基雅维利生活的时代，正处于法国和西班牙等国在意大利角逐战争的时期，而意大利长期的分裂局面，也严重阻碍意大利经济的发展。1494 年，法国人赶走了美第奇家族，建立了佛罗伦萨共和国。这个时候，马基雅维利走上政坛，成为共和国负责外交和军事的高官。在担任外交官期间，他的出使工作几乎从未中断，除了出使过法国、德意志和教廷，他还出使过混乱的罗马涅地区和教皇国无数的城市。

1513 年，美第奇家族复辟，马基雅维利遭逮捕和监禁。恢复自由后，他长期隐居庄园，著书立说。不久，他的两部著作《君主论》和《论李维罗马史》问世。

1525 年，他把 8 卷《佛罗伦萨史》献给教皇。他在这部著作中独辟蹊径，打破人文主义历史编纂学的传统。1526 年 4 月，他当选为城防委员会秘书。次年教皇组织科尼亚克同盟反对神圣罗马帝国皇帝查理五世，马基雅维利参加教皇的军队作战。1527 年美第奇家族被逐后，他回到佛罗伦萨，希冀重新得到任用，但新政权因其与美第奇家族有过交往，拒绝其要求，遂忧愤成疾而卒。

二、为什么要写这本书

《君主论》是马基雅维利献给当时在佛罗伦萨执政的美第奇家族的传世之作，他认为理想的君主应当具有伪善、忘恩负义、吝啬、残忍、背叛的特点。《君主论》的诞生，与文艺复兴的社会局面和作者的家族使命与爱国情怀有关。

从15世纪下半叶开始，也就是差不多从马基雅维利出生起，欧洲进入文艺复兴时期，意大利便是文艺复兴运动的发源地。在此之前，中世纪的欧洲，神学在各个学科领域都占据着统治地位，其他任何学科都只是神学的附庸，思想家基本上也只注重超自然的东西，而文艺复兴运动则促使人们的注意力开始由神转移到人、由虚幻世界转移到现实世界。文艺复兴时期的人们从人的角度而不是从神的角度观察、认识国家与社会，这促使政治学的研究内容和方法也发生了很大的变化。

在文艺复兴时期，人逐渐取代了上帝，成为文学、艺术、政治的中心。意大利各邦国之间尔虞我诈、相互斗争的局面，使马基雅维利强烈地感到国家只有统一在一个强有力的、有杰出才能的君主的统治之下，才能恢复社会秩序、发展资本主义经济、抵御外族的入侵。而马基雅维利家族以献身于共和政体而闻名，这也为马基雅维利埋下了爱国的种子，同时他丰富的政治学知识和政治活动经验，以及国家面临内忧外患的政治现实，也在不断强化着他谋求富国强兵、民族独立的愿望，这种愿望也支撑着他强烈的爱国主义情怀。马基雅维利在当时提出的"人类取代神学"的倡导影响下，希望有一位有作为的君主能够带领意大利走向统一，《君主论》因此应运而生。

三、研究的核心：政治与道德的关系

《君主论》这本书的核心是论述君主如何统治和治理国家，也就是说权力是马基雅维利探讨的主题。他认为权力是合乎人性的，权力是合乎道德的，权力更是合乎目的性的，他的权力观是建立在对权力合法性进行充分论证的基础之上的，他认为权力的运用如果合乎人性的不同发展状态，那么权力就是合法的和合理的。关于这部分，作者阐述了三个观点。

第一，君主的职责是维护国家的统一和完整，且君主维护政治统治，不能受道德的约束。

《君主论》与传统观点相同，都认为君主的职责是维护国家的统一和完整，但马基雅维利在《君主论》中主张君主维护国家的统一和完整要"不择手段"。马基雅维利从人性的角度观察社会政治问题，他的君王权术论也建立在资产阶级人性论的基础之上，他从理性和经验中而不是从神学中引申出国家的自然规律，用以对抗中世纪流传的伪善论或仁慈论。

马基雅维利曾引用意大利文艺复兴时期著名的政治人物切萨雷·博尔贾的事迹来论证此观点。切萨雷·博尔贾不仅武功卓越而且心狠手辣，在父亲教皇亚历山大六世的支持下，采用残酷的统治手段控制了意大利的大片地区，给罗马尼亚带来了秩序，不仅把分裂的罗马尼亚统一起来，并且还恢复了和平和忠诚。马基雅维利在《君主论》中讲述了许多君主的故事，从犹太人首领摩西到罗马创立者罗慕路斯、亚历山大大帝，再到同时代的切萨雷·博尔贾，都是围绕君主关于权力及其用权力来谋算政治统治的主题来展开的，他把"权力扩张"和"权力使用"当作工具，强调只有君主把权力最大化，才能创立国家并进行稳定的统治。

在《君主论》中，政治没有正义与非正义之别，只有目的和手段之分，只有权术。同时，马基雅维利的整个人性论都建立在"人性恶"的基础之上，马基雅维利认为民众不具有自然的美德，他们天生就具有自私自利和忘恩负义的特性。他认为，当时的意大利，人心已经堕落、道德已经沦丧，人们已经不具有古罗马时期的公民美德，而教会的统治也使得意大利四分五裂，如果仍旧一味地追逐罗马式的共和，那么这种行为不仅不合时宜，而且华而不实，所以马基雅维利认为对于道德沦丧的国家，只有用武力和权术来救治才显得切实可行。他指出，正因为"人性恶"的本质，人随时都有可能背信弃义，因此信守承诺是没有必要的，如果一个人以善良为准则来行事，那么当他处于不善良的人群中时就会遭到毁灭。

第二，慷慨与吝啬、仁慈与残酷、守信与伪善这三种相反的德性，君主应该视具体情况来加以选择和放弃。

马基雅维利非常重视君主的品质和能力，他认为有些品质和能力是君主必须具备的，如伪善和审慎；有些是需要君主视具体情况加以选择和放弃的，如慷慨与吝啬、仁慈与残酷、守信与伪善等。

慷慨与吝啬是一组相互对立的德性，作者偏向于吝啬而轻视慷慨。他认为君主追求慷慨最终会使其丧失行慷慨的能力，从而遭到轻视和憎恨，而君主保持吝啬这种恶德却是有益的，吝啬能够让其节约开支、励精图治、建功立业。他举例说明了这一点：教皇朱利奥二世是通过慷慨赢得统治的，但是登上宝座后，为了发动战争，他就不再保留慷慨的名声了；法国国王路易十二发动了许多次战争，但是并没有向人民征收额外的赋税，这是因为他长期节约开支，为其发动战争打下了坚实的物质基础；同样，西班牙国王费尔迪南多，如果享有慷慨的名声，那么他就不会干出一番伟大事业来。

仁慈与残酷也是一组对立的德性。马基雅维利认为残酷比仁慈好，因为残酷可以维持统治，而仁慈则相当于纵容恶行而不利于保证安全和维持统治，他提醒君主必须提防滥用仁慈。切萨雷·博尔贾尽管被人称作是残酷的，但是他却通过残酷，统一了罗马尼亚，为罗马尼亚带来了秩序、稳定和和平；而佛罗伦萨的统治者为了避免残酷之名，容忍了发生在皮斯托亚城市内部的坎切列里和潘恰蒂基两派之争，最后导致了皮斯托亚的毁灭。通过这样的对比，马基雅维利指出博尔贾比佛罗伦萨的统治者仁慈得多，君主为了让臣民和士兵团结一致、同心同德，背负残酷之名理所应当，因为这种残酷只是让个别人受到惩罚，却维护了秩序、稳定和和平，这也就维护了大多数人的利益。

伪善对君主来说是一种不可或缺的能力，君主通过伪善，一方面可以表现出道德高尚的表面形象，以此来赢得人们的爱戴和支持；另一方面又可以借此来掩盖自己的恶行，避免人们的仇视和憎恨，维持自己的统治。马基雅维利举了亚历山大大帝的例子，他指出亚历山大除了具有"欺骗"的特点以外，一无是处，但是亚历山大总能找到上当受骗的人，并且通过欺骗的手段获得了国家的统治和稳定。因此马基雅维利告诫统治者应该效仿亚历山大大帝，因为他善于伪装、懂得欺骗，并且取得了成功。马基雅维利还认为君主的守信需要视具体情形而定，有时应当守信，有时应当放弃承诺、背信弃义。

四、研究的视角：治国思想

在马基雅维利生活的时代，建立了完整君主主权的国家只有英国、法国等几个国家。在马基雅维利看来，现代政治秩序是以"民族国家"体系为基础的，《君主论》这本书的意义就在于为民族国家的创建而服务。马基雅维利的国家思想在整个民族国家理论体系的建立和完善的过程中具有承上启下的作用。

马基雅维利的治国思想体现在五个方面，即国家富强、武力基础、民众支持、完善的制度以及变革的意识。其中国家富强是整个国家的基础，君主为了国家的富强可以"不择手段"；武力是君主通往权力的第一道门槛，获得民众的支持是第二道门槛；完善的行政制度和法律制度是国家稳定的制度保障；统治者在国家的统治中要有变革意识，只有这样才能促进社会的发展。

第一，无论采用什么手段进行治理，治理的结果都应是推动国家走向富强。

正是因为这一点，《君主论》这本书饱受攻击的地方就在于它教导君主要"不择手段"地对国家进行统治。但我们抛开对于《君主论》中君主统治手段的道德评价后，就会发现马基雅维利实质上把维护国家统一与走向富强作为其思想的核心，他认为只有国家富强了，国家的建立和发展才有资本，也才会有国家的稳定。

第二，武力是权力的基础。

马基雅维利在书中详细介绍了军队的类型、军队使用的利弊以及统治者在军事方面的责任。这是他在佛罗伦萨共和国任职期间，编练佛罗伦萨国民军并指挥围困比萨的战役中取得的实践经验，围困比萨的成功正是马基雅维利政治生涯中最辉煌的一刻。所以他深切地认识到军队的强大对于国家和人民的重要性，也就是说，武力是权力的基础，是通往权力巅峰的第一道门槛，所以国家要有一支强大的国民常备军，这也是国家建立的组织基础。

第三，获取民众的支持是社会稳定的保障。

马基雅维利认为统治者的统治应该建立在人民支持的基础之上。马基雅维利把人民的支持视作维护统治的首要条件，他主张君主在统治国家时的首要任务是满足人民的愿望与要求，包括让百姓安居乐业、发展经济稳定民生，这一切都体现了马基雅维利对于人民价值的肯定。马基雅维利同时告诫君主，要慎用暴力的手段来对待人民，这是为了帮助君主缓和统治矛盾并巩固自身的地位。

第四，要有变革意识，国家的制度不能一成不变。

在当时的欧洲，资本主义方兴未艾，民族国家逐渐兴盛，新兴的资产阶级要求有强有力的统治者来完成国家的统一，从而发展经济、开拓市场。要完成这一历史任务，很显然需要统治者具备足够的变革意识与敏锐的洞察力，只有这样才能适应社会的发展。

第五，国家运行的保障是完善制度。

只有国家拥有完善的制度与法律，才既能稳定君主的统治，又能使百姓安居乐业，促进新兴的市民阶级和资本主义经济得到发展。马基雅维利认为法国最重要的制度是议会制度，这一制度缓和了法国的国内矛盾；同时，法国从行政机构中把司法裁决机构独立出来，让它独立行使司法权，这种立法、行政、司法初步的"三权分立"制度，在资本主义社会早期既保证了君主专制制度的发展，又促进了资产阶级以及市民阶层力量的壮大，从而推动了法国资本主义经济的发展。所以，马基雅维利建议设立独立的仲裁机构来掌握司法权，他认为司法权的独立，有助于权力的分散与制衡，从而达到政治制度的良性发展。

五、拓展阅读

（1）《佛罗伦萨史》/尼科洛·马基雅维利著

（2）《论李维罗马史》/尼科洛·马基雅维利著

（3）《政府论》/约翰·洛克著

扫码获取附赠资料

10

《政治学》：理想城邦究竟是什么样的

百科全书式的科学家——**亚里士多德**

亚里士多德（公元前384—前322），古代先哲，古希腊人，世界古代史上伟大的哲学家、科学家和教育家，堪称希腊哲学的集大成者。他是柏拉图的学生、亚历山大的老师。马克思曾经称亚里士多德是古希腊哲学家中最博学的人物，恩格斯则称他是"古代的黑格尔"。

亚里士多德

作为一位百科全书式的科学家，他几乎对每个学科都作出了贡献。他的写作涉及伦理学、心理学、经济学、政治学、修辞学以及雅典法律等方方面面。可以说，亚里士多德的著作构建了西方哲学的第一个广泛系统，内容包罗万象。

一、作者生平

公元前384年，亚里士多德出生于色雷斯的斯塔基拉，这座城市是希腊的一个殖民地，与正在兴起的马其顿相邻，他的父亲是马其顿国王腓力二世的宫廷御医。从他的家庭情况看，他属于奴隶主阶级中的中产阶层。17岁时，他赴雅典在柏拉图学院就读达20年，直到柏拉图去世后方才离开。也许是受父亲的影响，亚里士多德对生物学和实证科学饶有兴趣；而在柏拉图的影响下，他又对哲学推理产生了兴趣。

二、为什么要写这本书

亚里士多德写作《政治学》，是源自他在时代巨变中对社会现实深刻的观察和思考。他试图在阶级矛盾异常尖锐的希腊社会，寻找一种合适的政治模式去化解社会的危机。

雅典是古希腊的一个城邦。古希腊类似于现在的英国联邦，爱尔兰、苏格兰等都是它的一部分，雅典就相当于这样的地位。亚里士多德出生在公元前4世纪古希腊奴隶制社会的危机时期。当时雅典社会的阶级斗争非常激烈，斗争形势在政治上的反映就是：雅典奴隶主国家发生了严重的动乱，不但在雅典，在每个希腊城邦里，除了奴隶主和奴隶之间的基本矛盾之外，还存在富有奴隶主阶级和自由贫民之间的激烈斗争。对于这一情况，亚里士多德的老师柏拉图曾经感慨： 希腊的每一个城邦都已经分裂成"富人之国"和"穷人之国"。

亚里士多德写作《政治学》时，希腊城邦处于马其顿王国的统治之下，不但社会敌对阶级之间的矛盾进一步加深，而且自由民贫富两极分化的速度也不断加快。希腊各个城邦中的自由民对大奴隶主的统治日益不满，对参与城邦政治生活的热情也越来越低，过去被希腊人民奉为真理的"个人离不开城邦"的传统观念已经受到普遍怀疑。和激烈的社会冲突、阶级冲突相对应的是，希腊城邦的思想界也发生了激烈的哲学和意识形态冲突，唯物论和唯心论的斗争不断发展。

在哲学上，亚里士多德虽然在唯心和唯物两大阵营之间摇摆，但是他强调"对外在世界的真实性并无怀疑"，所以，亚里士多德的哲学观点更加接近唯物论。在认识论上，他也在辩证法和形而上学之间摇摆，不过他对辩证法做过缜密的研究，从而成为有名的辩证法大家。亚里士多德在哲学上的折中思想和态度，极大地影响了他的政治思想，他的温和民主共和制的主张，在某种程度上正是他的哲学观念在政治上的反映。

三、研究的核心：什么是政体？评价标准是什么？

《政治学》想要研究的核心问题就是政体问题，亚里士多德认为，判断一个政体的标准不是执政者人数的多寡，而在于城邦政体是否兼顾到了公共利益。

1. 什么是政体？

所谓政体，就是政权的组织形式，即统治阶级采取什么样的方式来组织自己的政权机关。亚里士多德所讨论的政体问题，实际上就是由什么人以什么样的方式去掌握城邦统治权的问题。亚里士多德认为，在一个城邦中，执政者人数的多寡并不能说明政体的优劣。

假设现在有一个由 1300 人组成的自由城邦，我们把这 1300人分成 1000 人和 300 人两个部分。我们可以假定以下几种情况：第一，按照我们的经验出发，将这个城邦所有的统治权都集中在1000 人手中，我们会很自然地想到，这是个相对民主的城邦，因为公民的权利集中在绝大多数的人手上；第二，依旧按照我们固有的逻辑，将这个城邦的权力给予那少数的 300 人，我们很自然地会把这个城邦想象得非常邪恶。因为在我们的感性认知中，少数人的专政总是不正义和不民主的。然而当我们增加一些附加条件之后，我们的惯常思维得出来的结论很可能就失效了。比如，在这 1300 人当中，那 1000 人是富人，而 300 人是穷人，按照之前的逻辑推理，即使城邦权力掌握在多数人的手中，但是由于这1000 人本身就是城邦的强势主体，我们也不会认为这个政体很民主。所以很显然，执政者人数的多寡并不能说明政体的优劣。

2. 好政体的评价标准究竟是什么？

亚里士多德认为，评价政体好不好的标准只有一个，那就是城邦政体是否兼顾到了公共利益。也就是说，城邦在本质上是自由公民组成的团体，城邦的管理者和公民之间的关系不是主奴关系，在城邦中不存在至高无上的个人利益，只有公共利益才是最高利益。一个城邦的执政者掌握的公共事务团体如果顾及全体城邦成员的共同利益，那么无论执政者是一个人、一群人还是所有人，这样的政体都是好的政体。

四、研究的对象：政体

亚里士多德提出"人是天生的政治动物"的观点，从城邦的立场去思考人的本性，通过对人的本性的阐述来说明城邦存在的合理性。在实地调研的基础之上，他对城邦政体的类型进行了详细的划分，并深刻阐明了不同政体之间的关系。为了保全城邦优良的政体，他认为最重要的是对公民进行教育，尤其是要注重对青少年的培养和教育。

第一，为什么说人是天生的政治动物？

在亚里士多德看来，人类结成一定的社会团体，过上群居的生活，有利于实现人的"自给自足"。比如说在原始社会，如果一个人单独行动去捕猎，力量是极其有限的，遇到大型猛兽，可能小命都搭进去了。在这种情况下，只有大家相互合作，过上群居的生活，才能保全生命，更好地生活下去。人类特有的语言技能决定了人类群体生活的质量必然要高于其他群居动物的群体生活的质量。要知道，自然界"各种动物中，只有人类具备语言的机能"。人类通过语言不仅可以表达自己喜怒哀乐的情感，还可以表达出对一件事物是否有害、是否合乎正义的判断。所以说，人类可以组成其他动物不能组成的政治团体。

其实，亚里士多德作出这样的论断，根本目的还是服务于他对城邦的论述。他指出，人是天生的政治动物，个人只是城邦的组成部分，只有在城邦里，每一个人的需求才能得到满足。这种观点并不是站在自然的立场上看待人的本性，而是站在城邦的立场上去认识人的本性。亚里士多德一方面通过城邦的存在来说明过群体生活是人的本性；另一方面，也通过对人的本性的阐述来说明城邦存在的合理性，进而为后面他对于城邦的论述尤其是关于城邦政体的论述埋下伏笔。

第二，政体有哪些类型？什么样的政体才是好的政体呢？

在亚里士多德生活的时代，希腊存在着150多个城邦，由于这些城邦各自的政治、经济环境不同，城邦之间的政治制度也存在着非常明显的差别。在这些城邦中，既有雅典那样的民主政体，也有斯巴达那样的专制政体。

根据希腊城邦的现状，亚里士多德把政体分为六种类型。以一个人为统治者，并且能够照顾到整个城邦利益的是君主政体，也称为王制；由少数贤良执政，能够照顾到整个城邦利益的政体是贵族政体，也称为贤能政体；以群众为统治者而能照顾到整个城邦利益的政体是共和政体。亚里士多德把这三种政体划分为正宗政体，因为这三种政体的共同点就是能够照顾到城邦的公共利益。和它们对应的是，以一个人为统治者，城邦的政策都以统治者一个人的利益为出发点的政体是僭（jiàn）主政体；以极少数富人为统治者，城邦的一切政策都以少数富人的利益为归依的政体称为寡头政体；以穷人利益为导向，只是照顾到穷人的利益而不照顾城邦全体公民利益的政体是平民政体。亚里士多德认为，后三种政体是变态政体，因为这三种政体只是照顾到部分人的利益，并没有把城邦的公共利益放在首位，城邦的各项公共政策都以统治者的利益为转移。

正宗政体和变态政体虽然存在着本质的差别，但是二者之间也存在着某种联系。变态政体和正宗政体之间的本质差别在于，变态政体违背了"正义"的原则。亚里士多德认为，在不同的政体状态下，人们对于正义有着不同的理解，也就是说每一种政体都有自己的"正义"。然而，在各种变态政体中，执政者对于正义的理解都有失偏颇，他们"所持的正义都是不完全的，各人都只看到正义的某些方面"。比如说，在平民政体中，正义被理解为"分配政治职司的平等"，简单来说就是让所有人都各司其职、各尽其能。但是这样的平等只是局限在享有平等地位的人们之间的平等，而不是惠及全体公民的平等。反过来，在寡头政体中，人们却以政治职位的不平等分配为"正义"，这样的正义显然也不是惠及全体的平等。

第三，如何通过教育来实现政体的保全？

政体并不是一成不变的，而是会更替变化的。因此，为了让正宗政体持续稳定地保持下去，就要探究政体保全的措施。公民教育是保全政体的最重要措施，而这一措施正是当时希腊各城邦普遍忽视的。

一个城邦即使建立了完善的法律规范，如果城邦公民的情操和教化不符合政体的基本精神的话，城邦的政体终究也无法保存下去。公民教育的宗旨，就是按照政体的精神教育公民。通过公民教育，城邦的公民能够自觉地遵守城邦的生活规则，自觉地约束自己的行为，这样才有利于城邦的长治久安。

在此基础之上，青少年是城邦的未来和希望，为了城邦优良的政体可以保持下去，对青少年的教育是大家都应该关心的事业。亚里士多德特别指出，除了对青少年进行基本的读写教育之外，还要注重对青少年的音乐教育。因为音乐的旋律可以培养品德、鼓励行动和激发热忱，有利于优良公民的培养和良善城邦政体的保全。

五、研究的思路：以理想城邦为主线

　　亚里士多德写作《政治学》的思路，就是以理想城邦的建构为主线，围绕国家、政体、公民教育、青少年培养等方面展开论述。他希望通过对城邦方方面面的分析，去建构可以挽救希腊社会的理想城邦。

- 对于人的认识是亚里士多德《政治学》研究的逻辑起点。亚里士多德关于人的认识有一个著名的论断——"人是天生的政治动物"。为什么他会这么认为呢？亚里士多德从分析人和人之间的相互关系入手，来探讨国家的起源问题。他认为，人类为了种族的延续，组成了家庭。随着生产力的发展，家庭并不能满足人类更广泛的需要，因此出现了由若干家庭组成的村坊。此后，随着生产力的进一步发展，若干的村坊就组成了城邦，也就是亚里士多德那个时代所认为的国家。

- 有了城邦之后，必然会产生不同的城邦政体类型。因此，亚里士多德在对斯巴达政体、迦太基政体、克里特政体等多种政体进行调查研究的基础之上，对古希腊所有的城邦政体进行了分类。他把政体分为正宗政体和变态政体两个大类，划分的依据就是政体是否兼顾到了公共利益。亚里士多德认为变态政体是邪恶的政体，正宗政体才是好的政体。

- 有了好的政体之后，需要考虑的就是如何保全正宗政体。所以，亚里士多德对保全政体的方法进行了研究和探讨。他指出，需要通过教育来建构理想的城邦，并认为青少年是城邦的未来，因此要特别重视对青少年的教育和培养，适当选取对青少年教育的内容，对青少年进行音乐教育，促进城邦青少年的全面发展。

六、拓展阅读

（1）《形而上学》/ 亚里士多德著

（2）《工具论》/ 亚里士多德著

（3）《政治哲学》/ 史蒂芬·B. 斯密什著

扫码获取附赠资料

11

《共产党宣言》：无产阶级的宣言书和行动指南

马克思主义创始人——卡尔·马克思

卡尔·马克思，全名卡尔·海因里希·马克思（德语：Karl Heinrich Marx，1818年5月5日—1883年3月14日），马克思主义的创始人之一，第一国际的组织者和领导者，马克思主义政党的缔造者之一，全世界无产阶级和劳动人民的革命导师，无产阶级的精神领袖，国际共产主义运动的开创者。

马克思是德国的思想家、政治学家、哲学家、经济学家、革命理论家、历史学家和社会学家。主要著作有《资本论》《共产党宣言》等。马克思创立了经济理论《资本论》，马克思确立他的阐述原则是"政治经济学批判"。马克思认为，这是"政治经济学原理"的东西。马

卡尔·马克思

克思认为资产阶级的灭亡和无产阶级的胜利是同样不可避免的。他和恩格斯共同创立的马克思主义学说，被认为是指引全世界劳动人民为实现社会主义和共产主义理想而进行斗争的理论武器和行动指南。

一、作者生平

卡尔·马克思1818年5月5日出生于德意志邦联普鲁士王国莱茵省特里尔城一个律师家庭。1835—1841年，他先后在波恩大学和柏林大学法律系学习，大学期间成为青年黑格尔分子。1842年，他为《莱茵报》撰稿，同年10月任该报主编，与"自由人"决裂。

1844年，马克思在巴黎认识了恩格斯，共同的信仰使彼此把对方看得比自己都重要。马克思长期流亡，生活很苦，常常靠典当为生，有时甚至连买邮票的钱都没有，但他仍然顽强地进行研究工作和革命活动。恩格斯为了维持马克思的生活，宁愿经营自己十分厌恶的商业，把挣来的钱源源不断地寄给马克思。他不但在生活上帮助马克思，在事业上，他们更是互相关怀、互相帮助、密切合作。马克思和恩格斯合作了40年，建立起了伟大的友谊，共同创造了伟大的马克思主义。马克思逝世后，恩格斯将马克思遗留下的手稿、遗著整理出版，并众望所归地成为国际工人运动的领袖。

二、为什么要写这本书

1848年2月21日，《共产党宣言》在伦敦第一次以单行本问世。2月24日，《共产党宣言》正式出版。170多年来，《共

产党宣言》被翻译成 200 多种文字，出版了 1000 多次。马克思
和恩格斯创作《共产党宣言》的初心，是立足于资本主义发展的
矛盾，为无产阶级工人运动提供纲领性文件。

19 世纪三四十年代，随着资本主义在欧洲大陆的不断发展，
其矛盾也日益凸显。《共产党宣言》的诞生，有三个历史背景。

第一，资本主义生产的基本矛盾暴露。

19 世纪三四十年代，资本主义的生产方式已经在欧洲很多国
家占据统治地位。当时英国已经完成了产业革命，其他国家先后
进入产业革命阶段，欧洲已经是资本主义化的欧洲。随着资本主
义的日益发展，资本主义的固有矛盾——生产社会化和生产资料
私人占有之间的矛盾爆发。生产社会化是指生产过程本身的社会
化，说的是由分散的小生产者转化为大规模社会生产的过程。随
着资本主义企业的规模越来越大，企业之间的联系越来越紧密，
现代化程度也越来越高。大量商品的生产，都需要许多人共同使
用生产资料，许多工序相互衔接，许多企业相互配合才能进行。
举个简单的例子——苹果手机的生产。苹果公司在全球多地都有
原材料供应商，它的元件是在全球各地制造的，然后统一组装。
苹果公司的全球产业链布局就是典型的生产社会化。

但是，在生产社会化的大背景下，大部分生产资料掌握在少
数资本家手中。由于生产出来的产品要被大部分人消费，但财富
掌握在少数的资本家手中，资本家只消费少量的产品，所以经过
一段时期，产品就会出现滞销，而且会越积越多，形成恶性循环。
产品卖不出去的话，生产企业的资金就不能回流，导致整个企业
的运作出现问题，从而导致整个社会生产的瘫痪，形成经济危机。
这种经济危机，也就是我们常说的资本主义周期性经济危机。资

本主义周期性经济危机，就是资本主义固有矛盾的生动写照和直接体现。

第二，无产阶级和资产阶级的对立与斗争。

无产阶级反对资产阶级的斗争经历了一个漫长的历史过程，从自发的、分散的、单纯的经济斗争转变为有组织的、自觉的、包括政治和经济诉求的斗争。这种斗争到了19世纪三四十年代在水平和规模上都达到了相当高的程度，主要标志就是我们中学历史教科书上提到的欧洲三大工人运动——法国里昂丝织工人两次起义、英国宪章运动、德国西里西亚纺织工人起义。三大工人运动说明无产阶级和资产阶级的矛盾已经到了不可调和的地步，显示出了工人阶级的力量和作用。但是三大工人运动的失败也说明工人运动迫切需要政党的领导和科学理论的指导。

第三，无产阶级政党组织的发展。

1834年，流亡法国的德国手工业者组成了"流亡者同盟"，1836年分裂出"正义者同盟"。正义者同盟成员之间共同的遭遇使他们同舟共济，奉行"人人皆兄弟"的口号。他们的策略手段是密谋暴动，企图发动少数人突然打回德国去。但是，这样的措施依然是工人阶级分散的斗争，并不能形成有效合力。因此，要把各国分散的工人运动组织起来进行有效斗争，必须组建无产阶级政党。

1846年，马克思、恩格斯在布鲁塞尔建立共产主义通讯委员会，为建立无产阶级政党做思想和组织上的准备。1847年1月，正义者同盟的领导成员邀请马克思、恩格斯加入同盟，并对同盟进行改造，马克思和恩格斯接受了这一邀请。同年6月，正义者同盟在伦敦举行第一次代表大会，恩格斯出席了这一大会。在恩格斯的指导下，大会制定了新的章程，并把"正义者同盟"正式改为"共产主义者同盟"。1847 年 6 月，恩格斯为共产主义者同盟起草了第一个纲领草案——《共产主义信条草案》。同年10 月底到 11 月初，恩格斯在信条草案的基础上写成了《共产主义原理》。1847 年 11 月，马克思和恩格斯共同出席了共产主义者同盟在伦敦召开的第二次代表大会。大会委托他们以宣言的形式为共产主义者同盟拟定正式的纲领。由于恩格斯在 1847 年 12月底要返回巴黎，因此纲领最后的定稿由马克思单独完成。

三、研究的核心：在资本主义弊病丛生之下，
人类社会该往何处去？

《共产党宣言》讨论的核心问题，是在资本主义弊病丛生之下，人类社会该往何处去的问题。在对德意志古典哲学、英国古典政治经济学和空想社会主义的批判性借鉴的基础之上，马克思和恩格斯为人类社会的未来发展方向勾画出蓝图。

在《共产党宣言》问世之前，资本主义内部的矛盾和危机不断涌现，无产阶级和资产阶级的斗争也愈发尖锐。19 世纪上半叶，资本主义在促进生产力快速发展的同时弊病丛生，社会财富分配极为不均，劳动者生活非常困苦。如何制服资本主义这个"怪物"，人类社会该往何处去？这成为时代之问。

很多学说和思潮都在为"人类社会该往何处去"这个时代之问而寻找答案，其中最典型的就是空想社会主义。面对现实的千疮百孔，空想社会主义思想家们描绘了一个美好社会的蓝图，在理想社会中，一切生产资料归全民所有，生产资料按需分配，人人从事劳动，并且每个人都有充足的时间去娱乐和科研。蓝图设想出来之后，一些空想社会主义者就进行实验，看看这样的社会究竟能不能实现，其中最著名的思想家就是我们所熟知的圣西门、傅里叶和欧文。只是，他们关于空想社会主义的实验最终以失败告终。

马克思和恩格斯也关注到了空想社会主义的思潮以及空想社会主义者所进行的实验，认为空想社会主义者对资本主义的批判完全是道德批判，并没有揭露资本主义社会的剥削本质。空想社会主义还认为资本主义的存在和给人类带来痛苦的原因是社会主义没有被英雄人物发现，把社会发展的希望寄托在了英雄人物的身上，是典型的唯心史观。

在对空想社会主义的批判基础之上，马克思和恩格斯批判性吸收了德国的古典哲学和英国的古典政治经济学的相关内容，从而创立了科学社会主义理论。

马克思和恩格斯合理吸收了费尔巴哈的唯物主义思想，指出从来就没有什么救世主，试图依靠英雄人物去解决时代的困境是不可能的，只有立足现实，工人阶级组织起来进行阶级斗争才能推翻资产阶级的统治。而英国古典政治经济学则为马克思和恩格斯揭露资本主义的本质提供了武器。英国古典政治经济学力图寻求经济现象背后所隐藏的实质，把理论研究从流通领域转向生产领域，探讨资本主义制度下财富生产和分配的规律。但是，他们只是停留在财富分配层面去分析，没有认识到分配关系归根到底是由生产资料的占有关系决定的。马克思和恩格斯正是在英国古典政治经济学的基础之上，对我们前面提到的资本主义的固有矛盾进行了揭示，从而为《共产党宣言》中对资本主义的批判提供了有力的武器。

马克思和恩格斯还提出，资本主义社会只是人类社会发展的一个阶段，资本主义的固有矛盾是无法克服的，工人阶级需要团结起来，推翻资产阶级统治，建立无产阶级专政。在无产阶级专政之下，要逐步实现由资本主义向共产主义的过渡，最终消灭阶级和阶级差别，进而实现共产主义。这才是面对弊病丛生的资本主义社会，人类未来应该走的道路。

四、研究的对象：阶级斗争和无产阶级的
历史使命

阶级理论作为《共产党宣言》的重要组成部分之一，是马克思主义学说的灵魂。《共产党宣言》中的阶级斗争和无产阶级的历史使命，可以从两个方面来进行诠释。

第一个方面，什么是阶级？什么是阶级斗争？

《共产党宣言》第一章开头就指出，自从原始社会解体以来，"至今一切社会的历史都是阶级斗争的历史"。可以说，"阶级"是解读《共产党宣言》的核心关键词。究竟什么是阶级呢？所谓阶级，就是这样一些大的集团，这些集团在历史上一定社会生产体系中所处的地位不同，对生产资料的占有不同，在社会劳动组织中所起的作用不同，领到的自己所支配的那份社会财富的方式和多寡也不同。比如说，奴隶制社会就可以简单地划分为奴隶主阶级和奴隶阶级。奴隶主阶级很明显就是奴隶制社会的统治阶级，他们占有生产资料，社会地位高，而奴隶阶级是被统治阶级，奴隶是奴隶主的个人财产，受到奴隶主的剥削。这样一来，在奴隶制社会里，奴隶主阶级就占有大量的社会财富，而奴隶阶级一无

所有，甚至随时可能被奴隶主杀死。

在奴隶社会和封建社会，阶级之间的差别是用等级的划分固定下来的，并由占统治地位的阶级为社会各阶级确定了各自在国家法律中的特殊地位。比如说，在奴隶社会，奴隶的命非常不值钱，杀死一个奴隶对于奴隶主来说就像损毁了一件工具，并不需要偿命。再比如在封建社会，虽然喊出了"王子犯法与庶民同罪"的口号，但是很多时候特权统治阶级犯罪之后并不会得到应有的惩罚。到了资本主义社会，阶级对立并没有被完全消灭，"它只是用新的阶级、新的压迫条件、新的斗争形式代替了旧的"。也就是用资产阶级的统治代替了封建地主阶级的统治，用资本主义的压迫条件代替了封建主义的压迫条件，用资产阶级和无产阶级斗争的形式代替了地主和农民的阶级斗争形式。

天然地，统治阶级与被统治阶级之间是对立的，马克思将这种对立关系叫作阶级斗争。比如说，封建社会里农民阶级和地主阶级的斗争，资本主义社会里无产阶级和资产阶级的斗争。阶级斗争的形式有很多，有根本性的，也有非根本性的，根本性的如暴力革命，非根本性的如罢工、工人组织游行示威等。资产阶级和无产阶级的根本阶级利益是对立的，所以他们一诞生就展开了斗争。刚开始的时候，无产阶级处于自在阶段，他们的斗争都是自发的，针对的是那些剥削他们的个别资本家。但是随着资本主义机器大工业的发展，无产阶级不仅数量大大增加，而且在和资本家进行斗争的过程中逐渐采取了联合行动。资产阶级为了保护他们自己的经济利益和政治利益，就经常运用国家机器直接或间接干预或镇压无产阶级的斗争运动，比如之前提到的欧洲三大工人运动，不过遗憾的是，工人运动惨遭镇压失败了。这都说明，无产阶级的阶级斗争迫切需要科学理论的指导。

第二个方面，如何理解无产阶级的历史使命？

在《共产党宣言》中，马克思和恩格斯揭示了资本主义必然灭亡、共产主义必然胜利这一社会发展的客观规律，而且通过对资本主义社会中存在的各个阶级所做的科学分析，提出了无产阶级的历史使命。简单来说，无产阶级的历史使命就是推翻资产阶级统治，建立无产阶级专政，并逐步实现由资本主义向共产主义的过渡，最终消灭阶级和阶级差别，实现共产主义。

如何理解无产阶级的历史使命是推翻资产阶级统治，最终实现共产主义呢？我们都知道，在资本主义社会中，作为统治阶级的资产阶级和作为被统治阶级的无产阶级之间是天然对立的，二者的斗争与生俱来。但是，在不同的历史阶段，无产阶级和资产阶级的斗争形式也有所不同。在资本主义发展的早期，无产阶级和资产阶级进行斗争，只是为了生存和改善自己的工作条件，利用罢工等手段向资产阶级争取更多的经济补偿。随着资本主义的发展，财富更加集中在少数人手中，二者的矛盾也越来越尖锐，无产阶级在意识上也有所觉醒，不再满足于经济利益，而是开始争取政治权益，比如要求获得普选权等。但是资产阶级并不会轻而易举地让出自己在政治上的优势地位，会对无产阶级的诉求百般阻挠，二者的矛盾不断激化，最终无产阶级走上了暴力推翻资产阶级统治、建立无产阶级专政的道路。

但是，建立无产阶级专政并不是最终目的，只是迈向共产主义社会的过渡阶段。阶级是一个历史的范畴，随着生产力的发展，产生了剩余产品，所有制的形式发展到私有制阶段，阶级和阶级对立才慢慢出现。在最开始的时候大家占有的东西都一样，就无所谓阶级差别了。阶级伴随着私有制的出现而产生，必然会随着私有制的消灭而消亡。无产阶级专政统治下，随着生产力的高度发展，物质条件极大丰富，人们的精神境界极大提高，每个人都能按需分配，人人都能自由而全面地发展，这时候对于个体来说，对生产资料进行私人占有就失去了意义，私有制就会消亡，阶级也就会消失。而我们也知道，国家是阶级统治的工具，当阶级不复存在之后，国家也就不存在了。国家完全消亡，彻底消灭阶级和阶级差别，社会上不再存在阶级敌人，人类才会最终进入共产主义社会。

五、研究的思路：以阶级理论为轴线，构建科学社会主义的理论框架

《共产党宣言》的研究思路，是马克思和恩格斯以阶级理论为轴线，构建起科学社会主义的理论框架，并对无产阶级的历史使命、领导力量和斗争策略进行了深入的阐述。

第一个阶段：阶级理论。

所谓的阶级理论，就是指运用阶级和阶级斗争的观点考察政治现象的理论与研究方法。《共产党宣言》中阐述了私有制的产生和发展是社会不平等的根源，论述了阶级理论的一系列问题，包括等级的消亡、无产阶级和资产阶级产生的根源、资产阶级和无产阶级的对立、无产阶级的政党、无产阶级的历史使命等内容。

阶级理论作为科学社会主义理论建构的轴线，需要阐明阶级对于解释社会发展的意义所在。马克思和恩格斯运用唯物主义的基本观点，提出阶级斗争是推动社会发展的直接动力。在此基础之上，他们分析了资产阶级和无产阶级的产生、发展和相互斗争的过程，揭示了资本主义必然灭亡和社会主义必然胜利的客观规

律，阐明了无产阶级的伟大历史使命就是推翻资本主义旧世界，建立无产阶级专政，最终解放全人类，实现共产主义。

第二个阶段：无产阶级斗争。

确立了无产阶级的历史使命之后，就要进行无产阶级斗争。以往的历史经验表明，没有无产阶级政党的领导，阶级斗争很难取得胜利。马克思和恩格斯从共产党和其他政党、共产党和阶级的关系角度，深刻阐述了无产阶级政党——共产党的性质、特点、奋斗目标，指出了无产阶级及其政党的历史使命——消灭私有制，实现共产主义。

第三个阶段：斗争的策略。

有了明确的奋斗路线图和领导政党之后，无产阶级所要做的就是要去践行它的历史使命，也就涉及无产阶级斗争的策略问题，简单来说就是如何消灭私有制、实现共产主义的问题。马克思和恩格斯指出，无产阶级的革命是不间断的，通往共产主义社会的道路需要按照之前确立的无产阶级的历史使命一步步完成，不可能一蹴而就。在这一过程中，共产党人要坚持既斗争又联合的策略，既反对联合一切、否认斗争、隐瞒自己意图和观点的右倾投降主义，也反对斗争一切、否认联合的左倾机会主义。比如说，资产阶级民主政党，他们的思想和主张虽然存在一些问题，但是仍然具有一定的进步性，因此我们要对他们采取既斗争又联合的策略，不能一棍子打死。

六、拓展阅读

（1）《资本论》/ 卡尔·马克思著

（2）《剩余价值理论》/ 卡尔·马克思著

（3）《雇佣劳动与资本》/ 卡尔·马克思著

扫码获取附赠资料

法学

12

《司法过程的性质》：解读司法的过程，理解司法的特性

美国法官和法学家——本杰明·内森·卡多佐

本杰明·内森·卡多佐（1870—1938），
美国最高法院大法官，号称"律师的律师"。
作为法社会学的代表人物，卡多佐是美国历史
上最有影响力的法学理论家之一，同时被认为
是美国历史上最伟大的法官之一，被誉为"有
创造性的普通法法官和法律论说家"。主要著
作有《司法过程的性质》《法律科学的悖论》等。

本杰明·内森·卡多佐

　　卡多佐的主要贡献在于通过创造性的司法审判，促使普通法更多地和社会
公共政策相结合。在担任联邦最高法院大法官时，他支持政府加强社会的管理
和对经济生活的干预，这也体现出卡多佐的思想进一步延伸到法律的现实主义
和实用主义两个方面。可以说，卡多佐在长期的普通法司法实践中实现了普通
法"静悄悄"的革命。

一、作者生平

本杰明·内森·卡多佐1870年生于纽约市的一个犹太人家庭。19岁时，他以优异的成绩毕业于哥伦比亚大学，此后又考入耶鲁大学的法学院，两年后，他还未取得法学学位就获得了律师资格，开始从事律师职业。

他42岁任纽约州立法院法官，56岁被提名和选举为该法院的首席法官。在纽约州法院任职期间，他出色的司法意见对全国各州法院司法都产生很大影响，使得纽约州法院成为各州最受尊重的法院。他也因此被称为"英语世界有史以来最伟大的上诉法官之一"。

1932年，在卡多佐自己本人没有寻求提名的情况下，全国法律界一致要求总统提名卡多佐继任联邦最高法院大法官。但是由于当时美国联邦最高法院来自纽约州的法官和犹太裔的法官相对较多，总统担心这一人员结构影响司法公正，所以迟迟没有提名卡多佐。此时有一位大法官主动提出辞职为卡多佐让路，卡多佐才顺利进入美国联邦最高法院任大法官一职。1938年卡多佐去世，享年68岁。

二、为什么要写这本书

卡多佐的法律观体现在他的一系列著作以及大量的司法意见中，其中最能体现卡多佐思想的就是《司法过程的性质》。此书最初是卡多佐在耶鲁大学法学院所做的一个演讲，是卡多佐对自己多年担任法官的一个经验总结，同时也是对美国实用主义司法哲学的一个系统的理论化阐述。

卡多佐认为，法官要反省自己的思想，要追寻影响或引导他得出结论的原因，要考虑各种可能导致冲突的因素。本书提出了许多法官和律师都曾感受到但从来不曾细致琢磨的问题，因此本书一经发表就极为轰动，一直获得美国法学界和法律界的高度评价。

三、研究的核心：法官决策要遵循先例和创造法律

法官决策的前提是什么？卡多佐认为这个问题的回答可以被分为两个方面。一个是遵循先例，这是由国家的司法原则决定的。另一个是创造法律，法官应该主动对法律的空白部分进行诠释和创造。

第一，遵循先例。

卡多佐作为典型的判例法国家的法官，他提出司法决策的第一个前提就是遵循先例。他提出在遵循先例的基础上，法官必须从先例中总结出一些基本原则，并且为未来基本原则的发展作出规划。卡多佐认为总结基本原则是最困难的，因为这关系到法官本身的判断力，法官必须还原案件的本来面目才能作出公正的判断。反过来说，卡多佐认为先例也不是永恒不变的，并不是每一个从先例中总结出来的原则都是普遍适用的，很多原则也会被时间无情地抛弃。比如黑人没有选举权的司法观点就在美国发展的过程中逐渐被抛弃了。而且卡多佐还提出，遵循先例的原则正在

被不断地削弱，因为随着社会纠纷和司法问题日益纷繁复杂，原来的先例已经不再适用于社会现实，法官经常会推翻原来的先例，代之以新的规则和原则。法官在判决过程中提出的新的规则和原则实际上就是新的法律解释，从这个意义上说，法官也可以造法。

第二，法官创造法律。

在卡多佐看来，法官面临的案件可以被分为三种。第一种是事实清楚，适用规则简单，非常容易操作和宣判的案件。第二种是事实相对清楚，但是适用于不同的规则，需要法官来决定的案件。第三种是事实本身比较模糊，适用规则要么不存在，要么模糊不清，这种案件对于法官的要求最高，需要法官进行周密权衡、审慎决定，作出最符合正义的判决。最后一种案件对法官的要求最高，正是在这种案件中，法官实际上承担了立法者的职责，也就是所谓的"法官造法"。也是在这种案件中，司法过程的最高境界才得以体现，即"创造法律"而不是发现法律。这种案件就是我们常说的大案要案，一般都是要上诉到最高法院进行裁决。卡多佐提出在面对第三种案件的时候，法官需要运用科学的方法进行决断。

四、研究的思路：逻辑、历史、习惯和社会学的方法

卡多佐将法官作出决断时运用的方法具体归纳为逻辑的方法、历史的方法、习惯的方法和社会学的方法四类。其中逻辑的方法是最为基本和基础的方法，其他三种方法都是作为补充逻辑方法的手段。卡多佐的四种方法是为了发现社会福利而服务的，无论司法过程中使用哪种方法，都要建立在社会福利的基础上。

第一，逻辑的方法。

逻辑一直是西方法律建构和实践的重要方法与知识基础，同时也是法官在进行司法过程当中的重要方法。所谓逻辑，就是运用类推、推理等手段进行法律决断。也就是说，以现行的法律条文为大前提，以案件的具体事实为小前提，然后运用形式逻辑进行推理得出判决。这种方法相对来说简便易行，是法官判决时所适用的主要手段。同时这种方法也有一个其他方法或规则所不具有的优势，即它拥有某种确定的前提条件，能够简便易行地推导出结果。逻辑的方法并不是最重要的方法，但却是其他规则和方法的根基，只要法官需要作出判断，就不能离开逻辑推理。卡多佐深刻地探讨了逻辑在法官裁判案件过程中的作用，他敏锐地察觉到了逻辑的规则与遵循先例的规则在根本上具有某种一致性，二者的法理指向都是为了避免一些不确定的、偶然性的因素影响司法一致性的延续。但是卡多佐也强调，在适用逻辑方法的时候也要注意情感和价值的影响。法官要不断用正义来考察和检验判决，以达到遵循先例与维护正义价值的统一。

第二，历史的方法。

在卡多佐看来，历史的方法就是指进化的方法，这种方法为法官带来的指导思想就是追溯本源。这种方法要求法官必须具备一种建构在历史学知识基础上的历史眼光和历史理解。历史的发展就是法律的发展，一些法律概念和原则是随着历史的发展而不断变化的，比如美国南方黑人奴隶制的发展和废除，中国政治审查制度的产生和废除，这些内容都是随着历史的发展而不断被抛弃的法律原则。同样，卡多佐强调在历史中发展起来的法律只有使用历史的视角才能够作出正确的理解，要想真正地提炼和总结法律概念的发展，就必须从历史的角度上探究它们的起源和发展历程。关于逻辑和历史的关系，卡多佐指出"一页历史就抵得上一卷逻辑"，历史和逻辑常常作为相互补充的方法而使用。

第三，习惯的方法。

所谓习惯，就是在过去的时间内形成的相对稳定的传统或者路径。卡多佐认为在司法过程中，必须考虑到千差万别的不同职业、市场和贸易的习惯。这种习惯往往与道德、正确行为的标准、社会风俗有关，是贯穿法律始终的恒定假设。时至今日，社会发展日新月异，社会习惯和社会风俗也开始飞速变化，传统习俗的影响力开始不断降低。但是卡多佐强调，生活中总是有一些无法改变的基本习惯，这些习惯反过来又会影响生活。生活塑造了行为的模式，而行为在某一天又会被法律固定下来，法律维护的就是这些从生活中获得的模式。在实际的司法过程中，习惯往往都具有其历史性，法律的原则从习惯中产生时，它已经被包含在历史之中了。卡多佐所讲的习惯的知识和历史的知识事实上并没有什么太明显的区别，理解习惯同样需要历史的眼光，二者之间"并没有什么不可逾越的鸿沟"。

第四，社会学的方法。

首先，法律强调的是社会的公平正义，社会福利是法律的终极目的。社会福利就是社会认同的善、正确行为的标准以及良好的社会效益等。比如摔倒老人扶不扶的问题，主动扶起摔倒老人就是社会福利的体现和追求，从这个意义上来说，虽然法律不规定路人一定要扶助摔倒的老人，但是法律至少要对帮助他人的行为予以保护。法官的任务是去发现社会福利，这意味着法官在对现有规则和法律进行判断与解释的时候，必须以社会福利作为判断的依据、方向和限制。

社会福利概念是建立在社会观念之上的，社会观念是个人观念的有机统一。个人观念会随着个人和群体之间的关系变化而变化，而法官的职责是准确地诠释出当下的社会观念，准确理解当时客观存在的社会正义和社会利益。当社会观念与社会正义、社会利益相矛盾的时候，法官就不能仅仅通过对法律或立法者意图的诠释来得出结论，而只能进行一定程度或范围内的法官造法，以此来实现社会正义和社会利益。整个法官造法的过程中，法官的任务是坚持同时代人所追求的信念、哲学。同时法官既有服从社会道德的义务，也有提升社会道德的义务。

其次，卡多佐认为在适用社会学方法的时候要考虑道德因素和自由因素。一方面，道德因素的考量应该建立在法律与道德上，实际上是法律和道德之间的统一。法官在审判中要遵守的唯一标准就是社会普遍认同的道德，但是当道德感不那么强烈的时候，公理就会发挥作用。善良人们所认可的道德习惯和原则，是将道德义务转变为法律义务的标准，同时也体现出来道德中的社会福利。另一方面，法官在审理案件的时候，还会遇到社会自由的问题。所谓社会自由，是指社会上所有人都要受到一定的约束，绝对的自由和自由本身不一致并且存在着不可避免的矛盾。法律上的自由就是令权势阶层规范地行使法律权利，而不是肆无忌惮或者不受限制地行使权利。自由需要依据法律和规则来规范，人们的自由权尽管可以由经验来判断，但是还需要依照具体的事实和生活方式来判定并且交给社会来评判，这样才能真正评价一种司法方法的好坏。在他看来，自由是不断变化的，法官审理案件时，应该依照当时的时代和情形来判定自由的内涵。

卡多佐认为法官面对具体的司法案件，无论调动自身的哪一块知识，无论沿着哪一种路线来遵循先例和原则，都"必须明白，该原则、规则或先例如何发挥作用，我们需要达到的目的是什么"。法官创造的法律受到法律目的的限制，法律目的指导着法官创造法律的方向。但是，法律目的只能指示出基本方向，法官的自由意志是决定创造法律的具体趋势的决定性因素。法官的自由意志也应该是受到限制的，法官应该尽可能使用一种科学的、客观的方法，也就是我们今天所谈的四种方法作为衡量依据，来创制他的司法判决。同时要强调的是逻辑、历史、习惯、社会这四种方法是相互影响、相互作用的，在任何一个案件中，法官使用哪种方法，主要是由这个案件相关的重要性和社会福利所决定。其中逻辑的方法主要要求的是法律的对称性或确定性，但是这一要求在现实生活中往往不能够被满足，这时就需要通过历史、习惯或者社会的因素来与逻辑方法之间达成平衡。

五、拓展阅读

（1）《法律科学的悖论》/ 本杰明·内森·卡多佐著
（2）《法律的成长》/ 本杰明·内森·卡多佐著
（3）《法律与道德》/ 罗斯科·庞德著
（4）《演讲录法律与文学》/ 本杰明·内森·卡多佐著

扫码获取附赠资料

13

《公法的变迁》：现代公法理论的重构

社会连带主义法学派创始人——莱昂·狄骥

莱昂·狄骥（1859—1928），法国法学家，社会连带主义法学派创始人，是 20 世纪法国公法领域的代表人物。由于狄骥著作的深刻影响，英国法学家哈罗德·拉斯基盛赞他为"20 世纪初政治思想家第一人"。主要著作有《法和国家》《公法研究》《社会权利、个人权利和国家》《宪法论》《从拿破仑法典以来私法的变迁》和《公法的变迁》等。

莱昂·狄骥（左二）

一、作者生平

莱昂·狄骥，生于 1859 年 2 月 4 日，卒于 1928 年 12 月 18 日。从 1886 年起，狄骥长期在法国波尔多大学任教授和院长职务，并先后在美国、葡萄牙、罗马尼亚等国讲学。

他一生主要从事法学教育工作，教龄达 42 年之久，是著名的法学教育家，对当时法国公法学、法哲学和政治学的发展发挥了重大作用，在欧美有极大影响。《宪法论》是他的主要著作之一，较为集中地反映了他的法律思想。

二、为什么要写这本书

狄骥在 1913 年创作了《公法的变迁》，他通过自己独特的洞察力，将公法变迁与社会变革之间的关系记录下来，为公法学的理论和内容作出了翔实的分析和补充。公法理论的出现和发展，基本上都和国家、社会的变革息息相关，《公法的变迁》的诞生也不例外。《公法的变迁》的诞生，与当时法国的社会有关。

1870 年，普鲁士首相俾斯麦为了和法兰西第二帝国争夺欧洲大陆的霸权，故意触怒法国政府，致使法国对普鲁士王国宣战，发动了普法战争。战争开始后，法军被打得节节败退。消息传到巴黎后，法国人民对拿破仑三世的不满爆发了出来，工人和小资产阶级群众纷纷拥入波旁宫立法团会议厅，要求废除帝制，恢复共和。至此，法兰西第二帝国垮台，法兰西第三共和国建立。此时的法国，因为普法战争失利而元气大伤，也由此进入一个政治相对稳定、经济快速发展的时期。

随着资本主义经济的发展，人类在自然科学领域取得了重大进展，尤其在 1870 年左右，各种新技术、新发明层出不穷，第二次工业革命蓬勃兴起，人类开始逐步进入电气时代。当时，受战败影响的法国虽然在工业发展上落后于其他强国，但"瘦死的骆驼比马大"，手握大量土地和资本的法国，开始不断地加大国外投资，从 1869 年到 1913 年，法国的资本输出总额从 100 亿法郎激增到了 600 亿法郎，成为仅次于英国的资本输出国。大量的资本输出为法国带来了巨额的利息收入，这让法国的经济实现了快速增长。

基于这些原因，法国同大部分资本主义国家一样，逐步实现了从农业社会向工业社会的转变，市场经济也开始由以自由竞争为特征的自由资本主义，向生产和资本高度集中的垄断资本主义发展。然而，经济的快速发展也付出了代价，各种社会问题频发。在垄断资本主义兴起的时代，普通民众很难像农业社会时期一样，通过自给自足获得基本的生存所需，贫困和饥饿成为当时突出的社会问题。为了保障国家的正常运作和公民的基本权利，包括法国在内的多国政府不再仅限于治安管理的主要职能，它们开始尝试积极干预，主动地介入公民的生活之中，比如为公民提供基础建设、医疗救助、基础教育等公共服务。

然而，原本支撑政府行政的理论依据，已经不能完全适应和解释政府积极介入公民生活的行为。对于当时的政权来说，政府行政的主要理论是主权理论，在这个理论下，国家作为主权者，享有执行决定和强制执行的行政特权，他们通过发布命令的形式，实现行政管理，推动社会正常运转。这种管理形式主要适用于自由资本主义时期，政府只有在个人权利受到侵犯或者市场经济失灵的情形下才能主动介入，正常情况下是不能积极主动地介入市场和公民生活中的。因此，国家和政府主动介入公民生活的积极行政行为需要来自理论上的支持，原来的主权理论已经不能满足社会变迁的理论需要，理论的更新势在必行。

三、研究的基础：社会连带理论和客观法

社会连带理论和客观法，这两个理论作为狄骥公法理论的法理基石，几乎在他所有关于公法的著作中都有所体现。

1. 社会连带理论

所谓社会连带，指的是人们在社会分工的基础上，形成的一种互相依赖的关系。在这个关系中，每个人都各司其职，并且大家都能意识到自己必须依靠他人和社会才能生存。狄骥认为，社会连带是人类的"天赋"，只要有人类，就会有人类社会，只要有人类社会，那么社会连带关系就必然存在。正如狄骥在《法与国家》一书中提到的："我们不能把人视为独立和孤立的个人；而只能将人视为一种社会存在，甚至，我们只有通过设想社会才能设想人。人不能先于社会而存在，他只能存在于社会之中，并且只能借助社会才能存在。"

狄骥认为，同一个社会群体中的人们之所以会互相连带，原因主要有两点：首先，人们有共同的需要，这种需要只有通过集体生活才能得到满足；其次，有不同需要的人们有着不同的才干，大家彼此交换服务，就能够发挥及应用大家各自的能力，从而满足所有人的不同需要。举例来说，第一点原因就像原始社会中的

某些部落，大家都有果腹的需要，但仅凭个人的力量很难猎取食物，因此大家聚集在一起集体狩猎，从而满足所有人的食物需求；而第二点原因则更像当代的城市社会，拥有不同才能的人们发挥自己的专长，比如程序员编写软件、厨师烹饪美食等，每个人利用各自的才能满足着别人的需求，同时获取报酬来满足自己的生活所需。正是这两点原因，使人们聚集在一起，形成了社会群体，这就是社会连带。

2. 客观法

客观法是狄骥独创的理论，相对于由立法者主观颁布的法律，客观法是指在社会群体中自然产生的社会规则或社会规律。狄骥认为，就像人们离不开人类社会一样，人们也不能脱离社会规则或社会规律的控制，因为这是人们形成人类社会的前提。人们只有在认同一种社会规则的前提下，才能结合在一起形成社会。举例来说，假设在原始社会中有一群人聚到了一起，大家本着抱团取暖、协同狩猎的打算，结成一个部落。为了维持部落的稳定，人们在抱团的那一刻，就自然而然地形成了一些规则，比如不得背叛同部落的人、不得故意伤害部落同胞等。只有在这些规则的保证下，这个群体才能长久地维持下去，这就是人类离不开社会规则的原因。

每一种社会都会有客观法，这种客观法的存在就像语言、风俗、习惯一样是不可或缺的，哪怕人类社会的内部发生变化，也不会对客观法的存在产生影响。在狄骥看来，国家制定、认可和执行法律时，必须以客观法作为依据，这种实在法必须以客观法为基础，并且只能是客观法的表述、体现和确认。这一观点，与自然法学派中的自然法有些类似，比如在形式上，客观法和自然法都是先于国家而存在的，即便没有国家这种政治组织，这两种理论依然能够存在。在内涵上，客观法也有将道德情感的规律变成立法准则的观点，这也落入自然法的范畴。

四、研究的核心：主权理论的消亡和公共服务理论的兴起

在《公法的变迁》中，主要探讨了两个方面的问题：一是通过分析"国家与民族并不绝对统一""国家主权并不是单一且不可分割的"两个方面的内容，以及主权理论不能保护个人免受专制之害的致命问题，解释了主权理论必将消亡的原因；二是依据20世纪初法国选举制度的改革判定公共服务理论的兴起，通过解答"谁是统治者""他们所负有的义务的依据是什么""这种义务的目的是什么"三个问题，阐述了公共服务理论的必要性。

1. 主权理论的消亡

主权，指的是一个国家独立自主地处理对内对外事务的最高权力，作为构成国家的本质属性，它与领土、政府、人口一同构成了国家的四大要素，因此国家主权的丧失，往往意味着国家的解体或灭亡。

根据狄骥的考证，主权观念是历史长期演进的产物，最早可以追溯到古罗马时期的"治权"概念。当时，国家的主权由全体罗马人民共同拥有，为了让某一个人能代表全体人民行使主权所包含的权力，罗马人民通过公民选举将"治权"委托给皇帝。经过长时期的演进，皇帝的"治权"在"君权神授"观念的影响下，已经不再是一种通过人民的授权来行使的权力，而是成了皇帝的天赋权力。此时，皇帝的权力已经达到了极高的程度，正如东罗

马帝国时期的法学著作《法学阶梯》中写到的那样："皇帝的决定也具有法律效力。"

此时的皇帝，可以说已经享有了完全的主权，他有权将自己的意志强加于他人。即便是一些不合理的要求，但只要出自皇帝之口，人们依然要对这些要求普遍服从。这样的"治权"思想，影响了后续 1000 多年，比如法国思想家让·博丹在 1576 年所著的《共和六书》里，就形容主权是君主不受法律限制的、对臣民的最高权力，是在一国中进行指挥的绝对权力。可以说，此时的主权，就等于王权本身。

到了法国大革命时期，启蒙运动的思想家们虽然号召用新的共和体制取代旧的君权神授的帝制，但在狄骥看来，启蒙思想家们并未抛弃主权，他们只是将主权者由君主变为人民，通过社会契约建立国家的合法性基础。简单来说，在主权制度下，国家作为主权者，依然享有执行决定和强制执行的行政特权，只是发号施令的人从皇帝一个人变成了很多人组成的政府而已。

这种"换汤不换药"的国家主权理论仅能在具体历史条件下发挥作用，它已经非常明显地违背了现实。书中列举了两个最为尖锐的矛盾：一是国家主权意味着国家与民族之间具有一致性，而事实上这种一致性经常是不存在的；二是国家主权被定义为单一且不可分割的，它意味着在全国领域内对所有独立行动的群体的某种钳制，而这同样是和现实相违背的。

关于国家和民族并不是绝对一致方面，苏联解体就是一个鲜明的例子。苏联是一个多民族的国家，在建立之初，苏联按照民族划分行政区域，如立陶宛、爱沙尼亚、格鲁吉亚等加盟共和国都是如此。然而，后来，苏联开始逐渐推行俄罗斯民族，这导致各少数民族和俄罗斯民族之间、各加盟共和国和联盟中央之间的矛盾愈发尖锐。尤其戈尔巴乔夫上台以后，他对民族之间的矛盾和问题更是估计不足，导致苏联政府对民族分裂主义势力缺乏警惕，直到立陶宛、格鲁吉亚等民族纷纷独立，成为导致苏联解体的最后一根稻草。从这个案例我们就能看出，国家与民族之间，并不是绝对一致的。而对于国家主权并非单一且不可分割的例子就更常见了，比如某些实行联邦制的国家，下属的成员国可以设立自己的立法机关和行政机关，制定自己的宪法和法律，在自己辖区内行使职权。

这两个方面都说明国家主权理论已经和现实相违背了，除此之外，狄骥认为"换汤不换药"的主权理论最大的问题，在于它不能保护个人免受专制之害。在他看来，对个人自由的限制只能由法律来施加，如果一部法律是直接由人民批准产生的，那么它只是一批情绪激昂、热血沸腾的群众的产物，而这一产物可能和公正无关。举例来说，在法国大革命时期，有一个叫作雅各宾俱乐部的政治团体，它获得专政之后，在巴黎设置了一座断头台，并在 1791 年到 1794 年的 3 年时间里，残忍斩首了 7 万多名所谓的"反革命分子"，而这其中的绝大部分人，只是反对雅各宾俱乐部的人士罢了。

2. 公共服务理论的兴起

在当时的法国，公共服务理论正逐渐取代主权理论成为公法的基础，这一点，从法国开始实行比例代表制就能够看出。

比例代表制，指的是按照各政党所获选票数在总票数中所占比例来分配议员席位的选举制度，这一制度往往与名单提名相结合，并以每个选区选出 2 名及以上复数席位为基础，通过一轮投票就可以得出结果。简单来说，通过比例代表制进行选举，就可以避免主权理论由一个群体取代君主行使主权的情形，因为哪怕是人数极少的小党，也可以通过这一制度参选。而在法国，这一制度的实施是从 1912 年开始的。当时，法国众议院以 339 票对 217 票的表决结果，通过了一项选举法案，这项法案的第一条规定，众议员应当通过被称为"名单投票"的方式选出。简单来说，就是指众议员选举前，各个党派先行提名自己的人选，随后再进行投票，根据得票数占总票数的比例，最终来判断每个党派入选的人数。

这一规定，与曾经人数占优即可当选的制度相比，不仅能够消除腐败的影响，让少数人也能通过制度发出自己的声音，更重要的是它意味着法国议会承认，与主权理论息息相关的多数人规则，已经不再是现代民主制的基本原则。从这个角度来看，主权理论被替代，已经是板上钉钉的事情了。

虽然主权理论已经逐渐走向消亡，但狄骥认为，要证明公共服务理论正在取代主权理论，应回答以下几个问题。

第一问：谁是统治者？

第二问：他们所负有的义务的依据是什么？

第三问：这种义务的目的是什么？

关于谁是统治者的问题，狄骥认为就是那些手中实际掌握着强制权的人。对于不同的国家来说，统治者获取强制权的途径各不相同，通常情况下，他们手中的权力是历史、经济、社会等多方面力量相互推动的产物。强制权获取的途径并不重要，因为随着主权理论的消亡，政府控制的权力已经不再是一项权力，而是变成了一项"采取行动的权力"。简单来说，随着新时代的来临，曾经那种皇帝"一言堂"的形式已经不复存在了，政府所拥有的权力并不能让他们把自己的意志强加给他人，政府能做的只是采取行动，比如他们可以选择行动起来改善民生，也可以选择不改善，这正是统治者所负义务的依据。

那么政府采取行动的目的是什么呢？从常理上来说，当我们做不做一件事都可以的时候，不做应该会更省心省力一些，但事实上，如果政府想要存在下去，他们就需要积极地采取行动，承担起他们的义务。简单来说，如今的政府不能强制要求民众必须服从命令，但是他们可以通过履行某些职责作为回报，在他们履行这些职责的范围内，让人们服从政府。比如，在一片广袤的沙漠中，我们开车是不需要遵守交通规则的，因为在沙漠中，政府并没有规划道路；但是在城市的道路中，政府履行了城市规划、交通规划的职责，所以我们就需要服从政府的要求，按照道路交通法规范驾驶。

从这个角度上说，世界范围内的统治者和议会，不是为了他们自身的利益去行使权力，而是变成为了他们公民的利益，去履行公共服务的义务。即便某些品行不端的政治家是为了在自己的职位上捞取好处才从政，他们也必须再三强调自己公共服务的属性，因为公共服务的能力是当代政治家最重要的能力基础之一。

五、拓展阅读

（1）《宪法学教程》/ 莱昂·狄骥著
（2）《〈拿破仑法典〉以来私法的普通变迁》/ 莱昂·狄骥著
（3）《公法与政治理论》/ 马丁·洛克林著

扫码获取附赠资料

14

《论犯罪与刑罚》：现代法律和司法制度的"指路明灯"

刑事古典学派代表人物——切萨雷·贝卡里亚

切萨雷·贝卡里亚（1738—1794），18世纪意大利刑法学家，刑事古典学派的主要创始人和代表人物。著有《论米兰公国1762年货币混乱及其救治》《论犯罪与刑罚》等。

《论犯罪与刑罚》是贝卡里亚的成名之作，它是世界文明史上第一部明晰而系统地论述犯罪与刑罚问题的著作，在刑法学史上占有重要的地位，对世界各国的刑事法的理论和实践，都产生了革命性的影响。

切萨雷·贝卡里亚

一、作者生平

切萨雷·贝卡里亚 1738 年 3 月 15 日出生于意大利米兰的一个贵族家庭，1758 年 9 月毕业于意大利帕维亚大学法律专业。大学毕业后，贝卡里亚参加了进步青年小团体"拳头社"，受到启蒙思想的影响。

年仅 26 岁的贝卡利亚出版了他的传世佳作《论犯罪与刑罚》，一举成名，赢得了长久的声誉。1768 年成为米兰宫廷学校经济贸易学教授，讲授经济学课程。

1771 年他成为米兰公共经济最高委员会成员，先后负责过经济部门和司法部门。1791 年被奥地利皇帝利奥波德任命为伦巴第刑事立法改革委员会的成员，其间力主废除死刑。

二、为什么要写这本书

贝卡里亚写《论犯罪与刑罚》，是为了揭露旧刑事司法制度的蒙昧主义，反对封建社会残酷且不人道的刑罚。这与当时的社会环境和他的学习生活经历有关。

17—18 世纪，启蒙运动正在欧洲盛行，刚刚大学毕业的贝卡里亚也在这个时期回到了他的家乡米兰。回乡之后，贝卡里亚开始与一些自由主义思想家密切交往，同时他参加了民主主义者、经济学家彼得·韦里组织的进步青年小团体"拳头社"。在"拳头社"里与伙伴们激烈讨论和学习的经历，加快了贝卡里亚的思想启蒙和视野扩展。

1763 年，法学专业出身的贝卡里亚，在真正了解当时的刑事司法制度种种黑暗、残酷、野蛮的事实后，为了揭露旧的刑事司法制度的蒙昧主义，反对封建社会残酷而不人道的刑罚，他决定写一本批评当时的刑事司法制度的书。在"拳头社"韦里等伙伴们的帮助下，贝卡里亚全身心地撰写了一年。《论犯罪与刑罚》于1764年4月成功出版问世，当时年仅26岁的贝卡里亚由此一举成名。

在随后的许多年里，《论犯罪与刑罚》所阐述的刑事法的思想，逐渐被各国的开明君主所采纳，甚至许多地方将它作为制定刑法典的基础。

三、研究的核心：罪刑法定原则、罪刑相适
应原则和罪刑人道化原则

贝卡里亚所处的时代，犯罪和刑罚被笼上了浓重的宗教色彩，罪刑擅断、刑罚残酷以及惩罚的任意性与社会文明的进步形成鲜明对比，民众要求变革刑法的呼声也日趋强烈。贝卡里亚在《论犯罪与刑罚》中提出了后来被现代刑法制度所确认的三大原则，即罪刑法定原则、罪刑相适应原则和罪刑人道化原则。

第一个原则：罪刑法定原则。

在刑法还没有改革之前，刑法被行政组织和宗教所控制，刑法常常沦为君主与宗教惩罚异己的工具。它带来的负面结果是：没有一个确定的法律标准，民众经常被随意投入监狱；没有明确的量刑标准，法官有极大的自由裁量权，极易造成司法腐败和司法不公；法律责任与道德责任相混，人们可以根据道德信条来判断一个人是否有罪、罪轻还是罪重；死刑等重刑罚普遍适用于危害较小的犯罪中。

当时，贝卡里亚深刻意识到了刑法的问题所在，他在"罪刑法定原则"中主张，只有法律才能为犯罪规定刑罚，只有法律才能判断一个人是否有罪。为了避免法律用语的含混不清，贝卡里亚主张法律用语应当明确、通俗，他认为只有这样法律典籍才不会变成一本家用私书。同时，他提倡只有代表人民普遍意志的立法机构，才有权颁布和修改法律，其余包括君主、教会与司法部门等，均无权自命正义地对社会的另一成员滥用刑罚。

贝卡里亚还提出了要优先适用"罪刑法定原则"。因为一般来说，刑罚只处罚罪犯表现在外部的、危害国家或他人的行为，而不处罚深藏在罪犯内心的邪恶意图。一个人有外部的危害行为就能认定为犯罪吗？贝卡里亚觉得这是不对的，他认为只有实施了法律规定为犯罪的行为才能认定为犯罪。因此贝卡里亚说"每个公民都应当有权做一切不违背法律的事情"。"罪刑法定原则"是现代刑法学的核心基础，我国的刑法就把贝卡里亚的"罪刑法定原则"作为一项基本原则，简单来说就是"法无明文规定不为罪"。举个例子，张某被王某驾车撞伤，车祸造成张某上唇裂伤等多处伤害，构成十级伤残。张某认为，由于上嘴唇残留了片状疤痕，让她每次与丈夫亲吻时都会疼痛，这给她造成了心理障碍，张某向法院起诉要求赔偿。但是法院认为，亲吻权的提出于法无据，对张某不能亲吻的精神损害抚慰金的请求不予支持。最终，法院判决王某侵犯了张某的身体权、健康权，应给付张某500元的精神损害赔偿金。因为我国没有关于"亲吻权"受到侵犯的法律法规，只有关于"身体权""健康权"被侵犯的法律法规，所以法院不能支持王某关于"亲吻权"受到侵犯要求赔偿的请求，只能从有法律明文规定的"身体权"和"健康权"被侵犯的角度来判罚王某的侵权行为。

贝卡里亚的"罪刑法定原则"也深受社会契约论的影响。为了论证"罪刑法定原则",贝卡里亚从刑罚权的起源谈起。刑罚权源于社会契约,根据社会契约理论,公民让渡自己的部分权利、缔结契约从而形成国家。契约的各个主体应该是平等的,也就是法律面前人人平等,然而,仍然有人扩大自己的自由、侵犯别人的自由、触及社会的底线,而这就是犯罪。为了预防犯罪、保障合法权益,所以人们需要刑罚来维护这份"社会契约",这就是刑罚权的来源。

贝卡里亚认为刑罚权本身就是源于社会契约,源于国民的权利出让,那么法律就应该体现国民的意志。为了国民的利益,而绝不能超出"国民预测可能性原理",这个原理要求,法律必须具有可预测性,让国民知道什么是犯罪、什么不是犯罪。因此,依据社会契约而形成的法律应由代表国民意志的立法者所制定,只有立法者拥有对法律解释的权力,而法官等司法官员唯一需要做的就是服从并执行依据国民意志所缔约的法律,而非对法律进行解释,也就是"法无明文规定不为罪,法无明文规定不处罚",这就是罪刑法定背后的理论逻辑。

经过贝卡里亚严密论证而推演出的"罪刑法定原则",是现代刑法的"灵魂",也是法治精神在刑法领域的延伸和表现。如何让罪与罚体现出公平和正义?答案就是罪刑法定,在定罪量刑时坚守法定的边界,让国家刑罚权的实施得以有效约束,让刑法的威慑力进一步加强,从而达到预防犯罪的目的。

第二个原则:罪刑相适应原则。

苛刻的、重复的刑罚不仅侵害人的理性和自由,还在客观上降低了刑罚对社会成员具有的威慑力。贝卡里亚认为刑罚的本质就是痛苦，它之所以施加于犯罪人的身上，是为了防止犯罪人可能对社会造成更大的危害。他还认为，刑罚也应控制在必要的限度之内，否则就是多余的，是对社会的新侵害。那么，如何精确地控制刑罚量，达到既要维护社会的秩序，又要不剥夺或限制公民的自由的目的呢？

贝卡里亚认为，犯罪对公共利益的危害越大，促使人们犯罪的力量越强，制止犯罪的手段就应该越强有力，这就需要刑罚与犯罪相对称。"罪刑对称"是贝卡里亚刑事政策思想的核心，它包含了三层含义。

第一层含义，是指刑罚的轻重，应该与犯罪危害的大小相适应。贝卡里亚认为犯罪的危害有大有小，所有的犯罪行为都沿着一个无形的阶梯，按顺序排列。这种犯罪阶梯的建立，为人们对不同的犯罪采取相应不同的对策奠定了基础。同时，这自然就会需要一个相应的刑罚阶梯，有了这两个阶梯，就可以实现"罪与刑的对称"。他还指出，如果两种不同程度危害社会的犯罪行为被处以同等的处罚，那么我们就没有办法去制止造成较大危害的犯罪了。举个例子，如果打死一只野生动物、杀死一个人和伪造一份文件的行为同样适用死刑，就会令罪犯产生一种这样的变异心态：反正都要被判处死刑，不如去犯更严重的犯罪。那么这样一来刑罚的威慑作用就成了一句空话了。

第二层含义，是指刑罚的种类与犯罪的性质相适应。刑罚剥夺的利益应该是犯罪者所追求或侵害的利益，应该针对犯罪者所追求的不同利益设置不同的刑种。比如，对于走私犯罪的刑罚应该是没收违禁品和随行财物；对于盗窃犯的刑罚应该是让罪犯的劳动和人身受公共社会的奴役，来补偿他对社会公约任意的非正义践踏。

第三层含义，是指实施刑罚的方式与犯罪相适应。贝卡里亚认为，公开惩罚那些社会影响恶劣的罪行，可以在阻止人们进行较轻犯罪的同时，避免他们去进行重大的犯罪，所以，刑罚不但应该从强度上与犯罪相对称，还应该从实施刑罚的方式上与犯罪相对称。举个例子，在交通肇事的案件中，如果犯罪存在逃逸情节，一般来说会被判处有期徒刑；但是2010年非常出名的"药家鑫案"，虽然也是肇事逃逸，但是他在交通肇事之后，因为害怕受害者向他索赔，下车后竟然又持刀连刺受害人数刀，直接导致受害人死亡。这个案件当时在我国各地引发了舆论热议，药家鑫为了逃避责任而杀人灭口，犯罪动机极其卑劣，手段特别残忍，情节特别恶劣，最终法院以故意杀人罪判处药家鑫死刑。这便是从实施刑罚的方式上与犯罪相适应的鲜明例子。

第三个原则：罪刑人道化原则。

贝卡里亚从刑罚的人道主义出发，对封建社会的严刑苛罚做了猛烈的抨击。他主张刑罚应该宽和，他认为一种正确的刑罚，它的强度只要足以阻止人们犯罪就够了，其余超过部分都是不正义的。而只有正义的刑罚才是社会所需要的刑罚。他还认为只要刑罚的惩罚后果大于犯罪所带来的好处，刑罚就收到了它的效果，除此之外一切都是多余的，也是野蛮的。贝卡里亚还指出，严酷的刑罚并不能给社会带来稳定，反而会滋生更多的犯罪。严峻的刑法不仅不正义，还会使罪犯为摆脱罪行而犯下更多的罪行，从而加深对社会的危害。

严峻的刑罚会造成这样一种局面：罪犯面临的恶果越大，也就越想要规避刑罚。为了摆脱一次罪刑的刑罚，他们会犯下更多的罪行。举个例子，一个国家的盗窃罪，会被判罚砍下罪犯一根手指头，那么犯了盗窃罪的罪犯就有可能使用暴力拒捕、伪造身份、袭警或偷渡等犯罪行为来逃避严峻的惩罚。这样一来，罪犯就会犯下更多的罪行。所以说，严酷的刑罚，不但违背了公正和社会契约的本质，而且还不容易让犯罪与刑罚之间保持实质的对应关系，反而导致犯罪不受处罚或犯下更多的罪行。贝卡里亚作为一个人道主义学者，主张刑罚的宽和，否定严刑峻法在预防犯罪的作用，认为宽和适度的刑罚才会取得最好的效果，更能达到威慑犯罪并预防犯罪的目的。

四、研究的思想：人本主义思想

《论犯罪与刑罚》的核心思想是人本主义思想。受到启蒙运动影响，贝卡里亚以人本主义思想为哲学基础，对刑讯逼供和死刑进行谴责，同时公开支持刑法改革，又推出了多种人道主义量刑原则。作为启蒙主义时期具有人文主义关怀的理性主义者，贝卡里亚以哲学思想为基础，对人类本性、人类社会关系、调节人与社会关系的刑法，都作出了务实而又精妙的解释。正是因为这种解释，奠定了贝卡里亚对刑法学的深远影响。

在这本书中，到处洋溢着伟大的人道主义气息，比如贝卡里亚对刑讯逼供和死刑进行了愤怒的谴责，支持刑法改革，推出了多种人道主义量刑原则。这些极富人文主义气息的理论思想，也被后人称为"贝卡里亚刑法思想"。

这一思想的诞生，促使现代的司法理论出现了非常深远的变革，它所主张的客观责任论、法定责任论、反对罪行擅断主义、反对主观归罪原则等理论，为近代刑法理念的革新指明了方向。

"贝卡里亚刑法思想"宛如一盏永不熄灭的指路明灯，指引和推动了一场又一场的刑法制度革命，促使后世建立起了科学理性的刑事法律制度，这便是它对法学界影响至今的原因。

五、研究的视角：功利主义、"犯罪"、"刑罚"

贝卡里亚受到启蒙运动的影响，从人性出发，他发现了"犯罪"和"刑罚"都是人类为了满足需要而产生的，通过分析这些行为的内在原因，最终他形成了功利主义思想。

在启蒙运动盛行的时代，启蒙思想家往往把"人性论"当作反对神权的有力武器。深受启蒙运动影响的贝卡里亚，也同样把"人性"作为《论犯罪与刑罚》的思想根据。

贝卡里亚坚持的人性观是一种"需要"人性观。他认为，人类生活在险恶的环境下，每个人的需要无法都得到满足，那么就会有人为了满足自己的需要去侵犯他人，这样一来，"犯罪"就产生了。而为了制约"犯罪"行为，人类便会联合起来，通过"立法""定规"等社会契约的方式，让出自己的部分权利形成"刑罚"。从这个层面上说，"犯罪"和"刑罚"都是为了满足人类的需要。

贝卡里亚深刻分析了行为善恶的内在原因，他认为，人之所以会犯罪，那是对"利"的追求；而大家愿意联合起来缔结社会契约形成刑罚权，那是对"害"的避免，简单地说，就是保护自己权利的需要。而对于"利"的追求与对"害"的避免本身就是功利主义。什么是功利主义呢？功利主义是伦理学中的一个理论，它不同于一般的伦理学说，功利主义不考虑一个人行为的动机与手段，仅考虑一个行为的结果对最大快乐值的影响。能增加最大快乐值的就是"善"；反之就是"恶"。贝卡里亚基于此构建了他的功利主义刑法思想。他认为，制定法律的人只考虑一个目的，那就是大多数人的最大幸福。这就是他的功利主义核心思想。

贝卡里亚的这种功利主义思想在《论犯罪与刑罚》中随处可见。比如，他认为犯罪和刑罚都是人类本质，是追求利害的结果；他赞同统治者使用刑罚权，他认为这样可以预防犯罪，并且保护公民的权利；他解释了对不同犯罪应该有相对应的处罚方式，以及为什么相同的犯罪受到的处罚不一致，从而在社会契约的范围内预防犯罪，避免对人身过度的折磨；他认为刑罚的唯一目的在于预防而不是威慑；他注重对罪犯人权的保护，主要表现在他对死刑的态度方面，坚决反对死刑。

贝卡里亚提倡的"刑罚"是出于对人的正常需要的保护，不应该苛刻严峻，所以他认为，如果刑罚不能体谅人的正常需要的本性，那就是虚伪的功利，是不能被人接受的。

六、拓展阅读

（1）《法律的概念》/ H.L.A. 哈特著

（2）《法与国家的一般理论》/ 汉斯·凯尔森著

（3）《刑法学》/ 张明楷著

扫码获取附赠资料

15

《法律的道德性》：道德使法律成为可能

新自然法学派的代表人物——朗·L.富勒

朗·L.富勒（1902—1978），美国著名法理学家，新自然法学派的主要代表之一。主要著作有《法在探求自己》《法理学》《法律的道德性》《法的虚构》和《法的自相矛盾》。

朗·L.富勒

一、作者生平

作为新自然法学派的代表人物之一，朗·L.富勒几乎把一生都奉献给了教育事业。他执教 46 年，先后执教于俄勒冈大学、伊利诺伊大学、杜克大学、哈佛大学。

富勒继承了西方法学史古典自然法思想的理性传统，并在法律与道德的关系上有新的理论发展。他强调法律与道德不可分，法律本身的存在必须以一系列法制原则为前提，这些法治原则就是法律的"内在道德"，亦即"程序自然法"。

《法律的道德性》是他的代表作之一。这本书的出现，对当时新自然法学的复兴产生了深刻的现实影响，书中的许多观点，也在日后被各个流派的法学思想家所接受吸收，并被融合到各派的思想理论里，促进了世界法学思想理论的繁荣与发展。

二、为什么要写这本书

《法律的道德性》不仅是富勒和哈特长期论战的产物，同时也是那个时代注定的产物，是在那个"告密者困境"频发的时代，对于法律与道德问题必然会出现的一种讨论。

20 世纪中叶，美国学术期刊《哈佛法律评论》刊登了一件由德国法院裁决的案子，经过是这样的：

1944 年，一名德国士兵在出差执行任务时，请假回家休息了几天。其间，他私下向妻子表达了对希特勒以及纳粹党头目不满的言论，并告诉妻子不要声张出去。但是因为士兵长期离家，妻子早已红杏出墙。为了解除婚姻，妻子借机向当局告发了丈夫的不满言论，有关部门将丈夫抓了起来。

依据当时纳粹政权的法律，所有不利于第三帝国统治的言论，以及任何损害德国人民军事防御的行为都是违法的。于是，这名士兵被送上了军事法庭，并在审讯后被判处了死刑。所幸当时前线兵力紧张，士兵并没有被处死，在短时间的囚禁之后，被送往了前线。

不久第二次世界大战结束，纳粹政权倒台，妻子因告密行为被送上了法庭。在法庭上，妻子抗辩说，根据当时纳粹的法律，丈夫的言论已经构成了犯罪，所以她告发丈夫时，仅仅是让一个罪犯归案受审，并没有违法犯罪。法官却认为，虽然当时的法院认定她丈夫的行为有罪，但妻子的告发行为"违背正常人的健全良知和正义观念"，据此，法官判处妻子的告发行为是有罪的。

这便是著名的"告密者困境"，它是一个有关法律与道德的难题。类似"告密者困境"的案件，在第二次世界大战后层出不穷，促使大批法律学者开始思考法律和道德之间的关系。其中最为人津津乐道的，便是以富勒和哈特为代表的"新自然法学派"与"新实证分析法学派"的论战。

1957年，"新实证分析法学派"的代表人物哈特在美国哈佛大学讲学时，发表了一个题为《实证主义和法律与道德之分》的学术报告，他从实证分析法学的角度，对"告密者困境"的原判决进行了批判，认为正确的判决方式应该是"要么不处罚这种行为，要么发布一个溯及既往的法令来惩治告密者"。

富勒对这份报告进行了反击，他发表了名为《实证主义和忠于法律——答哈特教授》的长文，从自然法学的角度对哈特的观点进行了反驳，并得出了"告密者困境"的原判决非常合理的结论。

经过数年的论战，富勒和哈特的理论越发成熟，他们二人的代表作《法律的道德性》和《法律的概念》，也在这一过程中相继诞生。1969 年，富勒又对《法律的道德性》一书进行了修订，其中特意增加了"对批判者的回应"一章，进一步批判了以哈特为代表的分析实证法学观点，并进一步完善了自己的理论。

三、研究的核心：法律和道德的关系

《法律的道德性》主要想解决的问题，是道德与法律之间有着怎样的关系。在这个问题上，富勒对于以往的相关著作主要有两点不满：一是过往著作对道德的关注度普遍不足，二是过往著作忽视了道德对法律的关键作用。这两方面的缺失，正是当时许多关于法律与道德关系的讨论最后会含混不清的原因之一。

第一个方面，对道德的关注度普遍不足。

人们在分析道德与法律的关系时，常常会对法律大书特书，而对道德则惜字如金。学者们通常会下意识地假设，大众对于道德的概念已经形成了共识，殊不知这是一种思考不全面的表现。富勒认为，很多法律与道德的讨论最后会出现含混不清的局面，关键就在于没有事先对道德形成充分的认识。

第二个方面，忽视道德对法律的关键作用。

在分析实证法学派的眼中，法律和道德两者之间是相互分离的，法律是有关部门制定出来约束人们行为的规则，它必须体现立法者的意志，并且不应该受到道德的影响。拿"告密者困境"来说，哈特认为，即便纳粹的法律有违正义和良知，我们也必须先承认它作为法律的事实，然后用法律的手段来限制这一法律，比如发布一个溯及既往的法令来惩治告密者。他们忽视了道德对法律的关键作用。

四、研究的对象：法律的"内在道德"

在本书的第一部分，富勒就集中分析了道德这一概念，并且由这一概念入手，逐渐阐述法律与道德的内在联系。这包括三个方面的内容。

第一个方面，愿望的道德与义务的道德。

在大多数人的认识里，道德这一概念是很模糊的，很难提出一个标准对它进行分类或界定。在《法律的道德性》中，富勒将道德分成了愿望的道德和义务的道德，并且详细地阐述了两者之间的区别。

在富勒看来，"如果说愿望的道德是以人类所能达到的最高境界作为出发点的话，那么，义务的道德则是从最低点出发。"简单来说，愿望的道德指的就是诸如善良、无私、真诚等为人们向往的美好品质，而义务的道德则是类似"不能强买强卖""不得寻衅滋事"等一系列维护社会稳定的规则要求。

愿望的道德与义务的道德之间的区别，大致可以总结为以下三点。

第一，表现形式不同。作为大众对人的一种美好希望，愿望的道德常常以赞扬、忠告、鼓励等肯定的形式存在，比如校园"三好学生"评选等，通过肯定某个或某些先进事迹的方式，来对他人起到教育模范的作用；而义务的道德作为维护良好社会秩序的规范要求，则是通过否定的形式呈现的，比如"不能随地大小便""不能无故在高速公路上停车"等，告知的都是人们不能去做什么。

第二，违反道德的结果不同。愿望的道德作为一种美好的向往，如果有人能取得成就，人们会称赞他，但如果他没能实现这一道德的要求，人们不会谴责他。比如，一个人被选为"感动中国十大人物"，人们肯定会称颂他的事迹，但没能入选的你我，也并不会因此受到人们的辱骂和谴责。但义务的道德却不是这样，作为维护社会稳定的基础要求，人们并不会因为你遵守了规则而称赞你，却会因为你违反了规则而对你进行谴责。比如我们在开车的时候，严格按照交通信号灯行驶，是不会有人特意称赞我们的。但如果闯了红灯，就要依据道路交通安全法的有关规定接受处罚。

第三，具象程度不同。义务的道德比愿望的道德具象很多，其中的基本规则也都是切实可行的，而愿望的道德在概念上就要抽象得多，比如请流浪汉吃一顿饭和为山区儿童捐一本书都是善良的行为，但要问这两者哪一个更善良，很难作出具体的评价。

第二个方面，法律的八项法治原则。

1. 法律的一般性

这一原则也被表述为"必须有规则存在"，其含义是不管法律公正与否，法律必须有某种普遍的规则存在，而不是完全采用主观的方式进行决断。比如历史上某些机构在成立之初，由于缺少先例，没有制定相应的规章制度，这就促使在处理事务时，往往是由掌权人主观决断，并且天真地认为可以由此形成一套完整的体系。但事实上，这样的方式并没有形成任何有意义的规则供人参考。简单说来，想要让人们遵守规则，那就必须得先有规则，这便是法律的一般性。

2.法律必须颁布

法律必须对大众公布，不能只让当权者或审判者知晓。法律与义务的道德一样，在表述上常常采用否定的形式呈现，如果这些否定的内容不被大众知晓，那么大众也就无法事先规范自己的行为。如果"闯红灯违法"这一概念只有法官知晓，而大众不知的话，那么大众也就不能规避闯红灯这一行为，这样法律的意义也就不存在了。

3.法律的非溯及既往性

所谓溯及既往的法令，指的是我们现在颁布的法令，可以对曾经发生的案件产生效力。这一行为的风险在于，如果我们允许这一规则出现，那么一些别有用心的人就可以随意地制定法律，来对以往的判决产生影响，甚至来帮助自己脱罪。比如发生在第二次世界大战时期的"长刀之夜事件"，纳粹领袖希特勒为了清除异己，连夜出动部队，对以罗姆为首的冲锋队高层进行了清洗，当时有数百人死于清算。事后，希特勒为了让自己的行为正当化，立即安排通过了一系列溯及既往的法律，将这一别有用心的谋杀转变成了合法的处决。

4.法律的清晰性

法律条款应该清晰、明确，不得让人感觉其含义模棱两可、含混不清。常见的问题有两个：一个问题是为了清晰性而忽视法律中诚信、适当注意等略显抽象的概念，对于这些生活中常用的概念，其实可以结合常识进行判断，不必矫枉过正，比如商法中较为常见的"公平"概念，就可以结合各行业的商业惯例加以判断；另一个问题是推定的滥用，过度依赖法官的作用，充分相信法官能够结合实际，将立法者起草的模棱两可的法规运用起来，但毕竟"人非圣贤，孰能无过"，纵使是经验老到的法官，也不能做到完全不出错。

5. 法律内部的统一性

法律内部的统一性要求立法者避免出现法律互相矛盾的情况。比如，同样是"显失公平"的情形，《民法通则》规定当事人可要求变更或撤销显失公平的民事行为，但在《民法总则》中却规定，当事人只可要求撤销显失公平的民事行为。尽管 2021 年这两部法典被《民法典》所取代，但上述的例子，就是一种法律互相矛盾的情况。当然，对于这类矛盾，我国也有相应的冲突法适应规则，即上位法优于下位法、特别法优于普通法、新法优于旧法，但总的来说，还是要从立法阶段尽量避免法律互相矛盾的情况出现。

6. 法律的可行性

法律不应要求无法实现的事情。出于社会安定的考虑，法律会禁止公民去做一些事情，但如果法律要求过于苛刻，比如为了防止猥亵事件的发生，异性之间一律不准接触，那么就会损害公民的正常权益，并且也会削弱法律对个人的权威。因此结合社会现实，让法律更加切合实际是十分必要的。

7. 法律的稳定性

法律不应频繁修改，要具有一定的稳定性。法律作为一种行为准则，应该是人们日常行为的一种模板，如果法律朝令夕改，那么人们就很难依据这些规则来规范自己的行为。从另一方面来讲，法律频繁变动的危害与溯及既往类似，也就是说人们已经依据法律，规范了自己的行为，但因为法律的频繁变动，致使人们又在不知情的情况下违反了法律。由此可见，朝令夕改的法律会对社会产生怎样的恶劣影响，因此维护法律的稳定性是十分必要的。

8. 官方行为与法律的一致性

官方判决应该和法律中的有关规定相一致。需要注意两方面，一是立法上要严谨，二是执行上要严谨。立法上要严谨，其实与前面提到的第 4 项"法律的清晰性"、第 6 项"法律的可行性"相似，法律制定得清晰明朗、切实可行，执行起来自然就会清晰明确；而执行是否严谨关键在于执法者身上，当执法者结合实际情况，忠于已颁布的法律，慎重使用手中权力时，自然就能保证官方行为与法律一致。

第三个方面，道德使法律成为可能。

富勒认为，法律的内在道德是愿望的道德与义务的道德按照一定的比例相互混合的情形。比如，在现代社会中，立法者制定出一部优秀的法律是值得赞扬的，但他没有制定出优秀的法律或制定出糟糕的法律，我们也不可能惩罚他，最多是表示遗憾，这正好吻合了愿望的道德的特点；同时，法律与义务的道德一样，都是采用否定的方式，禁止公民的某些行为，这也吻合了义务的道德的特点。

总的来说，义务的道德影响了法律的基础规范，而愿望的道德成为法律的追求目标。法律与道德相互影响，其中一方的败坏必然导致另一方的败坏。比如，制定一个残忍的、不道德的法律，不仅仅是恶法，由于它违背了法治原则，甚至根本不是法。换句话说，正是道德使法律成为可能。

　　虽然从历史与现实的角度来看，世上并不存在完美的法律，但正是在道德的影响下，我们才会不断地参考前人的经验，结合当下的现状，努力地去追求尽可能完善的法律。而这，正是我们研究道德与法律之间关系的意义。

五、拓展阅读

（1）《法律的概念》/H.L.A. 哈特著

（2）《法理学的范围》/ 约翰·奥斯丁著

（3）《法律与道德》/ 罗斯科·庞德著

扫码获取附赠资料

教育学

16

《大教学论》：寻求一种新的教育艺术

公共教育最早的拥护者
——扬·阿姆斯·夸美纽斯

扬·阿姆斯·夸美纽斯（1592—1670），17
世纪捷克著名教育理论家和实践家，公共教育最早
的拥护者，资产阶级教育理论的奠基者之一。主要
著作有《母育学校》《大教学论》《语言和科学入门》
《世界图解》等。

扬·阿姆斯·夸美纽斯

一、作者生平

扬·阿姆斯·夸美纽斯的一生可以说是动荡的、起伏的、曲折的、磨难的。早在 12 岁时，夸美纽斯就失去了父母双亲，他的两位姐姐也相继夭折。他沦为孤儿，只能被寄养在姨妈家里。

1611 年，夸美纽斯进入德国赫尔伯恩大学学习哲学和神学。求学期间，他师从阿尔斯泰德教授，系统地进行教育思想的学习，这为他后来从事文化教育活动打下了良好的基础。在老师阿尔斯泰德研究"泛智论"的影响下，夸美纽斯也形成了以"泛智论"为核心的教育思想。

1614 年，夸美纽斯回到他的母校——普列罗夫拉丁文法学校就任校长一职。他一边进行教育实践的探索，一边进行教育理论的研究，写成了一系列代表作品。在《大教学论》这本书中，他系统地提出了一套完整的教育理论体系，第一次把教育学从哲学中独立出来，因此，夸美纽斯享有"近代教育巨匠""教育理论鼻祖""教育史上的哥白尼"等美誉。

二、为什么要写这本书

《大教学论》的产生，有其特定的时代背景，且受重要他人的影响。

背景一：特定的时代背景。

夸美纽斯生活在 16 世纪末到 17 世纪 60 年代，当时的欧洲正处于文艺复兴、宗教改革和启蒙运动之中，是封建社会开始瓦解、资本主义制度慢慢确立的一个时代。有学者表示，这是一个由封建社会向资本社会过渡的时代。夸美纽斯的世界观和教育思想中既充斥着传统的封建社会的渣滓，也富含了新兴资产阶级的进步成分。恩格斯在谈到这个时代时说："这是一次人类从来没有经历过的最伟大的、进步的变革，是一个需要巨人而且产生了巨人的时代。"

可以说，夸美纽斯生在一个过渡的时代、一个社会变革的时代、一个需要巨人的时代，把他的思想放在这样的一个历史背景中，才能理解他思想中的伟大、矛盾和冲突。

背景二：重要他人影响。

在当时的历史背景下，新兴资产阶级的革命，客观上促使了科学和技术的进步。当时，生物学、医学、地理学、天文学等学科取得了重大发现，这就为近代自然科学体系的确立奠定了基础。革命的推动、政治的变革、经济的发展、科学的进步促进人们进行社会思想的探索，这些思想的探路者就是夸美纽斯的重要他人，像我们熟知的莫尔的《乌托邦》、康帕内拉的《太阳城》、培根的《伟大的复兴》等著作就表达了对人类理想社会的向往。

在培根的影响下，夸美纽斯的老师阿尔斯泰德研究了"泛智论"，即要把一切知识交给所有的人。比如说，在学校教育中，要把涉及生物学、医学、天文学、音乐、读、写、算等各方面的知识都教给我们的学生，而这里所说的学生不单指端坐在教室里的人，而是所有的人。

还有一位重要的人是德国的拉特克，他是最早一位企图按照培根思想探索新教育方法的人。他想按照一种新的教学方法来更快地、更彻底地教会学生，使用本国语教学以达到统一语言，进而统一宗教和政治的目的。他的这些观点其实是夸美纽斯教育著作的起点。

虽然前辈思想家进行了一些教育思想的新探索，但当时并没有"系统的、完整的教育学"，还远远无法达到系统完整的教育学体系这样的程度，所以当时在教育领域摆出了一个问题：什么是完整的教育学体系？夸美纽斯的《大教学论》可以看作这种完整教育学体系建立的标志。

三、研究的核心：创建一种新的教学艺术

夸美纽斯写《大教学论》的核心，就是为了创建一种教学艺术，在这个教学艺术里，有教学方法、教学阶段、教学制度、教学原则、教学形式、教学内容等一系列的探讨。

第一方面，愉快教育。

夸美纽斯写作《大教学论》的主要目的在于："寻求并找出一种教学的方法，使教员因此可以少教，但是学生可以多学；使学校因此可以少些喧嚣、厌恶和无益的劳苦，多具闲暇、快乐和坚实的进步；并使基督教的社会因此可以减少黑暗、烦恼、倾轧，增加光明、整饬、和平与宁静。"他迫切地希望能够通过一种新的教学艺术去为国家教导好青年。夸美纽斯希望学校里多一点闲暇、快乐，希望社会上多一点光明、和平与宁静。在这样的一种希望中，蕴含着愉快的思想。

夸美纽斯最早提出愉快教育思想。在夸美纽斯教育思想的理论

基础里，人的终极目标是追求今生之外的世界，是要去和上帝一起享受永恒的幸福，这种幸福显然不仅仅是肉体的欢愉，还有德行的修炼、灵魂的塑造等，所以说，从幸福的角度出发，学校里的教育也要充满着欢乐与幸福，学生在这种欢乐中进行学习，取得进步。

第二方面，自然主义教育。

教学艺术也是自然主义教育思想的开端，自然主义教育要求顺应儿童的自然本性，按儿童年龄、兴趣、需要、能力的特点，引导儿童在实际活动中合乎自然地获得知识，自由自在地发展个性，以便培养出自然的和自由的资本主义新人。自然主义教育思想起源于夸美纽斯，后来卢梭将这种思想延续并加以创新，成就了自然主义教育的高峰。

《大教学论》的第五章谈到"学问、道德与虔信的种子自然地存在我们身上"，犹如树根深植于树下的土里一样。夸美纽斯相信人的今世需要修炼的三件事（学问、道德、虔信）都自然地内存于我们身上，教育应当慢慢滋养学问、道德、虔信的种子，让这些种子自然长成参天大树。所以，教育要遵照人本身的自然规律来进行，应当实施一种自然主义的教育。

第三方面，教育论。

虽然夸美纽斯认为的"学问、道德与虔信"三者的种子自然地内存于我们身上，但从内存的状态转为实际拥有的学问、道德和虔诚，还需要教育，需要学校及早地对青年进行共同的教育，需要一些教学论思想来推动这种转化的过程。所以说，夸美纽斯立足于愉快教育和自然主义教育思想，希望通过探索一些不一样的教学方法、教学原则以帮助改进教育。

四、研究的对象：泛智论、制度论与教学论

在夸美纽斯的教育思想中，他的理论根基为人定下了一个基调，即人要成为上帝，与上帝同在，与上帝一起共享永恒的幸福，正是这样的一种基调，意味着人的今生今世只是永生永存的一个预备阶段，要去往上帝的地方，需要苦练博学、德行和宗教。这三件事要求学生接受干预，也就是要得到教育，所以学校是必需的。为了保障学校的系统运行，建立相应的学校制度也是应当的。同样，学校教育需要教学原则和方法，它们也应当得以重视，这就是泛智论、制度论和教学论。

关键词一：泛智论。

泛智论是夸美纽斯教育思想的核心，是他从事教育活动的宗旨。所谓泛智教育，就是指要把一切知识领域里的精华教给一切的人。这种泛智教育蕴含着丰富的民主思想，号召人们不分阶级、不分差别地接受教育，从事劳动，可是矛盾之处就在于夸美纽斯的教育思想中暗含着"不同阶层的人接受教育的目的不一样"这一观念。也就是说，上层人接受教育是为了更好地统治，下层人接受教育是为了更好地服从统治。这个观念和泛智教育本身所倡导的人们受共同的教育的民主思想是相冲突的，或者说，夸美纽斯教育思想中的泛智教育的民主不是十分彻底，这和前面所谈到的他当时所处的时代背景是有着极大关联的。尽管他的这种泛智教育有着自身的局限性，但夸美纽斯的整个思想中始终都弥漫着一种民主的、要求进步的、革新的教育理念。

关键词二：制度论。

在《大教学论》中，他提出了这样的一个学制，按照儿童入

学年龄的不同将教育划分为四个阶段，各个阶段对应的教育机构分别是母育学校、国语学校、拉丁语学校和大学。母育学校也被称为"母亲膝前的学校"，母育是指从儿童出生到6岁这一段时期接受的教育，其教育场所主要是在家庭里，母亲就是孩子的第一任老师。在母育学校时期，主要是为儿童未来的发展奠定基础。随着孩子不断长大，他要进入国语学校接受初等教育，这时的主要任务是学习读、写、算、宗教、天文等科目，以训练感官、想象力以及记忆力。而拉丁语学校是一所中等教育性质的学校，夸美纽斯认为每个城市都应当设立一所拉丁语学校。由于拉丁语学校主要是为高等教育做准备的，因此应当提供通识的、百科全书式的知识。到了大学这个机构里，学生应当形成某种职业的专业知识和素养，比如说律师、医生、教师等，同时，大学不仅承担了培养学生成为职业人的功能，还肩负着进行科学研究的功能。夸美纽斯提出的学校制度是一种自下而上的、统一的单轨学制。

在谈到学校管理的时候，夸美纽斯主要提到了班级授课制、考查和考试制度、学年制和学日制、督学制度。班级授课制是为了服务于普及教育的思想，能够在短时间内对大量学生进行教育。其主要形式是一批学生按照知识水平和岁数进行分班，然后每班由一个教师对全班学生进行授课，在班级内部，把学生分成一个个的小组，设立组长。同时，班级的教学计划、使用的教材、作息时间都是统一规定好的，以达到整齐划一、保障效率的效果。我们无法否认班级授课制是有好处的，它可以对大批量的学生进行教育，有利于普及教育的扩大化，同时，在班级中，学生与学生之间的交流互动，老师和学生之间的互动，都有利于一种教育氛围的形成，这为人与人之间的互动提供了非常适宜的环境和条件。除此制度之外，还应当建立起与班级授课制相配套的制度，即考查和考试制度，其包括学时考查、学日考查、学月考查、学年考查。通过这样的一种考试制度的选拔功能，合格的学生可以进入下一阶段的学习中去，不合格者就需要重修或者说是退学。我们现在熟知的春学期、秋学期、第一学年、第二学年、一日作息表等教育术语都是来源于夸美纽斯的学年制和学日制。他的考查制度体系为所有学校划定了统一入学和放假的时间，规定了学生的每日作息时间表，这种统一的制度是可以为学生的入学时间、学业进度、学习情况提供保障的。在夸美纽斯论学校管理中，他还提到了督学制度，学界通常把他看作西方教育史上倡导国家设置督学的先驱，督学的主要职能就是要监督学校的管理和办学情况、检查学校各项工作的开展等。

关键词三：教学论。

在《大教学论》中，他阐述了教学原则，主要有直观性原则、量力性原则、循序渐进原则、巩固性原则、启发诱导原则和因材施教原则。

所谓直观性原则，就是指教师摆在学生面前的是真实事物，因为夸美纽斯是个感觉论者，他认为感觉是获取知识的基础，知识来源于感觉，感觉里没有的东西，在知识里也不会有。如果这个真实事物比较难以呈现，那就要通过模仿实物的方法编造一个模拟物或替代物来解决这个问题，这种直观教学的方法在教育中已经被普遍地应用了。

量力性原则就是指科学的教学应当是根据儿童的年纪和他本身的能力来进行的，这种思想其实是延续了古代罗马著名的教育家昆体良的"紧口瓶子"的思想，这个思想说的是，当你打算把水倒进一个小口的瓶子里时，你必须慢慢地、一点一点地倒，而不是一下子把水都往里倒，如果倒得过快，力量过大的话，会导致瓶子里没有水或者只有一点点水，剩余的水都洒在了地上，只有按照瓶子本身的小口特征和它的容量，采用量力的方法，水才能都倒进去。这里的瓶子就是指学生，倒水的人是教师，水就是知识。

除此之外，他还提出了循序渐进原则和巩固性原则。循序渐进原则是指学校要制订一套详细系统的学习计划，要把教材里的知识精华系统地进行串联组织，以便于学生更好地、更彻底地学会这些知识，比如采用由易到难、由熟悉到陌生的方法进行教学。巩固性原则是指学生学习了知识之后，及时地进行巩固也是非常需要的，要把学生的基础知识打牢，然后在此基础上再进行一些细节知识点的传授。

最后两条原则是启发诱导原则和因材施教原则。启发诱导原因就是要激发儿童求知欲，促进儿童把内在于自身的种子长出来，长成参天大树，所以儿童教育应当充分尊重儿童的自然规律，不能拔苗助长，超前学习。因材施教原则是指教学要根据学生的年龄和能力来进行，要重视每一位学生的心理和具体能力，依据个人的实际情况来进行教学。

五、研究的思路：日记的随笔—实践的探索—思辨的张力

夸美纽斯写作《大教学论》的研究思路是比较清楚的，主要是通过日记的随笔、实践的探索和思辨的张力三者进行交互的研究。

● 日记的随笔。他在打算创作这本书的时候，已经进行了一些相关的研究工作，通过记笔记、写随笔的方式保存了一些手稿，可惜的是，在战争年代，夸美纽斯妻离子散、家

破人亡，手稿几乎完全遗失了。

● 实践的探索。尽管手稿遗失了，但思想的力量还在，思想的这种冲动并不会消失。夸美纽斯就任普列罗夫拉丁文法学校校长的时候，他还进行了大量的阅读和实践探索。夸美纽斯将个人的思考、阅读的力量和实践的探索放在一起，来研究自己的问题，即"寻找一种教育艺术"。

● 思辨的张力。在研究者们尝试对教育学基本理论进行更新时，常常苦恼于没有先进的技术手段来更新教育学理论框架，但其实，思辨研究或者理论研究本身就有着不可忽视的价值维度。国内学界常常探讨教育学是一门科学还是一门艺术，教育学自身的学科定位问题已经成了如何看待教育学的一个关键，因为在科学和艺术之间既有共同点，也有不同点，所以关于教育学自身的科艺之争，直到今天仍然没有得到解决。而解决这个问题还需要我们不断地借鉴夸美纽斯的研究思路，也就是日记的随笔、实践的探索、思辨的张力三者交互的方式，从而形成我们自己关于教育的认识。

六、拓展阅读

（1）《课程与教师》/佐藤学著
（2）《中世纪大学》/雅克·韦尔热著
（3）《我们的孩子》/罗伯特·帕特南著

扫码获取附赠资料

17

《爱弥儿》：儿童到底需要怎样的教育

法国资产阶级的革命先驱者——让·雅克·卢梭

　　卢梭（1712—1778），18世纪法国启蒙运动的伟大思想家、哲学家、教育家、文学家，资产阶级革命先驱者，民主政论家和浪漫主义文学流派的开创者。一生著述颇丰，较有代表性的作品有《社会契约论》《爱弥儿》《新爱洛伊丝》《忏悔录》《论人类不平等的起源和基础》等。

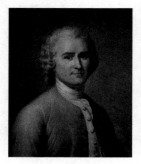

让·雅克·卢梭

一、作者生平

1712 年 6 月 28 日，让·雅克·卢梭出生于日内瓦共和国。他的父亲依萨克·卢梭是新教教徒、钟表匠。卢梭是父母的第二个儿子，他出生后几天母亲就去世了。

他 10 岁前的童年生活还是很愉快的。他的父亲喜欢古希腊、古罗马经典，曾亲自指导小卢梭阅读，这让卢梭在幼年时期便对古希腊民主政治产生了浓厚的兴趣。但好景不长，卢梭 10 岁时，父亲因和人产生纠纷，诉讼失败，逃往里昂，卢梭过上了漂泊不定的生活。他从未接受过系统的学校教育，只是断断续续从牧师或家庭教师那里学习过一些零碎的知识，他的学识基本上是靠自己生活经验和业余阅读得来的。

卢梭当过学徒、仆役、私人秘书、乐谱抄写员，一生颠沛流离，历尽艰辛。1749 年曾以《科学与艺术的进步是否有助敦化风俗》一文而闻名。1762 年因发表《社会契约论》《爱弥儿》而遭法国当局的追捕，避居瑞士、普鲁士、英国，1778 年在巴黎逝世。

二、为什么要写这本书

卢梭深入思考过很多问题，他赞美"自然人"、讨论人与人的关系、分析自然与自尊的情感作用、批评科学让人性堕落，这些内容或深或浅、或多或少都蕴含在《爱弥儿》一书中。其中有对自身人生经历的反思，但更多的是寻求解决社会问题的方法，只是选取了教育角度来进行说明。

卢梭认为，《爱弥儿》是他最具洞察力的奠基性作品。他在给朋友写的信中评价这本书是一部相当哲学化的著作，深化了他在其他作品中谈及的"人性本善"的原则。《爱弥儿》中创造的"爱弥儿"，是卢梭理想的儿童教育的对象。这本书有几个写作背景。

1. 卢梭童年家庭教育的缺失

因为母亲在卢梭出生后几天就去世了，所以他没有关于母亲的任何记忆，在没有母爱的环境中长大，导致卢梭缺乏对亲密人际关系的认知，在与人交往中往往茫然无措。

卢梭 10 岁时，他父亲与一名军官发生了争斗，为了避难，逃亡去了法国里昂。继续留在日内瓦的卢梭，不得不去舅舅家生活。舅舅对卢梭还不错，卢梭在舅舅家所在的波塞村度过了一段美好的田园时光。在这期间，卢梭还跟着一位乡村牧师学习了拉丁文、绘画及数学，这是卢梭唯一的一段接受正规教育经历。

几年后，卢梭的父亲在法国再婚，这让卢梭有了被抛弃的感觉，他不得不开始打算自己以后的生计。后来卢梭去了一家雕刻行当学徒，而卢梭和雕刻师傅的关系很紧张。雕刻师傅古板又不近人情，卢梭总是挨打。正值青春期的卢梭选择了逃跑，从这时起，他开始了四处流浪的生活。

2. 与华伦夫人的恋情

16 岁的卢梭对华伦夫人一见钟情。尽管华伦夫人离过婚，且比卢梭大整整 12 岁，但卢梭依然沉迷于恋情。卢梭与华伦夫人这种特殊的关系，从社会角度讲，是不合理的。但从卢梭的角度讲，却是合情的。

卢梭从小缺失母爱，对比他年龄大的女性有种补偿式的依恋感。又因为缺乏父母的教导，年轻的卢梭没有形成正确的家庭观念。好在卢梭在以后的人生中，逐渐对自己的行为进行了纠偏，没有再做出什么劲爆的荒唐事。

卢梭在《爱弥儿》一书中，多次表述了要对适当年龄的儿童进行适当的感情引导，这在某种程度上也是卢梭对自己叛逆的青春期行为的反思。

3. 把孩子送到福利院

大约在 1740 年，卢梭与华伦夫人的关系渐渐走向尾声，他又开始了新的流浪。卢梭先后到过许多地方，干过各种不同类型的职业。

1744 年，卢梭到了法国巴黎，这是他人生的转折点。一方面，卢梭开始与巴黎新兴的激进知识分子结识，尤其是狄德罗。卢梭参与了狄德罗任主编的《关于科学、艺术和手工艺的详解词典》的编写工作，撰写了音乐家、政治经济学等条目，这开启了他学术生涯的大门。卢梭的第一项学术成果，就是《论科学与艺术的复兴是否有助于使风俗日趋淳朴》，他认为先进的科学与艺术在某种程度上败坏了道德，这个观点在社会上产生了巨大反响，让卢梭一夜成名。

另外，卢梭认识了戴莱丝·瓦瑟，她是一名洗衣店女仆，长得不是很漂亮且目不识丁、生活贫困，是巴黎社会最底端的人。但卢梭却喜欢上了她，和她生活在一起。他们一共生了 5 个孩子，都没有抚养，把孩子全送进了儿童福利院。卢梭解释说，他太穷了，身体又不好，根本养不起孩子，把孩子送进福利院，至少能衣食无忧。

卢梭把绝大部分精力都投入高强度的研究中。1752年，卢梭完成了《乡村占卜师》的词曲创作，这是他最有名的音乐作品；1753年，卢梭写出了《论人类不平等的起源和基础》，这是他最重要的论文之一；1756年，卢梭写完了《政治道德论》；到了1761年，卢梭最负盛名的《社会契约论》和《爱弥儿》也完稿了。

三、研究的对象：婴儿期、童年期、少年期、
青春期的四个教育阶段

《爱弥儿》一书的内容集文学、教育学、哲学于一体。卢梭以文学虚构的方法，设计了两个主人公：一个是爱弥儿，是现实中没有的人；另一个是"我"，是卢梭的化身。卢梭在《爱弥儿》这本书中建构起了一个教育的"理想国"，以爱弥儿的教育为例，依据人身心发展的自然进程，将教育划分为四个阶段。

第一，婴儿期教育。

卢梭认为，"教育始于生命的诞生"。每个人出生后都是大自然的学生，教育要按照自然规律对儿童施加影响。对于这个阶段儿童的身体，要让他保持自然习惯，他想做什么，就应该让他做什么。卢梭痛批那种按照成人的喜好去管理儿童的行为，比如把儿童包在襁褓里、按照时间表哺乳，前者会让儿童感到痛苦，后者等于是暴力胁迫了。卢梭尤其看重体育，他认为儿童要多和大自然接触。对于这个阶段儿童的精神，卢梭认为要依从儿童自由自在的感觉，让儿童充分地活动。也就是通过对儿童感官的训

练，来提高他的认知能力。

第二，童年期教育。

卢梭提出了"消极教育"的观点，他认为"最初几年的教育，应当纯粹是消极的"。尽管儿童的感官在发展，但没有形成理性思维，这个阶段的教育还是要锻炼儿童的身体和感官，"促进他们的快乐，培养他们美好的本能"，而"绝不要剥夺大自然给予他们短暂的美好时光，否则将追悔莫及"。

卢梭反对超前教育，他主张不要让教育为了不可靠的将来，而牺牲儿童的现在，强迫儿童去学习大量的知识，理解他尚不能理解的道德观念，学不好还要恐吓、惩罚他，否则，只能得到完全相反的效果，让儿童心生罪恶，产生谬见。

第三，少年期教育。

少年时期可以让儿童接受智育。智育的内容要保证有用，要能被儿童理解。一方面，卢梭反对知识的过量灌输，而注重培养儿童的能力，他认为"问题不在于告诉他一个真理，而在于教他怎样去发现真理"，让儿童行以求知。另一方面，卢梭反对学习远离实际生活的理论知识，主张学习有职业实利的学科。

劳动教育是最好的教育，比如爱弥儿学干农活，也做木工，既锻炼了身体，同时还可以提升审美与创造力。爱弥儿既有理性的头脑，又能参与劳动、从事生产，这些都是一个独立的人在社会生活中不可或缺的。

第四，青春期教育。

青春期被卢梭称为暴风雨时期，是人生的重要阶段。这个阶段要接受道德教育，培养儿童善良的情感、正确的判断和良好的意志，成为精神自由的人。卢梭讨论了对爱弥儿进行的博爱、正义的教育，使爱弥儿具有了"爱人类"的心。

四、研究的核心：自然主义教育观

卢梭借助爱弥儿，描述了他所认可的儿童教育思想。卢梭的教育思想聚焦于自然主义教育观。他认为教育有三种：受之于自然，让我们的器官和才性得以内在发展，这是自然的教育；受之于人，别人教我们如何发展自己的能力，这是人的教育；受之于事物，在所处环境中受到了影响，这是事物的教育。教育要成功，必须使三者相互配合，朝着一个共同的目标行进。如果三者互相冲突，达不到共同的目标，就是失败的教育。

观点一：教育要坚持自然。

自然的教育是人所不能控制的，只能让也必须让受控制的人和事物的教育，去配合自然的教育。也就是说，教育要始终坚持一个明确的目标：自然。

卢梭讨论的自然有两层意思：一是指自然界，教育要顺从自然的法则；二是指人的天性，教育要保护、发展人善良的天性。《爱弥儿》全书的第一句话就说："出自造物者之手的东西，都是好的，而到了人的手里，就变坏了。"在卢梭看来，后天教育中有许多不良因素，这些因素违背了自然，扼杀了人的天性，"像一株偶然生长在大路上的树苗，让行人碰来撞去，东弯西扭，不久就弄死了"。要想改变这样糟糕的教育，找到正确的方向，"就要始终遵循大自然的指引"。在"自然"的大目标下，教育要接近自然、归顺自然、取法自然，最终的目的也是培养"自然人"。

"自然人"是以自然为师，身心协调发展、能自由成长、自食其力、不受传统束缚、可以适应社会生活的人。正如卢梭所说："爱弥儿并不是一个奔逐荒野的野蛮人，他是一个要在城市中居住的野蛮人。"自然人不是纯粹生物性的人，他们接触到了近代城市文明，是善与人处、能尽社会职责的社会成员。"自然人"无论处于何种地位和从事何种职业，在任何情况下，他都能坚守做人的本分。

卢梭的美好理想是：在一个理性的国家中，社会不束缚人、不异化人，"自然人"的自由和平等能得到保障，自然人就会成为既坚持自由、平等的原则，又能遵纪守法，既有独立自主精神，也能服从国家利益的公民。卢梭寄希望于培养越来越多的"自然人"，这样就能慢慢组建起理性的国家。

观点二：原则是把儿童当作儿童。

卢梭自然主义教育观的原则是：把儿童当作儿童。卢梭猛烈抨击把儿童当作成人看待的教育，因为这种教育违背了儿童身心发展的规律，过早地使用了儿童未成熟的心灵，犯了本末倒置的错误。在教育内容上，这种教育习惯于把成人的思想观念强行灌输给儿童；在教育方法上，这种教育施行脱离儿童实际的教条主义，导致儿童身心有这样那样的缺陷，让本来天真无邪的儿童变得老态龙钟。就像卢梭打的比方："我们就会造成一些早熟的果实，长得既不丰满也不甜美，而且很快就会腐烂。"

把儿童当作儿童，要把儿童放在教育的中心，主要包括三点：一是要考虑儿童的利益，遵循儿童的身心发育水平，按照儿童的年龄特点和心理特征去教育，而不是让学生被动接受成人的说教；

二是要了解儿童的个性，因材施教，而不是"一刀切"，用相似的想法统一替代他们的想法；三是不要用成人的标准去评价儿童教育，不要急于作出或好或坏的评判，也不要对儿童施加外界的惩罚，因为他们往往不知道错在哪里，而应该让他们从经验中取得教训。

五、研究的思路：生活、音乐、文学、哲学、社会

卢梭的思想火花，是在思考生活、音乐、文学、哲学、社会中碰撞出来的，带有卢梭独特的气质。卢梭凭借《爱弥儿》这本书跻身于教育家的行列，靠的正是他对社会的冷眼批判、对人类的终极思考。卢梭自己也声称《爱弥儿》不是纯粹论述教育问题的实践性文章，而是哲学思想之作。《爱弥儿》一书，围绕着儿童教育这个中心，对人生哲学、艺术美感、虚构故事进行了三重融合。

- 生活。卢梭没有接受过正规教育，但他在日积月累中，获得了多学科的知识，并将其融会贯通。卢梭在与华伦夫人交往时期储备了大量知识。华伦夫人有藏书，也有经济能力支持卢梭借书、买书。卢梭大量涉猎了哲学、历史、文学、数学及音乐理论等，打下了坚实的知识基础。

- 社会。卢梭用数年写完的《忏悔录》一书，被誉为"浪漫主义自传的典范"。在《忏悔录》的开篇，卢梭说，他打算"把一个人的本来面目真实地呈现在人们面前"。卢梭回忆了不光彩的过往，他曾有过自私心理，有过变态行为，曾卑劣地嫁祸于人，曾不仁不义地抛弃过朋友；也记录了

人生的高光时刻，欧洲权倾一时的君主为他的剧作惊叹。卢梭用深情的笔触描绘了一个人的性格形成、情感经历和离奇生活，显示了一位思想家坚定的精神信念和巨大的道德勇气。

- 哲学。《爱弥儿》蕴含了作者对人生哲学的思考。他以学徒时做过的一件坏事来说明"儿童第一步走向邪恶，大抵是由于他善良的本性被人引入歧途的缘故"，这正是《爱弥儿》所要阐明的重要观点之一。《爱弥儿》强调通过自然的教育培养一个真正的人，卢梭对自我的刻画与剖析，就是将他抽象的人生哲学具象化了。

- 音乐。卢梭骨子里是浪漫的，这源于音乐对他的熏陶。卢梭有一段时间很钟情于音乐创作，也曾在音乐领域大放异彩。卢梭创作了《乡村占卜师》并被搬上舞台，在枫丹白露宫为法国路易十五演出，路易十五对其好评连连，还打算赐予卢梭奖金。不过，很少按照常理出牌的卢梭，并没有去领这份额度不小的钱。

- 文学。卢梭擅长写小说，他在 1791 年出版了《朱莉》一书。这部小说写了女主人公朱莉与她的家庭教师圣普乐、她的丈夫沃尔玛爵士之间的情感纠葛。小时候，朱莉陷入对圣普乐的迷恋，但是遭到家庭的反对，还导致了一系列糟糕事件的发生，最后圣普乐离开了。朱莉因自己的年少无知而忏悔，后来听从父亲的话，嫁给了沃尔玛爵士。当圣普乐回来后，朱莉却再一次因于感情，和他纠缠不清。直到朱莉走到了生命的尽头，依然无法割舍这段感情。在卢梭笔下，朱莉是在与自我情感、社会伦理进行对抗，实则是卢梭对自然人、社会人的不同人性的思考。

六、拓展阅读

（1）《学前儿童发展心理学》/ 陈帼眉著

（2）《阿诺德论教育》/ 托马斯·阿诺德著

（3）《忏悔录》/ 让·雅克·卢梭著

扫码获取附赠资料

18

《普通教育学》：科学理论体系的建构

科学教育学的奠基人
——约翰·弗里德里希·赫尔巴特

约翰·弗里德里希·赫尔巴特（1776—1841），19世纪德国哲学家、心理学家，科学教育学的奠基人。

在近代教育史上，没有任何一位教育家可与之比肩，他的教育思想对当时乃至之后百年来的学校教育实践和教育理论的发展产生了非常巨大、广泛而又深远的影响。

Johann Friedrich Herbart.

约翰·弗里德里希·赫尔巴特

《普通教育学》以哲学和心理学为基础，系统论述了教育学的理论体系，该著作的出版标志着教育学作为一门独立学科诞生，赫尔巴特也因此被誉为"科学教育学的奠基人"。

一、作者生平

1776年，约翰·弗里德里希·赫尔巴特出生在奥尔登堡的一个司法官家庭。长大后，在耶拿大学师从费希特学习哲学。大学毕业后，前往瑞士任家庭教师，负责教育一位贵族的三个孩子。在两年左右的教育实践中，赫尔巴特获得了大量的教育经验，这成为他日后进行教育理论探索的重要资源。

他在系统的实践哲学与观念心理学基础上，以伦理学阐述目的、心理学论证方法、实验学校为实践基础，建立起近代教育史上第一个具有严密系统的经验教育学体系，成为科学教育学诞生的重要标志。

在将心理学知识运用于教育的探索中，在寻求科学依据构建完整教育学体系的过程中，赫尔巴特开始并完成了他的教育心理学化。"作为心理学家的赫尔巴特，在教育史上留下了最持久的影响：他努力使教育从形而上学中解脱出来成为一门独立的科学并激起这一领域的革命性变革。"

1805年在格丁根开始讲授哲学，1809年去哥尼斯堡大学接任该校康德哲学教席，在那里他创办了实验学校。1833年他回到格丁根担任哲学教授直到去世。

二、为什么要写这本书

本书是在当时社会和经济生活的进步对教育提出更高的要求，而教育内部的发展不能满足这种要求的社会背景下写作而成的。赫尔巴特本人良好的心理学和哲学修养促使他对教育学产生独到的、科学的见解，从而为解决当时的教育问题提供了良好的思路。

在赫尔巴特之前，已经有夸美纽斯、裴斯泰洛齐、卢梭等教育家对教育教学进行了各式各样的设想，但是赫尔巴特并不盲目赞同他们的设想。赫尔巴特认为卢梭的教育理念违背了教育学的节奏，可行性不大。对于裴斯泰洛齐，赫尔巴特衷心敬佩并积极效仿。不过，赫尔巴特认为"裴斯泰洛齐的教育思想是不成体系的，在他那里找不到逻辑性和系统性"。他想走的是一条前人没有涉足过的荆棘之路，那就是把教育学建设成为体系化的学科。

在赫尔巴特所处的时代，工业革命的发展对劳动力素质提出更高的要求，进而对教育也提出了更高的要求。与之矛盾的是当时的教育还存在不少问题，比如传统的教育教学方法不能适应人们对教育提出的要求，教师素质参差不齐也导致教育质量得不到保障。是否存在一套原理能够让教育更科学化，进而保证教育质量？这是赫尔巴特一直思考的问题，《普通教育学》中阐述的思想就是他对这个问题的解答。

另外，赫尔巴特个人的经历对他在教育方面的反思也产生了较大影响。在实践方面，赫尔巴特大学毕业后应聘成为三个贵族孩子的家庭教师，通过观察他获得了大量的实践经验。在理论积累方面，他在哥尼斯堡大学担任康德哲学教席，体现出了他深厚的哲学修养。同时，赫尔巴特在心理学史上也有一席之地，人们对他的评价很高。他应用了许多数学模型来说明人的心理活动，为实验心理学的形成和发展开辟了道路，著有《心理学教科书》。总的说来，赫尔巴特以丰富的经历和对教育特有的兴趣与禀赋，在哲学和心理学的基础上建构出他的普通教育学体系，而这种体系可以说是前所未有的。

三、研究的核心：如何构造科学教育学

赫尔巴特把教育学与心理学结合起来，教育从而成为一种科学，称为"教育学"，而不再只是"教育思想"。对于如何建构科学的教育学的问题，赫尔巴特把它分解成了三个小问题，分别是：教育要达到什么样的目的？教育又应当如何实现这些目的？我们如何让教育成为科学的教育？

他遵循的脉络是：首先为教育学指明可能的目的和必要的目的，然后提出三个理论指导实践，同时为三个教育学理论找到哲学和心理学基础，从而体现出科学性，自此构建出科学教育学体系。

首先，伦理学和心理学作为双重理论依据。

正如他所说："教育学作为一门科学，是以伦理学和心理学为基础的。伦理学指明目的，心理学指明途径和手段。"在赫尔巴特的教育思想中，伦理学主要起着价值规范的作用，为教育目的和基本方向的确立提供依据，而心理学为实践教育目的确定方法和手段。

其次，两个目的，三个过程。

教育目的是出发点，分别是可能的目的和必要的目的。可能

的目的是培养儿童多方面的兴趣，让儿童在成人阶段能够寻找到合适的职业；必要的目的是养成内心自由、完善、仁慈、正义、公平的道德性格，帮助儿童成为道德的人和合格的社会成员。赫尔巴特认为，为了实现这些目的，需要一些能够指导教育过程和教育实践的理论，于是，他分别提出了教学理论、课程理论和德育理论，其中都包含着丰富的儿童思维活动、兴趣活动等心理学知识。

四、研究的对象：教育目的、教学理念、德育理论

本书的核心思想是赫尔巴特提出的教育目的及其引出的教学理论和德育理论。其中，教育目的包括可能的教育目的和必要的教育目的，可能的教育目的是形成学生多方面的兴趣，必要的目的是培养学生良好的道德性格。教学理论包括教学进程理论和教学形式阶段理论。

关键词一：教育目的。

赫尔巴特认为，人要追求的东西不是单一的而是多方面的，那么教育者在进行教育时自然也应该考虑多方面的目的。所以他提出，教育目的包括可能的目的和必要的目的两种。

一方面，可能的目的是让儿童发展多方面的兴趣，成为身心和谐的人。兴趣的发展是为了让每个人至少精通一种工作，因为只有社会上每个人精通自己的工作，各司其职才能把事情做好。但是分工太细，人与人之间会变得陌生，在职业上也无法沟通和相互学习。所以教育的任务就是让每个人都接受多方面的事物，

学生在进入社会之后能够热爱各种工作，同时又精通一种工作，这会让社会的发展达到最佳的状态。

另一方面，必要的目的是帮助儿童养成内心自由、完善、仁慈、正义、公平的道德性格，具体的含义我们在德育理论部分还会提到。赫尔巴特认为，许多人把道德看成是一种约束，很少有人发自内心地把它作为行事的原则。因此需要通过教育把"他律"的道德转化为"自律"的道德。

关键词二：教学理论。

赫尔巴特提出了课程理论和教学理论。在此之前我们先看看它们的理论基础，也就是著名的统觉理论以及关于兴趣活动的观点。

第一个方面，统觉理论和兴趣。

教育学必须以心理学为基础，统觉理论就是赫尔巴特为科学教育学体系找到的心理学理论基础之一。统觉理论的基本含义可以简单表述成这样一个过程：当人通过视觉、听觉等感官接收到外界的刺激后，如果这种刺激唤醒了人们头脑中已经有的相似的观念，有可能会出现两种不同的情况：一种是新的刺激与已有观念相结合，形成更加牢固的认识，巩固这种认识在头脑中的地位；另一种是新的刺激与已有观念可能有所不同，二者相互斗争，最后只有一种会停留在人的意识当中，形成统觉团。

兴趣和欲望具有相同之处，它们让人面对一个事物时，无法做到漠不关心，而是会时时注意。区别在于，兴趣是不支配人的，而是依赖于人的；而欲望是支配、控制人的，让人不能自由控制自己的思想。无论学生把玩游戏当作一种兴趣还是欲望，他都会对有关游戏的各方面表现出关注、积极的态度。如果只是兴趣，学生可以自由控制时间和频率，比如每周末玩两个小时；但如果是欲望，学生可能会表现出玩物丧志、无心学习的状态，甚至他自己都是不由自主的。所以在课堂教学的过程中，教师必须努力引起学生的兴趣，并且抓住学生的兴趣，不然学生可能会被其他和课堂无关的东西吸引，不自觉地出现开小差的现象。

第二个方面，教学进程理论。

赫尔巴特的教学进程理论是以统觉理论为基础的，他认为统觉过程的完成包括三个环节：感官的刺激、新旧观念的分析和联合、统觉团的形成。统觉过程是学生大脑思考和运作的过程，相对应的教学进程，赫尔巴特也提出了三个环节，分别是：单纯的提示教学、分析教学和综合教学。这三种教学阶段之间的衔接，就产生了他所谓的"教学进程"。

- 首先是单纯的提示教学，也就是直观教学。在这一阶段，儿童通过感官运用，得到一些与以往观察过的事物相类似并且有关联的感觉表象或刺激，从而为观念的联合做准备。比如学生已经学习过"圆"这个图形，教师在进行"椭圆"这一新图形的教学时，可以先通过两个图形的对比让学生观察区别，从而使学生在两个图形之间建立联系，加深印象。

- 其次是分析教学。这是对不同表象进行区分，帮助学生进行观念或知识的融合，加深学生对知识的理解。比如教师可以把一个事物的组成部分或特征等告诉学生，也可以通过谈话或问答进行，必要时还可以采用讨论或辩论的方式。

- 最后是综合教学。它是将分析教学的结果加以重新组合，获得新知识和概念。这个层次的教学对学生的综合学习能力有了更高的要求，在学习中不能只满足于教师教给我们的书本上的知识，而应该进行更广泛的思考，比如圆和椭圆在生活中有哪些不同的运用，它们的优势分别是什么等问题，只有将特殊上升到一般，将理论转化为实践才能更好地吸收知识。

第三个方面，教学形式阶段理论。

教学形式阶段论以赫尔巴特对兴趣的认识为基础，赫尔巴特将兴趣活动分为四个阶段：注意、期待、要求、行动，并指出儿童在学习活动中有两种思维状态，分别是专心和审思。课堂上教师应该把握教学的节奏，明白学生的兴趣和思维是如何变化的。

- 教学的第一个阶段是明了。在这一阶段，教师运用叙述、讲解的方式传授知识，把教材分解为许多部分，向学生进行说明，方便学生领悟和掌握。相对应地，对于学生来说，此时的思维处于专心的状态，这也是学生兴趣的第一阶段，学生注意到了新事物。

- 教学的第二阶段是联想，说的是教师通过和学生自由谈话把新旧观念结合起来。这个阶段学生的思维还处于专心的状态，此时的兴趣阶段是"期待"新的知识，学生产生想了解问题、解决问题的好奇心。

- 教学的第三阶段是系统。在教学过程中，教师综合新旧知识，帮助学生寻找结论和规则，让学生学会如何把观念系统化，形成概念。这个阶段学生的思维是审思的状态，赫尔巴特将这个阶段取名为要求，也就是学生要求自己掌握相关的知识或者说新事物。

● 教学的第四阶段是方法，是指通过练习把所学的知识应用于实际，比如做作业、写文章等，检查学生对新知识的理解是否正确。这个阶段学生的心理表现为审思的状态，兴趣点在于进行行动，运用所学的知识。

关键词三：德育理论。

赫尔巴特德育理论的理论基础是实践哲学和伦理学，这可以从他对道德性格的理解中看出来。具体来说，德育的任务是养成内心自由、完善、仁慈、正义和公平五种道德性格。

内心自由要求人们明辨事物的真伪、善恶和美丑，只受制于内在的判断，而不受外在因素的影响；完善是指多方面的发展，要求人具有完美的理想和实现志向的坚强毅力；仁慈是指人能够不顾个人得失，与人为善，协调自身和他人或社会的意志，以免发生冲突；正义要求人们守法，发生冲突时通过法律进行协调；公平可以理解为善有善报、恶有恶报，也就是赏罚分明的公平观念。

总的来说，我们可以把内心自由、完善看作是个人道德，而把仁慈、正义和公平概括成社会道德。只有把个人修炼好，同时懂得与他人、与社会和谐相处，才是一个有道德的人。

德育理论中还提到了"教育性教学原则"，当然我们不能把这个教育理解为智育或广泛意义上的教育，而应当理解为德育，这一点是与现在常见的理解有差异的，也是我们理解这个原则要牢记的。教育性教学原则的含义就是通过教学来进行教育，或者说德育。赫尔巴特认为知识和道德之间具有直接的内在联系，教学是对儿童进行道德教育的主要途径，任何教学过程都必须有教育作用。

五、拓展阅读

（1）《学校与社会》/ 约翰·杜威著

（2）《民主主义与教育》/ 约翰·杜威著

（3）《教育漫话》/ 约翰·洛克著

扫码获取附赠资料

19

《道德教育》：以科学理性培养共和国的未来公民

社会学的学科奠基人——涂尔干

涂尔干（1858—1917），法国社会学家，社会学奠基人之一。主要著作有《社会分工论》《社会学方法的规则》《自杀论》《宗教生活的基本形式》等。

涂尔干

一、作者生平

涂尔干 1858 年 4 月 15 日出生于法国一个小城镇的犹太教教士家庭。幼年曾学习希伯莱文、旧约和犹太教法典。青年时代放弃了宗教信仰，走上实证科学的道路。1879 年，就学于巴黎高等师范学校，1882 年毕业。1882—1887 年，在省立中学教书。其间赴德国一年，学习教育学、哲学、伦理学，深受 W. 冯特实验心理学的影响。

1887—1902 年，他在波尔多大学教书，并在那里创建了法国第一个教育学和社会学系。1891 年，被任命为法国第一位社会学教授。1898 年，创建了法国《社会学年鉴》。围绕这一刊物形成了一批年轻社会学家的团体——法国社会学年鉴派。

1902 年后他执教于巴黎大学。第一次世界大战中断了这位反战学者的学术研究，他的儿子和许多学生死于战场，他受到极大的刺激。1917 年 11 月 15 日在巴黎去世。

二、为什么要写这本书

从 19 世纪 80 年代初期开始，法国政治动荡，党争激烈，教育权成为共和派与天主教之间的争斗焦点之一。涂尔干见证并深度参与了这场伟大的教育革命，他期望新的教育事业可以起到弥合社会分裂，恢复社会平衡和稳定的作用。他的个体经验为他的教育研究和实践提供了重要的支撑。也是因为此，才有了《道德教育》。

背景一：社会动荡。

1789 年大革命之后，法国几乎尝试了每一种可以想得出来的政体形式，政治状态一直不稳定。1875 年，国民议会刚刚起草完成了奠定新共和国基础的宪法法案，法国就陷入第一场政治危机。之后，一系列的政治危机使得政府的倒台成了第三共和国的家常便饭。截至第二次世界大战时法国被德国占领，第三共和国结束，其间共有 107 个内阁垮台，几乎平均每年有两个内阁垮台。

在此期间，教育问题是当时政治斗争的核心问题之一，激进共和派与天主教势力之间展开了激烈的争斗。19 世纪 80 年代之前，教会一直控制着法国的中小学教育，一是因为在法国天主教具有强大的传统势力，二是因为法国政府不能提供足够的公立学校供孩子们就读。当时，半数男孩和几乎全部女孩都在天主教会兴办的学校里上学，即使在公立学校，教师中也有许多神父、修士和修女，同时宗教课程也是必修课。

在历次社会动乱中，天主教神职人员都扮演了十分重要的角色，当时共和派人士认为，教会对教育的控制正在让年轻人成为共和国的敌人。在总理费里的领导下，从 19 世纪 80 年代早期起，共和派采取了一些措施，通过了一系列法律法规，例如，禁止所有公立学校开设宗教课程，禁止神职人员在公立学校任教等，逐渐从教会手中夺回了教育权。1902 年，时任总理孔布进行了更为激烈的措施。当年 7 月，他命令在 8 天之内永久性地关闭法国当时全部多达 3000 所的教会学校，并动用了宪兵和军队强制执行。

背景二：涂尔干的教育经历。

涂尔干毕业于巴黎高等师范学校，这所学校创建于 1794 年。创建之初，它肩负着为新生的法兰西共和国培养教育人才的重任。1882 年，24 岁的涂尔干在巴黎高等师范学校通过资格考试后，于当年 11 月正式任教于桑斯中学，之后又在数所中学任教。1887 年，涂尔干在波尔多大学获得"社会科学与教育学"的授课资格，正式开始了他在高等学府的教学生涯。可以说，涂尔干有着丰富的教育实践，对教育与教育学的研究也贯穿了涂尔干的学术生涯。

他是共和国培养的教师，终其一生，他教书育人，并着手建立一门新的科学学科。他在教育部任职，与教育改革家为友，奋战在教育改革的第一线。

正是这份难得的经历，涂尔干能够自信地将个体经验作为理论探讨的起点，能够从理论角度区分教育实践、教育学和教育科学，又从实践角度将三者结合起来，进而对教育事业所面对的迫切问题作出前瞻性的判断。

三、研究的意图

关于《道德教育》，涂尔干有理论与实践两方面意图。就理论意图来说，涂尔干要用世俗的、科学的方法阐明道德教育的本质和功能。他需要以科学的方法阐明世俗道德教育的基本问题；就实践目的来说，他要帮助教师以理性的方式，领会他所传达的教育理念，并实实在在地从这一教育理念中获得支持和力量。他需要指导教师们认识到自己的责任、教学对象的特点、教学的手段和方法。

1. 理论意图：用世俗的、科学的方法阐明道德教育的本质和功能

为了从天主教会手中夺回教育权，推行教育世俗化，法国政府颁布了一系列的行政命令和法律。但是，改革不能只依靠颁布行政命令和法律、建立增加教学设施来推行，政府还需要推动一线教师和整个社会了解并认可新的教育理念。这其中，对教师进行培训，向他们系统阐述关于共和国教育本质的理念最为要紧。在这样的培训中，除了具体内容，具体的阐述方式同样重要，显然，新的教育理念必须通过不同于宗教的方式进行阐述。既然是理性的世俗教育，那么就要以一种理性的、世俗的方式进行阐述，才会得到社会广泛认可，无疑，当时只有新兴的科学才能承担起这样的责任。作为经验丰富的教师，同时作为有突出学术成就的科学理论家，涂尔干无疑是承担这一责任的最佳人选。

2. 实践意图：帮助教师以科学理性的方式理解和建立自身的权威

涂尔干所处的时代，尤其在初等教育领域，科学理性还没有成为人人都认可的教育准则，因此，自身权威的合法性来源，是每一位新人教师都要面对的问题。在这个特定的历史时刻，涂尔干需要帮助教师以理性的方式认识什么是世俗的道德教育，道德教育的目的和功能，教师在其中处于什么位置，将发挥什么作用，他们的教育对象有什么特质，为实现教育的目标和效果，他们又有哪些可以凭借的手段等。

四、研究的核心

在《道德教育》中，涂尔干研究的核心有三个方面。

第一个方面，道德教育的对象——学龄儿童的特点：偏好习惯行为、易受暗示影响。

涂尔干依托于当时社会学和心理学的成果，探讨了教育对象的内在特征问题。他把我们一般理解的小学教育时期，称为"儿童的第二个时期"。"儿童的第二个时期"的基本功能是成长，这是一个生理上的个体和道德上的个体都尚未形成的时期，是个人形成、发展和塑造的时期。这个时期的儿童有两个特点：脆弱性和可变性。教师要尊重儿童的这些特点，也要因势利导，帮助儿童为未来的道德生活做好准备。

儿童的自然倾向可以为教师所用。第一点，儿童明显偏向于习惯行为，所以教师能够依此限制他的反复无常和与生俱来的不稳定性，从而在他的内心中培育出对有秩序的生活的偏好。第二点，由于儿童极易受到暗示的影响，所以教师的特定教学内容和方式能够赋予他对道德权威的最初感觉。

涂尔干认为，判断儿童生来是道德的或是不道德的，这类工作没有意义。道德倾向是面向他人的，是社会性的，人们普遍同意有道德的行为就是符合道德规范的行为。而儿童只能在他生命的特定时刻以后，才开始与道德规范发生联系，因此，儿童并非生来就有预定的道德倾向。教师要发挥引导作用，根据儿童出生时所拥有的普通性情，以符合社会要求的方式促使它发展并将它固定下来。同时，涂尔干也注意到了如何保存儿童主动性的问题。他提请教师注意，在引导儿童成长的过程中，要保存儿童"道德的自由意志"，也就是主动性。涂尔干认为，要避免让儿童处在单一环境，或由单一人员来培养。否则，儿童会成为单一榜样拙劣的摹本，从而习惯于不道德的、人对人的服从。

第二个方面，教育学的定位：教育学是以科学成果去寻求教育行动原则的反思性工作。

涂尔干所主张的是一种纯粹的理性主义教育，这种教育的目标和手段，这种教育所主张的观念、情感和实践都要经受得住理性的审视。要实践理性主义教育，教师就要疏离传统观念，打破旧有习惯，尤其是依附于宗教的观念和习惯。

要实现这一目标，科学，具体说，当时比较成熟的科学学科，应该成为教师获取理性思维能力的重要支持。作为社会理论家，社会学学科重要的奠基人之一，他通过区分科学理论和实践理论，也就是通过区分教育科学与教育学，对可以为教师提供支持的科学提出了看法。涂尔干认为教育科学应该是一门严格按照科学标准建构的科学，和其他科学一样，它的目的是表达现实。但是，他同时认为在当时的条件下，教育科学并没有足够的条件发展自身，所以，人们真正需要的是教育学，一种实践理论。涂尔干所说的教育学，介于教育活动的具体做法和带有思辨色彩的教育科学之间，是科学对实践所作出的反思性引导，是用科学的成果去寻求行动原则或教育改革的原则；它本身是一个观念体系，但着眼于为教育行动提供引导。

第三个方面，考察人的基本性情，明确道德基本要素：纪律精神、克制精神和自主精神。

政府通过政治行动剥夺了宗教对于道德教育的独占权，仅仅是为世俗教育开辟了施展的空间，并不意味着使世俗教育具备了新的道德教育理念。道德是具有强大感染力的行为规范，简单地否定宗教，剔除道德规范中的宗教因素，难以使人们认同新的道德规范体系。

涂尔干认为，要避免这种危险，人们需要在宗教概念的核心之中找到道德的构成成分，确定道德的真正性质，并通过理性的语言加以表达。教师没有充足的时间去培育文化中所包含的观念、情感和习俗，他们更需要了解一些人心属性，并以此作为抓手来推动道德教育。这些属性，就是涂尔干所说的道德要素。了解了这些道德要素，教师们就能采用适当的方式去培育，甚至全面构造儿童的性情和心态，推动儿童合乎道德地行动。

依托于社会学和心理学，涂尔干对这些基本性情、心态进行了一番考察，从中分辨出三种道德要素：纪律精神、克制精神和自主精神，他认为这些道德要素能在人们的相互关系中普遍地促使个人行动。

第一种要素是纪律精神。道德最明显的外在特征是对个人行为具有彻底的决定作用。个人对常规有一种偏好，生活应该每日如常，同时，个人感到有某种外在的力量使得自己必须服从这些常规。你可能注意到了这一限定语"必须"，个人只是简单地感受到不得不服从，而不是出于对具体要求与后果的考量，这一感受就是对权威的感受。常规感和权威感共同构成了一种复杂状态，就是纪律精神。纪律精神使得个人的行为具有常规性，同时也为他提供了各种既明确的又能限定个人视野的目标。

第二种要素是克制精神。通过分析人类行为的两种目的，涂尔干阐述了克制精神的构成。个人所追求的目的可以分为个人的目的和非个人的目的，涂尔干认为个人目的使得个人行为只指向自身，并不具有道德属性。而指向非个人目的的行为，只有指向个人之外具有意识的对象，这种行为才具有道德属性。根据涂尔干的社会理论，个人之外，只有社会是一种具有意识的存在。因此，他认为，只有个人表现出对自身所属社会的依恋，道德

才会开始出现。这种依恋要求个人克制自身，并按照社会的要求
来行动，这就是涂尔干所说的克制精神。

第三种要素是自主精神。只有在理性道德之中，自主精神
才会出现，这是新时代才能产生的道德要素。在处理前两个道德
要素时，道德都被视为由各种外在于个人的规范所组成的体系，
从这个角度看，个人似乎是受到强制控制的。但涂尔干认为，一
旦个人理解了道德中各种观念的构成，一旦他理性地认识到了道
德秩序构建在社会本性之上，个人就会自愿地服从道德秩序，而
没有丝毫的束缚感，因为个人本身就是由社会所造就的。在服从
社会的过程中，个人参与到了神圣性之中，从而感到自身得到了
升华。

五、研究的实践：以学校营造集体生活环境，
以科学塑造共和国公民

作为一名社会学家，涂尔干将当时共和国所面临的突出问题
归纳为两个：一个是为了造就统一的共和国，法国传统的中间社
团被消灭，个人与社会之间出现了割裂；另一个是因为受笛卡儿
主义的影响，法国文化中存在一种简单化的理性主义的泛滥。

涂尔干从明确的社会问题出发，探讨了具体的教学设置和安
排。他认为特定形式的学校集体生活和科学教育可以解决危机。

第一个社会问题是个人与社会之间的割裂。

为了实现政治与道德的统一性，19 世纪的法兰西共和国继承
了之前君主制的工作，向所有的地方特殊主义宣战，削减市镇和
外省的自治，促使它们以新的方式融入共和国。但国家统一运动

也在短期内给共和国造成了严重的危机，它破坏了稳定的集体生活，同时也打碎了道德的稳固基础。涂尔干认为只有稳定的集体生活才能承载持之以恒的道德实践，使社会逐渐有足够的力量来塑造个人行为。

因为国家与个人之间的距离过于遥远，国家事务也常常不能引起个人的兴趣。涂尔干认为，个人需要团结感来唤醒中间团体的重生，但团结感又需要在中间团体中培育，因此，破坏了中间团体的法国社会陷入一种恶性循环。怎样才能够跳脱出这一恶性循环呢？涂尔干认为只有借助世俗学校，法国才可以摆脱这一恶性循环。世俗学校能成为一个有效的中间团体，引导儿童适应集体生活，使儿童习惯在各种各样的群体中表达自己的兴趣并从事活动。

第二个社会问题是过于简单化的理性主义。

理性主义，简要地说就是世界上不存在无法通过理性理解的现象。简单理性主义认为社会中唯一真实的东西就是简单、清楚而易于把握的东西，从而表现为对社会复杂性的否定。在对社会的认知上，简单理性主义相当于否定了社会本身的存在，因为它认为可以简单把握的只有个人，其他超出个人的事物只是用来指代个人总和的集体术语。涂尔干认为，心灵有一种简单化的天性，这是个人认知的一部分，但在团结感的形成中，这种天性会成为一种极其严重的障碍。而这种过于简单化的倾向已经成为当时法兰西精神的一个组成部分，人们必须重视这种倾向。

怎么解决这个问题呢？涂尔干认为科学教育特别适合与这种天性做斗争，因为科学可以让人接触到复杂性的存在。所以说，教师借助课堂教学，尤其借助科学教育，可以通过影响儿童构想行动的方式来影响他们的行动。

六、拓展阅读

（1）《自杀论》/ 涂尔干著

（2）《社会分工论》/ 涂尔干著

（3）《宗教生活的基本形式》/ 涂尔干著

扫码获取附赠资料

管理学

20

《科学管理原理》：管理学科的发端，改变世界的科学

科学管理之父——**弗雷德里克·泰勒**

弗雷德里克·泰勒（1856—1915），美国著名管理学家、经济学家，被后世誉为"科学管理之父""理性效率大师"，是现代管理学的奠基人。著有《计件工资制》《车间管理》《科学管理原理》等。

泰勒的主要贡献在于第一次深入而系统地将科学的研究方法引入管理领域，创立了系统化的科学管理理论，开创了西方管理理论的先河，使管理学成为一门真正意义上的科学。

弗雷德里克·泰勒

一、作者生平

弗雷德里克·泰勒 1856 年出生于美国宾夕法尼亚州的一个富有家庭，他的父亲和母亲都是清教徒，泰勒从小就具备了探究真理的强烈愿望和清教徒式的根除浪费与懒散的热情。

泰勒年轻时接受良好的教育，掌握法语和德语两门语言，从小就被送到被称为西方最知名的私立高中之一的埃克塞特学院学习。他背负子承父业的希望，以优异的成绩考入哈佛大学法学院。但由于眼疾和对父母操控的不满，他从哈佛大学退学了。

此后泰勒开始了他作为工人部分的人生，先是在费城的工厂做了四年没有报酬的学徒工，后来在费城的一个钢铁厂从机械工人开始做起，逐步晋升为总工程师。在这个过程中他做了著名的"金属切削实验"，这是他科学管理研究的开端。

在做工人时意识到系统学习的重要性，泰勒去夜校继续深造，并于 1883 年获得机械工程学位。同时，他一直在进行管理方面的研究，1901 年之前，泰勒在各种各样的工业公司中担任顾问，并开展实验，如著名的"搬运生铁实验"和"铁锹实验"。

后来，泰勒决定不再和任何工业公司来往，专注于推广科学管理。值得一提的是，1909 年泰勒重返哈佛大学讲授科学管理，直到他 1915 年去世。他的墓碑位于能够俯视费城的小山上，墓碑上刻着"科学管理之父——泰勒"。

二、为什么要写这本书

为什么泰勒认为当时需要科学管理研究？这个问题的答案可以被分为三个方面。

第一，当时美国在生产生活中资源"浪费"十分严重。

20 世纪正是美国从产业资本中迅速崛起的时期，这一时期大量的工业催生了一个庞大的产业工人团体。泰勒认为当时的森林正在消失，水力正在枯竭，煤炭矿石正在被开采，但是人们却看不到因为浮躁错误指挥或者效率低下而造成的人力资源的浪费。

人们对人力资源的浪费很难察觉到，即使察觉到，也很难认识清楚。基于这些原因，虽然实际上每天人力资源的浪费比物质资源的浪费要多得多，但是人们通常对物质资源的浪费感慨万分而对人力资源的浪费无动于衷。

第二，传统管理模式的缺陷。

泰勒认为当时的美国，从大公司的总裁到家庭佣人，无一例外希望找到更优秀、更能胜任的人选。精明能干的人才供不应求。但管理者并没有认识到，管理者的职责和机会在于系统地培训与造就有才干的人，而不是猎取别人已经培训好的人。

传统管理的观点认为人才是天生的，但泰勒认为制度必须是第一位的。而这并不意味着没有伟大的人才出现，恰恰相反，好的制度能够培养一流的人才，并且通过系统的管理程序提拔那些出色的人到管理岗位上来。也就是说，泰勒认为消除人力资源的浪费，提升效率的方法就是运用系统化管理，而不是寻找不同寻常的人才。

第三，科学管理的必要性。

泰勒基于人力资源的浪费和对传统管理系统的批判，进一步论述了科学管理的必要性和广泛应用。泰勒认为，最佳的管理是一门科学，基础建立在明确的法规、条例和原则之上，并且科学管理的基本原则适用于人类各种各样的活动，从最简单的个人行为到复杂的团队合作。事实上，无论什么时候，只要正确地运用这些原则，达到的结果大都能令人满意。这些原理也可以应用在其他的社会活动中，包括家庭管理、农场管理、慈善机构的管理和大学、政府各部门的管理中。

三、研究的对象：统一利益和消除懈怠

泰勒认为科学管理的基础是雇主与雇员的利益统一和消除"磨洋工"，并以此阐述了几个观点。

观点一：管理的主要目的是实现雇主财富最大化，同时实现每一位雇员的财富最大化。

在实际生活中，大部分人认为雇主和雇员的根本利益是对立的。但泰勒认为二者的利益是一致的。因为如果雇员的财富得不到增长，那么雇主的财富增长也只是暂时的，反之亦然。所以有可能的话，最好既能够支付给工人高工资，又能够为雇主降低人工成本。泰勒认为可以引导那些不愿意支付高工资的雇主使用更加宽松的政策，让他们认识到高工资更能够实现财富最大化。对那些要求高工资的工人引导他们改变看法，从而达到降低工资的目的。

观点二：从科学管理角度分析"磨洋工"的原因。

"磨洋工"的原因有三个：第一，工人们认为如果每个人都努力工作，最终就是同样的活只要更少的人干，会导致大量失业。第二，现行的管理制度存在各种缺陷，"磨洋工"是合理的选择。第三，单凭经验行事的方法效率低下，浪费了大量的劳动力。

泰勒从科学管理的角度对以上三个原因展开了回应和阐释。

第一，针对努力工作导致失业的观点，泰勒认为各行各业的历史证明，每一次进步都带来了工人效率的提高、生产成本的降低，同时带来了更多的工作机会。他举了一个生产鞋子的例子，以前手工生产鞋子的时候，鞋子价格昂贵，需求很低。当把机器引入生产鞋子的过程中以后，工薪阶层也可以购买鞋子了，鞋子的需求增加了。尽管由于机器的引进导致每个工人每年的制鞋量大幅上升，但鞋的需求急剧上升也使得这个行业需要的工人变多了。

第二，针对"磨洋工"合理化的观点，泰勒认为一方面天性使然，每个人都想工作得轻轻松松；另一方面人与人之间错综复杂的关系导致"磨洋工"行为的出现。正是把一些人召集在一起做相似的工作，并按照统一的工资标准给他们发放工资，这种做法让越来越多的人开始懈怠。同时工人也会认识到，因为老板制定的工资制度不合理，即使自己能够提早完成工作，但老板也会安排更多的工作却不增加工资，所以"磨洋工"就是合理的选择了。基于这样的原因，泰勒认为消除"磨洋工"的重点在于改革工资制度，设计出一种真正有利于工人提高效率的报酬制度。

第三，针对按照经验行事浪费劳动力的观点，泰勒用他设计的很多实验结果证明，在任何行业中都可以通过使用科学的方法来节约时间，提高产出。科学的方法可能包括消除劳动中不必要的动作、设计高效的工具、制定合理的休息间隔等。要知道，按照经验行事的方法还会让管理者和工人无法通力合作，管理者不了解工人的现实工作状态，工人无法得到管理者的帮助和指导。

泰勒认为科学管理需要明晰管理者和工人之间的权责关系，管理者要对劳动成果承担责任，管理者和工人之间紧密的协作是现代科学或任务管理的本质所在。

观点三：管理者要和工人一起承担工作责任。

科学管理怎样应对雇主、雇员的对立和"磨洋工"行为呢？理念上泰勒认为管理者要和工人一起承担起工作的责任，管理者有义务帮助工人，工人有义务接受管理者的指导。制度上泰勒认为管理者要制定能够激发工人热情和帮助工人利益最大化的制度，这样才能帮助雇主利益最大化，从而达到双赢的局面。行为上泰勒认为要进行标准化的绩效考核和工具管理，积极运用科学的手段帮助管理。

泰勒也认为，世界上并不存在包治百病的灵丹妙药，科学管理也不能保证雇主和工人的持久富裕，但是可以确信的是，使用科学管理制度的地区已经比那些单凭经验行事的地区要好得多。

四、研究的核心：科学管理的四个原则

泰勒认为与过去的管理相比，科学管理能在更大的范围内以绝对的一致性来充分调动工人的积极性。管理者也承担了新的责任，这些责任包括系统整理工人的技能知识、编制条例规范等。也就是说科学管理的管理者相比传统的管理承担了更多的责任。另外，正是工人积极性的整合加上管理者的新职责，才使得科学管理比过去的模式更加高效。

第一原则，科学的操作而不是单凭经验。

泰勒在他后续开展的一系列实验中通过运用秒表、表格、测量、谈话等方式，在当时充分证明经验是不可靠的，通过科学的操作流程，每个员工的产出提升超乎想象。

第二原则，挑选培训员工。

在确立了科学的操作方法后，进一步的动作是挑选适合这项工作的员工，果断解雇那些不适合工作、不能达到平均产出的员工。这些行为显得十分残酷，但是泰勒认为不能达到平均产出的员工意味着他的天赋才干不适合这项工作，他应该及时换工作以避免更大的损失。

第三原则，管理者与员工密切合作。

在科学管理中，最突出的是任务观念，每个员工在每天工作之前都会接到完整的书面指南，这些指南包括他要完成的任务和工作方法，以及昨天工作的绩效评价，这些内容就构成了一个工作任务。同样，这种工作任务的制定需要员工和管理者的密切合作，员工和管理者在沟通与合作中确定不同的任务内容和超额完成任务的奖励。同时泰勒也强调任何时候都不能要求员工以有损身心健康的强度来工作。

第四原则，管理者和员工共同承担责任。

传统的管理认为每个员工不仅要承担全部的工作责任，还要包括整体的计划和工作细节，甚至包括劳动工具的选择。而科学管理意味着管理者要制定规章和条例，以代替每个工人的主观判断。在大多数情况下，需要管理者先制订工作计划，再由员工去执行。这些都意味着管理者和员工共同承担起对于工作的责任。泰勒认为在科学管理模式下，将近一半的问题"由管理者决定"。

五、研究的应用：搬运生铁实验

科学管理原理是怎么在实践中发挥作用的？可以通过搬运生铁实验了解。

这项工作最原始、最初级，不需要借用任何工具，只用双手就能完成。生铁搬运工弯下腰，捡起一块约 40 千克的生铁，走动几米远，然后将生铁放到地上或者一堆生铁上。

泰勒在实验过程中发现，生铁搬运的科学十分深奥，即使是那些最适合干这项工作的员工也无法完全理解其中的科学原理，所以他们需要管理者的帮助。这就是科学管理的第三原则：管理者与员工密切合作的来源之一。泰勒在针对搬运生铁进行改良的时候，主要做了三件事。

第一件事就是把搬运生铁从每日工资制变成了计件工资制。这样的薪酬管理制度极大地激发了工人的积极性，工人没有动力再拖延工作了。

第二件事就是仔细地观察研究来确定一个合理的效率应该是多少。研究发现，一个生铁搬运工每天应该能搬运 48 吨的生铁，但是现在他们每天只能搬运 12 吨的生铁，现在的效率仅仅是合理效率的四分之一。然后泰勒的目的就明确了，需要管理者和工人合作把效率提升到每天搬运 48 吨生铁，同时既不会让工人因为任务过重而罢工，也不会增加工人和雇主之间的冲突。这正是科学管理第四原则：管理者与员工共同承担责任的体现。

第三件事就是挑选合适的工人来加以训练和培养。这一部分包括了科学管理的第一原则：科学的操作而不是单凭经验，以及科学管理的第二原则：挑选和培训员工。首先泰勒从 75 名工人之中挑选出 4 个人作为观察对象，研究他们的搬运行为和规律，制订出能够达到目标的行为计划，这包括搬运的姿势、休息的间隔、走动的次数等内容。然后在 4 个观察对象中选出一个人作为培训对象。这个员工个子矮小，精明强干，爱财如命，他叫施密特。他下班时和上班时一样精神奕奕，工作起来毫不费力，而且他在积攒钱财购置地产，十分勤俭节约。

泰勒的实验中，首先以高出 60% 的工资作为回报，要求施密特按照一个拿着秒表的人的指示来工作，这个人让他干什么他就干什么，要他搬运生铁就搬运，要他休息的时候就休息。奇迹发生了，到第二天下班时，施密特成功完成了每天搬运 48 吨生铁的目标，同时还没有感到十分劳累。在这个过程中，施密特获得了更高工资，工厂的工作效率也提升了。很快这种搬运方法扩展到整个工厂，结果就是这个工厂的效率比其他工厂高出了 60%。这是一个皆大欢喜的结局。泰勒在搬运生铁实验中运用了科学管理的原则，帮助管理者和员工都获得了更好的结果，这就是科学管理的威力。

六、拓展阅读

（1）《领导力 21 法则》/ 约翰·马克斯维尔著

（2）《工业管理与一般管理》/ 亨利·法约尔著

（3）《基业长青》/ 詹姆斯·柯林斯、杰里·波拉斯著

扫码获取附赠资料

21

《经理人员的职能》：组织是什么以及它如何运作

现代管理理论之父——切斯特·巴纳德

切斯特·巴纳德（1886—1961），美国人。系统组织理论创始人，现代管理理论之父。在现代管理学领域，巴纳德是首屈一指的大师级人物。

西方管理学界现在还一致认为：巴纳德关于组织理论的探讨，至今几乎没有人能超越。除了理论方面的贡献之外，他还是一位成功的商业人士。美国《财富》杂志盛赞他为美国适合任何企业管理者职位的具有"大智慧的人"。

切斯特·巴纳德

一、作者生平

切斯特·巴纳德出生于美国一个贫穷的家庭。1906—1909 年期间在哈佛大学攻读经济学。由于拿不到一项实验学科的学分，1909 年末拿到学位的巴纳德离开哈佛大学，进入美国电话电报公司开始了他的职业生涯。

巴纳德不仅是一位优秀的企业管理者，还是一位出色的钢琴演奏家和社会活动家。他曾经担任过巴赫音乐学会的主席；帮助美国原子能委员会制定政策；在 20 世纪 30 年代大萧条时期担任新泽西州减灾委员会总监；1942 年巴纳德创立了联合服务组织公司并出任总裁；1948—1952 年担任美国洛克菲勒基金会董事长。巴纳德在漫长的工作实践中，不仅积累了丰富的经营管理经验，而且还广泛地学习了社会科学的各个分支。

1938 年，巴纳德出版了《经理人员的职能》，此书被誉为美国现代管理科学的经典之作。1948 年，巴纳德又出版了另一重要的管理学著作《组织与管理》。巴纳德的这些著作为建立和发展现代管理学作出了重要贡献，也使巴纳德成为社会系统学派的创始人。除了以上两本经典著作外，巴纳德还写过许多论文和报告，如《经理人员能力的培养》《人事关系中的某些原则和基本考察》《工业关系中高层经理人员的责任》《集体协作》《领导和法律》等。由于巴纳德在组织理论方面的杰出贡献，他被授予了 7 个荣誉博士学位。

二、为什么要写这本书

《经理人员的职能》的研究初心是，以自身经验为基础，尝试着去勾勒和归纳一种组织理论，并激发后人研究。

第一，巴纳德认为有必要对经理人之间共同的交流进行理解、评价和概念提炼。

巴纳德作为一名商业人士，在工作中，他发现不同组织的经理人员，不管是宗教领域、政务领域还是教育领域，凑在一起的时候，总是喜欢聊各自工作中的故事，包括事情的来龙去脉，开始怎样、后来怎样、遇到了什么麻烦、采取了什么措施、产生了什么样的结果等，只要不涉及各自的专业领域及其专业术语，彼此的交流并不存在什么障碍。

巴纳德认为不同的组织背后一定存在着共同的东西，这种共同的东西是经理人员交流的基础。不过因为这种共同的东西没有被准确地描述出来，人们还无法进行清晰的交流和思考，只能凭感觉说话。巴纳德认为有必要对这种共同的东西进行理解、评价和概念提炼。

第二，企业这个系统需要完整的理论。

同时，巴纳德也从自身的经历中感受到企业是一个完整的系统，有必要对这种完整的系统进行理论解释，因为在企业中存在不同的利益主体，如果没有完整的理论解释，不同的利益主体就不能按照一个整体的目标相互作用和相互协调，最终只会带来无序和混乱。

第三，从理论的角度来讲，巴纳德感觉当时盛行的理论并不能解释他观察到的现象，有必要提出新的解释视角。

当时盛行的理论是古典管理理论。古典管理理论最重要的假设是经济人假设，经济人假设，简单来讲就是把人当作"经济动物"来看待，认为人的一切行为都是为了最大限度地满足自己的私利，工作只是为了获得经济报酬。但是巴纳德从自己的经验来看，人并非完全是经济动物，经济利益也并不是组织活动的核心，组织活动的核心是参与其中的人。甚至只有把经济利益置于从属地位，真正去理解组织和组织中的人，才能真正知道什么样的行为对组织是有效的。

出于以上三方面的考虑，巴纳德把自己多年来逐渐形成的、有关管理过程的一些心得进行整理，尝试着去勾勒和归纳一种组织理论，并以此鼓励其他学者也去从事这方面的工作。

三、研究的对象：合作、组织理论、经理 人员的职能

《经理人员的职能》研究所表达的是：以合作为基础建立的组织，需要满足良好的沟通、贡献的意愿和共同的目标三个条件，才能保证其顺畅运行。而三个条件的实现需要经理人员的参与，经理人员通过建立和维持信息交流系统、人员招募与管理和提出并制订目标三项职能，实现组织的生存和持续发展。

关键词一：合作。

合作的概念可以追溯到英国古典政治学家亚当·斯密关于劳动分工的观点。他认为，一个劳动者，如果对于一份工作，比如

造扣针，没有受过相当训练，也不会使用机械，那么即使他非常努力地工作，一天也许制造不出一枚扣针，但如果将造扣针的流程分解，一个人抽铁线，一个人拉直，一个人切截，一个人削尖线的一端，一个人磨另一端，这样可以很快装上圆头，能让每人平均造出几十枚扣针。原因就在于分工可以加快人们对某项工作的熟练程度，也可以减少不同工序之间的转化，提高工作效率。

在合作的过程中，也会有许多的阻力，既有物质和生物限制的因素，比如一个人的体力是有限的；也有心理和社会因素的限制，比如人会有情绪，人与人之间的关系不良也会对合作产生负面影响。

那如何衡量合作成功与否呢？巴纳德提出了"效果"和"效率"这两个标准。效果指的是合作实现了预期的目标。效率指的是人们的某种动机得到满足并且没有产生消极后果。如果一项合作实现了预期目标，就是有效果的，比如两个人合作种地，实现了预期的目标打了 1000 斤粮食，这就是合作有效果。如果一项行动满足了所设定目标的某种动机，比如打了 1000 斤粮食，成员很有成就感，就是合作有效率。但如果打了 1000 斤粮食，却累死了一头牛，就是合作没效率。

从本质上讲，效果的衡量标准与合作目标的实现有关，合作目标是社会性的；效率的衡量标准与个人动机的满足有关，是个人化的，目的在于诱发个人更多地参与合作。

通过对效果和效率的定义与衡量，巴纳德把合作的客观目标实现与个人的需要结合起来。这个理论被西方管理学者誉为管理科学思想上的一个重大突破，至今仍被许多人信奉。

关键词二：组织理论。

随着合作的加深，不仅会强化每一个个体的经验和特长，还会强化个体之间的相互依赖关系。而个体之间的关系需要一定的社会规范或社会规则加以协调，以保证关系的顺利运行，这就为组织的形成提供了条件或基础。

在巴纳德看来，组织就是有意识地对两个或两个以上的人的活动或力量进行协调的系统。他认为一个组织的顺畅运行需要具有三个条件：一是有能够互相进行信息交流的人；二是这些人愿意作出贡献；三是大家为了实现共同的目标。这三个条件构成了组织的三大要素，即良好的沟通、协作的意愿和共同的目标。

协作意愿、共同目标和信息交流之间，必须保持内部平衡，才能保证整个协作系统的健康发展。在巴纳德看来，内部平衡的本质是组织为人们提供的诱因与人们为组织作出的牺牲之间的平衡。如果"诱因"和"牺牲"失去平衡，就会影响到组织的发展。比如员工认为自己的付出大于组织给予的回报，消极怠工，就不利于组织发展。也就是说组织要使自己能够长期存在，就必须适时地给它的成员和可能的贡献者提供有效的诱因，以刺激或激励相关人员的协作意愿。

在激发意愿方面，巴纳德认为，自我保存和自我满足的利己动机是激发个人协作意愿的重要力量，组织要想存在并长期维持，必须满足个人的这些动机，除非它能够改变这些动机。而诱因正是满足这些动机的最基本要素，诱因不恰当会导致组织解体、目的异化或协作失败。因此，提供恰当的诱因便成为管理者的一个重要任务。这就可以解释为什么对一些组织中重要人才，不仅要给高工资，还要给股权，因为对这些人才来讲，股权才是合适的诱因，仅仅只有高薪对他们是缺乏吸引力的。

巴纳德组织理论的基本出发点是个人参加组织的动机问题。个人为组织作出了牺牲，而组织则为个人提供了诱因，组织与管理的全部活动，都围绕着牺牲与诱因之间的平衡而展开。组织中的一切运转机制和行为规则，来自两者的动态平衡。从组织理论出发，巴纳德笔下的组织，才真正成为由人构成的组织。以前的组织理论要么忽视人的因素，比如现代经营管理之父、管理过程学派的开山鼻祖——亨利·法约尔认为管理的四项职能是：计划、组织、管理、控制，就没有看到人的动机和需求在组织发展过程中的参与作用。而人际关系学派的创始人梅奥通过实验认识到影响生产效率的根本因素不是工作条件，而是工人自身，但他注重的是员工关系的和谐融洽和安全感，而忽略了物质诱因的作用。

关键词三：经理人员的职能。

在巴纳德看来，在一个企业里，经理人员的作用就是在一个正式组织中充当系统运转的中心，并对组织成员的活动进行协调，指导组织的运转，最终推动组织实现目标。经理人员需要具备三项基本职能。

第一，建立和维持信息交流系统。

要让组织中的各个部分，比如生产部门、研发部门、采购部门有序运转，各种要素比如人力资源、设备、资金有机结合起来，就必须有一个信息交流系统。只有通过交流系统的参与和融合，组织里的各项活动才能顺畅运行，离开了信息交流系统，组织就难以良好运行，并最终影响组织目标的实现。要求担任经理的人员必须具备一定的素质，他们要能领会组织的整体性和复杂性，推动组织里的各个部分协调地工作。同时经理人员还需要领会与组织有关的整个形势和组织所承担的责任，他们要忠于组织，要有勇气、有判断力，并接受专门的学习和训练，以确保信息交流系统的效果和效率。

第二，人员招募与管理。

所有经理人员都需要担负对人员进行"选用育留"的职能，包括吸引人、培育人和激励人。

第三，提出和制订组织的目标。

组织目标是整个组织存在的灵魂，也是组织奋斗的方向。但是组织的共同目标不是一成不变的，它应当随着组织规模的变化、人员的变化、外界环境的变化和发展而随时调整。而且，组织目标制订得好与坏对组织目标能否实现非常关键。同时，一个大的目标需要通过分解，才能转化为可执行的工作内容，这些都需要经理人员的参与。

经理人员的三项职能：信息交流、人员招募与管理、提出与制订目标，并不是孤立的，而是相互联系的。因此，经理们要有整体的系统的观念，以便在各个部门的利益之间找到最佳的平衡点。

四、研究的核心：合作与协调的综合理论

《经理人员的职能》研究的核心问题是，如何构建一套有关正式组织中合作与协调的综合理论。

在工业社会早期，负责管理实践的是一批效率工程师，他们主要通过改善生产作业过程的各个环节来提高效率或利润。不过他们很快就遇到了麻烦，因为生产作业中的工人是活生生的人，而不是机器设备、原材料和作业场地，工人的工作行为受自己的动机或心理因素支配，很多时候不听命于工程师，工程师很快发现并不能像对待机械装置那样去管理工人。但是这些效率工程师

没有自己的管理理论，他们就只能借用古典经济学的思想，把人看作是经济动物，并用计件工资制管理和激励工人。

不过随着技术的发展和技能的熟练，工人在单位时间生产的产品越来越多。资本家看到工人在单位时间生产的产品越来越多，就不愿按照原来的标准给工人支付工资，这就让工人很不满，导致了我们熟知的劳资冲突。

面对劳资冲突，社会学家、心理学家、经济学家都站在自身的角度进行了研究，并对其作出了适当的解释，但是巴纳德发现，这些解释没有达成一致也不奏效。原因在于他们压根没有弄清楚组织是怎么一回事，当然也难以揭开组织的真相和本质。

在巴纳德看来，具体的、特定的局部组织和与之有关的人才是社会活动的核心，但是却没有让他满意的文献来探讨这些组织和人，比如经理人员在实践中是如何调整自己的行为的，组织中的领导权是如何体现的，等等。

所以巴纳德就想构建一套有关正式组织中合作与协调的综合理论，来解决组织中的管理问题。

五、研究的思路：建立—运行

为什么人们难以认清组织的真相和本质呢？巴纳德认为主要是社会学和经济学中的某些正统观点，影响着人们对组织问题的深入思考。要解决这个问题，需要两步，第一步是建立组织，第二步是组织运行。

第一步，建立组织。

巴纳德认为，整个社会的活动其实是在组织之间进行的，人处在组织的核心位置，可以说组织的基本元素就是人的行为。人的行为受到个体的自由意志、动机、目的以及社会性因素的限制。这促使每一个个体在追求自己更高目标时，必然会受到经验和资源上的限制，需要和他人合作，这就像100斤的石头一个人就能搬动，但如果要搬500斤重的石头就需要和其他人合作了。

随着时间的推移，人与人之间合作的广度和深度不断加深，不断加深的合作就会逐渐强化每一个人的经验和特长，比如一个人在合作中总是做纺织的活，而另一个人总是做铸造的活，长此以往，他们的优势一定是不一样的。同时，合作也强化了个体之间的相互依赖关系，这些关系的存在促进个体之间的社会性规范或社会交往规则的形成。这些分工基础上的优势和社会规则的存在为正式组织的建立提供了条件或基础。

虽然巴纳德发现合作系统有着不同的表现形态，比如教会、政府、军队、企业、学校和家庭等，但是不同的合作系统之间存在共性，这种共性就是所有的合作系统之中都包含人与人之间的合作关系。所谓正式组织，就是有意识地协调两个或两个以上的人的活动或力量的一种系统。

第二步，组织运行。

组织如何才能顺畅运行呢？巴纳德认为需要三个必要条件：彼此的交流、贡献的意愿和共同的目标。对系统中的成员来说，共同目标是否能够实现，决定了个体的贡献意愿；反过来说，个体是否愿意作出贡献，也决定了共同目标能否实现。这是互为前提的。只有借助沟通与交流，两者才可能从意义上的条件转变为现实条件。可以说，彼此的交流与沟通是组织形成的基础性条件，并且只有通过不断的沟通与交流，才能维持贡献的意愿和共同的目标之间的动态平衡。

不过组织中的沟通和交流并不会自动产生，它需要经理人员的参与。经理人员如何参与呢？这就需要经理人员的三项职能。第一项职能是建立和维持一套沟通体系；第二项职能是招募与管理员工，并促使个体产生意愿和能力，为组织提供必要的贡献或服务；第三项职能是制定或重新界定组织的目的和目标，以适应外部环境的变化以及组织成员心理因素或动机上的变化。

六、拓展阅读

（1）《管理决策新科学》/ 赫伯特·西蒙著

（2）《文化与组织》/ 霍夫斯泰德著

（3）《管理工作的本质》/ 亨利·明茨伯格著

扫码获取附赠资料

22

《管理的新模式》：基于支持关系理论的新型管理原理

支持关系理论创始人——伦西斯·利克特

伦西斯·利克特（1903—1981），美国心理学家和现代行为科学家，支持关系理论创始人，密歇根大学名誉教授，曾先后获得美国密歇根大学的文学学士学位、美国哥伦比亚大学的理学博士学位。

利克特是密歇根大学社会研究所的创始人和首任领导者。他致力于领导理论、激励理论和组织理论的研究，为管理思想的发展作出了卓越贡献。他设计的利克特量表闻名于世，被学界广泛使用。

伦西斯·利克特

一、作者生平

伦西斯·利克特 1903 年出生于美国怀俄明州夏延市。曾就读于密歇根大学，获得社会学和经济学专业的文学士学位。后在哥伦比亚大学学习，获得心理学博士学位，其里程碑式的学位论文《态度测量方法》发表于《心理学档案》杂志。

在密歇根大学期间，他和简相识，并于几年后在他攻读博士期间结婚，婚后他们有两个女儿。

1930—1935 年，利克特任纽约大学心理学教授，之后在康涅狄格州哈特福德任人寿保险机构管理研究协会董事。其间，他采用面谈和书面问答的形式对 10 家最佳和 10 家最差的保险公司进行了比较研究。这项研究为他后来继续开展组织领导问题的研究打下了基础。

1939 年，利克特受聘于农业经济局下属位于华盛顿的计划调查处，在该处工作时他发展了谈话、编码和取样调查等方法，成为当今社会调查的基础。第二次世界大战期间，他在战时情报处工作，研究公众态度、公众体验和公众行为等课题。他与爱荷华州立大学合作研究制定了一套家庭取样调查的方法，即人们所知的概率取样调查。他还与其他人一起对战争债券、外国侨民和战时轰炸的影响等开展了广泛的研究。

1946 年，利克特受密歇根大学之邀，为该校建立了社会调查研究中心。不久，该中心与后来增加的三个中心一起合并为社会研究所，利克特担任该所所长，一直到他 1970 年退休。

二、为什么要写这本书

利克特在大量调查研究的基础上，总结高效企业的优势，提出建立高效企业的想法。这个想法的实现，首先就要构建一个管理新系统。利克特之所以写《管理的新模式》，其实就是要通过构建一个管理新系统来建立高效企业。

背景一：独裁管理方式的劣势。

在密歇根大学社会研究所，从 1947 年开始，利克特和同事对领导方式进行了大量调查研究，这些研究也被称为"密歇根研究"。经过考察、衡量、测评管理最佳的组织与管理最差的组织在领导方式、领导风格及相关方面的不同之处，利克特发现，20 世纪 50 年代的管理大多采用独裁的管理方式，企业单纯依靠奖惩来调动职工积极性，对职工监督防范，吹毛求疵，职工被当作工具，生产效率极差。

背景二：高效企业的优势。

而 20 世纪 60 年代那些高效企业和政府部门，正在创造一种不同于 50 年代管理系统的新的管理方式，其核心是强调以人为中心，重视职工多种需要的满足。这些高效企业大多采取以职工为中心的领导方法，领导者、管理者重视工作中的人际关系，强调职工的情绪和态度，只进行适当的监督，不严密监视下级，这样的组织和集体有很强的凝聚力，职工士气高涨，队伍稳定，生产效率也比较高。

背景三：建立高效企业和管理系统。

在发现高效企业的优势之后，利克特提出了关于建立高效企业的想法，也就是要建立一个管理新系统。依据社会研究所 1947 年以来进行的数十项研究成果，利克特总结了美国企业经营环境的变化趋势，以及部分杰出企业的管理特点，提出了一种"新型管理原理"，其核心是如何有效地管理企业的人力资源，这种"新型管理原理"也正是利克特要倡导的管理新方法。

三、研究的基础：支持关系理论

"支持关系理论"是本书的一个基本概念和理论，其要点是，领导要考虑下属职工的处境、想法和希望，帮助职工努力实现其目标，使职工从中认识到自己的价值和重要性；反过来，领导对职工的这种支持也能激发下属职工对领导的支持。

从支持关系理论的角度出发，我们分析一下高效企业和政府部门创造的新型管理系统。在这种管理系统中，组织成员的态度是非常重要的，主要受到两个因素的影响。第一个因素是下属对自身价值的感知，如果下属感觉到领导是支持和重视他们的，感觉到自身有重要价值，那么下属就可能对领导的指示作出积极的反应。第二个因素是下属的主观感受，下属如何作出反应在很大程度上并非根据客观事实，而是根据他们主观上感觉到的"事实"，这些会受到他们自身的背景、文化、经历、期望等因素影响。

在这两个因素基础上，利克特指出，领导者的行为方式应使下属在工作中，亲身感受和体会到领导者对他的支持与重视，从而让他认识到自己的价值。这样的环境就是"支持性"的，这时的领导者也都是"支持性"的，领导者和下属之间也就建立了"支持关系"。

具体说来,支持关系理论包括三个方面的内容。

第一,对人的领导是管理工作的核心。

在所有的管理工作中,对人的管理是最重要的工作,管理的核心问题是如何领导和管理人,而领导水平的高低在很大程度上取决于领导方式。通过大量调查研究,利克特把领导者分为两种基本类型,分别是"以工作为中心"的领导和"以员工为中心"的领导。

那些效率不高、成绩不佳的企业往往采取"以工作为中心"的领导方式,这种领导方式一切从完成工作任务出发,领导者关注的重心是生产,对工作的技术更感兴趣,对职工的监督过于严密琐细,经常给职工施加不必要的压力,动辄批评和处罚职工,总之,这种类型的领导把员工当作了工具,而不是"人",其结果就是生产效率低,集体内部聚力弱,士气低,不安情绪高,跳槽者多。

举个例子,你的上级常常对你发号施令,经常制定一些数据类的指标来考核你,如果没有达成这个目标,就要扣除你的奖金,却根本不考虑企业实际情况和你个人的内心感受与想法,那你的上级很可能就是"以工作为中心"领导。

而那些效率高、管理得法的企业则采取"以员工为中心"的领导方式,领导者、管理者重视工作中的人际关系,强调职工的情绪和态度,只实行适当的监督,不严密监视下级,这种类型的领导把员工当作有血有肉的"人",结果是组织和集体有很强的凝聚力,职工士气高涨,不安情绪少,队伍稳定,生产效率也就比较高。比如说,你连续加班,产生了严重的焦虑感,工作中也开始频繁出现失误，这时，如果你的上级找时间与你聊天，倾听你当下的感受，并且对你工作中的闪光点给予肯定和认可，而暂时不去谈论你的失误，那你的上级就是"以员工为中心"的领导。

第二，参与式领导方式是最有效的领导方式。

利克特将企业的领导方式分为专权命令式、温和命令式、协商式和参与式四种。

第一种是专权命令式领导。专权命令式的特点是：权力集中在最高层，下级没有任何发言权与自由，激励下属的方式主要是恐吓和处分，有时也偶尔用奖赏去激励下属，领导与下级明显存在不信任。拿破仑就是一位典型的专权命令式领导者，他把他的意志强加给下属，自己作出一切重大决策，要求下属绝对服从，如果下属办事不力，轻则申斥，重则辱骂；他还经常远离众人，蔑视一切。利克特认为，这样一种极端专制的领导方式，不利于组织目标的实现，效果最差。

第二种是温和命令式领导。权力控制在最高层，但领导者对下级比较和气，会授予下属某些决策权，不过会使用严格的政策进行控制，下属自由非常少，领导也会奖惩并用。上下级之间虽然进行一些沟通，但都是表面的、肤浅的，领导不放心下级，下级对上级存有畏惧心理，导致下级员工工作主动性差，效率有限。

第三种是协商式领导。领导者对下级有一定信任，但重要问题的决定权仍在最高一级，下级对次要问题有决定权，上下级之间联系比较深，这种方式既能做到下情上达，又能做到上情下达，领导者会征求、接受和采用下属的建议，激励下属的方式以奖赏为主，偶尔处罚，并让员工参与管理。

第四种是参与式领导。上下级关系平等，能够民主协商问题，上级让下级参与制订目标，领导最后决策，按分工授权，下级也有一定的决策权，如果工作取得进展，会给予下级物质奖赏；上下级之间、同级之间信息畅通，相互信任，感情融洽，上下级都有积极性。

利克特认为，只有第四种领导方式，才是最有效的管理方式。那些使用参与式领导方式的管理人员，一般都是极有成就的领导者，用这种方式来管理的组织，在制订目标和实现目标方面也是最有成绩的。

第三，领导者要能够让员工认识到自己担负着重要使命和目标，认识到自己的工作对组织来说是不可或缺的。

这是支持关系理论的实质要求，只有这样才能使员工感到自己的存在价值，激发员工的参与感。

2005 年 5 月，联想收购 IBM 全球个人电脑业务。IBM 个人电脑业务部门员工第一次听到并购消息的时候，都很吃惊、不知所措。大多数 IBM 的员工都将 IBM 的工作视为终身职业发展，他们害怕并购之后，个人电脑部门不再是 IBM 的核心部门。但是在并购之后，联想总裁杨元庆邀请一批 IBM 元老级人物加盟联想，并将公司半数高层职位授予他们，这些 IBM 员工看到了自己所从事的个人电脑业务对联想的重要价值，也有了一种久违的受重视的感觉。逐渐地，他们的焦虑和不安转变成了对未来的兴奋，从而积极参与到联想个人电脑业务中。目前，联想已成为全球第三大个人电脑生产商，也是一家世界 500 强企业。

四、研究的核心：以"工作集体"为基本单元的新型组织结构

《管理的新模式》中介绍了一种以"工作集体"为基本单元的新型组织结构。通俗点来说就是组织中的一些领导者或管理者可以属于不同的"工作集体"，他们既是某一个"工作集体"的领导者，又是另一个"工作集体"的成员或下属，他们就是利克特所说的"双重身份成员"，把不同的"工作集体"联结起来，使企业成为一个有机整体。

观点一：发挥人的潜力最有效的管理方式，是把所有员工都组织到一个或多个"工作集体"里。

对于"工作集体"，你可以把它理解为组织中的群体或团队。在利克特看来，在优秀组织里，员工并不是作为单个员工发挥作用，而是作为高效"工作集体"的一员发挥作用。这些"工作集体"是互相协作的，而不是对员工进行"一对一"的单兵教练和单线联系。领导者应该在组织内建立起高效的"工作集体"，并通过"双重身份成员"把各个工作集体联结起来，形成组织的有机整体。所谓"双重身份成员"，是指某一个人既是某一工作集体的领导，同时又是高一级工作集体的成员或下属。

举个例子，某公司人力资源部设有部长 1 人，其下属有招聘主管、薪酬主管、培训主管、劳动关系主管等 4 人，每个主管下设有若干专员。假设王明是培训主管，那么他和人力资源部部长、招聘主管、薪酬主管、劳动关系主管组成了一个以人力资源部部长为领导的"工作集体"。在这个集体中，他是人力资源部部长的下属，同时，他还有 3 个培训专员作为下属，他和这 3 个培训

专员又组成了一个"工作集体",在这个集体中,他是培训专员的领导。这样一来,王明就成了"双重身份成员"。

同时,除了正常的、固定的"工作集体"外,组织里还可以设置各种长期或临时的机构,这些机构往往是跨部门、跨基层单位的工作委员会或工作组,在利克特看来,这些机构也可以建成高效"工作集体",这样的"工作集体"通过双重身份成员与其他"工作集体"联系起来,形成一个整体结构。

观点二:新型组织结构是一种相互联结的有机整体。

古典组织理论又称传统组织理论,其特点是把人看作机器的附属物,强调的是等级、命令和服从。在古典组织理论的结构中,上下级关系是"一对一"的关系,各个成员的工作和责任范围划分得很清楚,每个成员以个人身份直接对上级领导者负责,大家"自扫门前雪",井水不犯河水,只有作为第一把手的领导者考虑整体的利益。举个例子,对于实行古典组织结构的企业来说,企业总经理是最高领导,几位副总经理各管一摊,每个副总经理都站在自己分管部门的立场上,有时甚至不惜牺牲全局利益,他们往往向其他副总经理隐瞒真实情况,而对总经理察言观色,投其所好,报喜不报忧,以便争取总经理作出有利于自己分管部门的决策,甚至达到个人晋升的目的。

与此不同,利克特提出的"工作集体"的组织结构,不再是一人一个职位、各个部门之间有严格界限,而是一种相互联结的有机整体。在利克特看来,与古典组织理论由上到下的层系结构相反,"工作集体"的组织结构是自下而上的,比如沟通及目标的达成等都是自下而上的。

五、研究的思路：调查研究—对比分析—提出新系统

《管理的新模式》的研究思路是：根据大量调查研究，对最佳的企业和最差的企业进行比较研究，分析高效企业的典型特点，在此基础上提出四种领导方式及影响因素，最后提出要建立新型管理系统，这种新型管理系统需要在领导和下属之间建立支持关系，而以"工作集体"为基本单元的组织结构，有助于建立上下级之间的支持关系。

- 第一步是调查研究。利克特和同事对一些高效企业进行了调查研究，通过调查研究，利克特对最好的企业和最差的企业进行了比较，发现它们在领导方式和领导风格方面存在很大不同，从而总结出最佳的企业，也就是"高效企业"的典型特点。

- 第二步是对比分析。以"高效企业"的特点为基础，利克特阐述了四种领导方式及其影响因素，并对优秀领导者的经验进行了归纳和总结，从而提出了"参与式领导"的主张。

- 第三步是提出新系统。在"领导方式的影响因素"基础上，利克特提出要建立新型管理系统，在领导和下属之间建立支持关系。要建立这种支持关系，以"工作集体"为基本单元的组织结构是不错的选择。利克特主要对新型管理系统进行了总体描述，并提出建立这种新型管理系统的方法和途径，包括建立领导和下属的支持关系，以及采用"工作集体"的组织结构。

六、拓展阅读

（1）《个性与组织》/ 阿吉里斯著

（2）《营销管理》/ 菲利普·科特勒著

（3）《管理：任务、责任、实践》/ 彼得·杜拉克伯著

扫码获取附赠资料

经济学

23

《经济发展理论》：创新是经济发展之本

创新理论的鼻祖——约瑟夫·熊彼特

约瑟夫·熊彼特（1883—1950），美籍奥地利政治经济学家，其被誉为"创新理论"的鼻祖。代表作有《经济发展理论》《资本主义、社会主义与民主》《经济分析史》等。

约瑟夫·熊彼特

一、作者生平

1883 年，约瑟夫·熊彼特出生于奥匈帝国的一个织布厂主的家庭，幼年就学于维也纳的一所贵族中学。

1901—1906 年，熊彼特就读于维也纳大学，攻读法律和经济，获得法学博士学位，乃奥地利学派主要代表人物庞巴维克的弟子。

1918 年，年轻气盛的熊彼特一度出任德国社会民主党"社会化委员会"顾问。第二年，他又短暂出任奥地利混合内阁的财政部部长。1921 年，他弃仕从商，任私营比德曼银行行长，1924年银行破产，他不得不用 10 年时间来偿还债务。这是他较为低迷的时期，但是也为他后来的理论思想完善奠定了实践基础。

1925 年，熊彼特又重回学术界，先应邀赴日本任大学客座教授，不久又改赴德国在波恩大学任教。1932 年迁居美国，任哈佛大学经济学教授，直到 1950 年初逝世，一直致力于学术研究。

熊彼特一生笔耕不辍，著有 15 本书和 200 多篇论文，其中《经济发展理论》《资本主义、社会主义与民主》《经济分析史》让他在经济学史上留下了浓墨重彩的一笔。

熊彼特曾这样评价自己："我异常缺乏领袖的特质——只需要一小部分我的思想，一种新的经济学可能就已经创立了。"

二、为什么要写这本书

1901—1906 年，熊彼特进入维也纳大学攻读法律和经济，成为奥地利经济学派主要代表人物庞巴维克的弟子。奥地利经济学派认为社会是个人的集合，通过对个人经济活动的演绎、推理就足以说明错综复杂的现实经济现象，并以此提出"经济人"是追求消费欲望之满足的孤立个人。奥地利经济学派的理论核心是主观价值论，就是现在西方经济学中常说的"边际效用价值论"，说的是，一件东西要有价值，除有效用之外，还必须数量有限，这样它的得、失可以左右物主快乐或痛苦的情绪。

奥地利经济学派三个重要观点包括：促进经济增长的根本原因是生产，而不是消费；改善恶化的经济状况，需要储蓄，而不是消费；经济不景气时，需要通货紧缩，而不是通货膨胀。虽然这些观点与现在很多国家的施政思想不同，但还是高度影响着现代西方经济学，也对熊彼特产生了较大影响。

熊彼特在之后的执教生涯中，对法国经济学家瓦尔拉斯的洛桑学派思想也颇为推崇。洛桑学派善于将数理方法运用于经济研究之中，强调社会经济各因素之间的相互关联，瓦尔拉斯更将边际效用价值论与数理方法结合，从交换、生产、资本形成和货币流通四个方面，建立起一般均衡理论体系。

三、研究的基础：由特定环境所制约的经济生活的循环周转

有一个在遥远山村中为城市生产谷物的农民，他知道生产的谷物需要通过别人运送到消费者手里，但他不知道这个最终消费

者是谁。消费者需要多少面包，并且需要多少谷物来制作面包？农民可以轻易回答这个问题。长期的经验告诉他，为了他自己的最大利益，他应当生产多少。而且，他会尽可能地维持这个数量，只在外界环境发生改变后才会逐渐地改变它。此时，不仅经验告诉这个农民，他需要怎么做，农民的供货商也限定了他的各种需求的大小和强度，这使他或者他们，都卷入一个社会和经济的关系网，这张网向他传送一定的生产资料和生产方法，同时把他牢牢地固定在某种行为轨道上。

在经济中，每一个人在这一时期做的事情，与上一时期基本相同，从而使经济体系以巨大的惯性进行着"循环流转"。而每个人只有在迫不得已的情况下才会改变自己的行为，所以这种经济制度不会轻易改变，在所有时间都和以前存在的状态联系着，这可以称为"可继续性原则"。

我们假定这种经验全都不存在，必须重新构建它时，那么我们就只能依据，关于资源在各种可能用途的范围内分配的原理，关于货物相互间的补充性和竞争性的原理，并且我们可以合乎理性地引申出交换比率、价格和古老的源于经验的"供求法则"，其中，很重要的一个概念就是边际效用。

此时，生产的目的只有创造有用的东西。熊彼特认为，从技术上以及经济上考虑，生产并没有在物质的意义上"创造出"什么东西，而是影响或控制事物和过程，即意味着在我们力所能及的范围内把东西和力量组合起来。所以，"每一种生产方法都意味着某种这样的特定组合。"而组合主要的特征是，在生产一单位产品中，各种生产要素货物组合的数量关系，也就是"生产系数"。

四、研究的对象：企业家

熊彼特理念中的发展是一种特殊的现象，它是流转渠道中的自发的和间断的变化，是对均衡的干扰，它永远在改变和代替以前存在的均衡状态。

结合创造组合的观点，熊彼特将发展罗列出五种情况：第一种，生产一种新的产品，也就是消费者还不熟悉的产品，或一种产品的一种新的特性。第二种，采用一种新的生产方法，也就是在有关的制造部门中尚未通过经验检定的方法，这种新的方法决不需要建立在科学新的发现的基础之上，并且也可以存在于商业上处理一种产品的新的方式之中。第三种，开辟一个新的市场，也就是有关国家的某一制造部门以前不曾进入的市场，不管这个市场以前是否存在过。第四种，掠取或控制原材料或半制成品的一种新的供应来源，不管这种来源是已经存在的，还是第一次创造出来的。第五种，实现任何一种工业的新的组织，比如造成一种垄断地位，或打破一种垄断地位。

新组合并不一定要由被新过程所代替的生产或商业过程的同一批人去执行。在实现新组合时，"供应资金"作为一种特别的行为从根本上是必要的，就是用来购买新组合所必要的生产手段的钱。传统地讲，资金来自社会储蓄和自由处置资源。还有一种是银行家创造出的购买力，比如信用合同等有价证券，这也被称为信用支付。

熊彼特认为"生产手段的新组合"和信用可以被称为经济发展的根本现象，把新组合的实现称为"企业"，把职能是实现新组合的人们称为"企业家"。

所以这里的"企业家"与通常的含义不同，熊彼特认为，企业家不仅包括"独立的"生意人，还包括所有的实际上实现新组合职能的人，尽管他们最终变成了"依附"企业的雇佣人员，比如经理、董事会成员等，在此之前，他还是企业家。

当然，"企业家"不是一种职业，一般来说也不是一种持久状态，不能被继承，也不像工人、地主、资本家那样，形成一个传统意义上的社会阶级。熊彼特认为，实现一种新组合的人可以形成一种生活方式，或一种道德的和艺术的价值制度，可以给一个社会历史时代打上他的烙印。"企业家"常常表现出反享乐主义的特质：证明自己比别人优越的冲动，不是为了求得胜利果实，而是为了成功本身，像是运动员；在工业或商业上建立一个王国，追求权力和独立的感觉；施展个人能力和智谋的快乐；等等。

五、研究的核心：信用与资本在经济发展新组合的作用

熊彼特认为，对一定经济体系内生产力的不同利用方式，只有通过改变人们的相对购买力，才能够实现。

所以，只有企业家才需要信贷，即信贷是为企业发展服务的。信贷的意义是根据需求，暂时转让给企业家的购买力，以帮助他最终能够进行生产，借以实现新组合。如果一个人拿不到信贷，那么显然他就不能成为一个企业家。在资本主义社会里，他是典型的债务人。

信贷的作用在于使企业家能够把他所需要的生产品从它们原先被派的用场中抽取出来，按需要加以利用，从而迫使经济体系进入新的渠道。也就是说，各种为"创新"目的而提供的信贷其实是构成经济发展的一种要素。其中，消费信贷则不包括其中。

所以，熊彼特总结的信贷本质是，信贷给予企业家以创造所

需的购买力。原则上，信贷是在私有财产及劳动分工制度下完成"发展"的一种方法。凭借着信贷，企业家可以在创新产品、生产模式还没有获得市场时，就开始着手改造。只有这样，才有可能打破现有市场供需均衡状态，产生新的发展，这种功能构成了现代信贷的基石。

在资本主义经济组织形式下，资本是一种杠杆，凭借着它，企业家可以使他所需要的具体商品受他的控制，把生产要素转用于新用途，或引向新的生产方向。这也是资本唯一的职能。

资本是在实现新组合的场合中一种重要组成因素的货币及其替代物。如果支付手段起不到为企业家置办生产品的作用，也不能将生产品从原先的用途中抽取出来，那么，它们就不能算是资本。在没有发展的经济体系内，就没有资本，或者换句话说，资本不发挥其特有的职能，因而就构不成一种独立资本的要素。需要说明的是，并不是只有货币才是资本，一般流通手段，只要其使用目的是创造，那么就都是资本。

所以，熊彼特将资本定义为，可以在任何时候转交给企业家的一宗支付手段的数额。

让信贷和资本发生联系的是资本市场。可以说，货币市场或资本市场的主要职能是用信贷交易来为发展的目的筹措资金。

此时，在货币市场的需求方，出现了企业家；在供给方，出现了购买力的提供者和经手人，即银行家，双方又各有其代理人和中间人。在这个市场，人们在以现在的购买力去交换未来的购买力。双方之间每日所进行的讨价还价之争，决定着新组合的价格。在这一价格斗争中，一定会因为注重未来的价值而将成交价格定得过高或者过低，但是这实际上并不会影响货币市场或资本市场本身的价值，正像是二级市场所表现的那样。

六、研究的结论：企业家利润

熊彼特认为企业家利润是一种超过成本的剩余，从企业家的角度看，它是一个企业的收入与支出之间的差额。所谓"支出"，是指企业家在生产中的直接支付和间接支付。对此，还必须加上企业家花费的劳动所应得的适当工资；加上企业家自己拥有的土地的租金；最后，还要加上风险的额外酬金，以及资本的利息。

如果一个用人力生产的纺织工厂发现了可以添置机器辅以生产的可能性，他需要从银行贷款来买机器。如果一个工人用上这种织机的日产量是手工工人日产量的 6 倍，那么只要具备三个条件，这家企业就会得到超过成本的剩余。首先，当新的供应量上市时，产品必定不降价，或者即使降价，但其降价幅度还是有限度的，降价后的总收入一定不能小于此前总收入。其次，动力织机的每日成本必须或低于裁减了的 5 名工人的工资；或低于减去可能的产品价格下跌数额，再减去开机器所需的一名工人的工资之后的产值余额。最后，看管织机工人的工资，以及为购置织机所支付的工资与地租不会过分升高。

熊彼特这样论述"剩余"的存在：在循环流转中，如果有新的组合的出现，使一个企业的总收入从等于总成本变为大于总成本。

于是，在诱人的利润刺激下，新的企业连续出现，产量增加，竞争激烈，过时企业日渐淘汰，工人可能被解雇，如此等等，整个行业全面改组，最终达到新的均衡。经济总是从均衡状态到出现创新，之后创新产物被争相模仿，再变为市场主流，直至经济达到均衡状态，不断处于这样的循环之中。

也是在诱人的利润下，人们有了成为企业家的动力。不过，熊彼特认为，更多的企业家常常注重积累资产以外的目的，充满热情地追寻自身价值的实现，克服困难，打破常规，创造出新的产品或经济行为，力求在经济历史中留下一笔。

根据熊彼特的定义，企业一旦进入循环流转状态，企业家的作用就消失了，利润也就消失了。增长只是土地和劳动服务价值的增长，利润增长也不是新组合时的增长，而是边际效用的增长。

企业家是在竞争中摧毁原先旧的企业和生产方式，不断寻求可以产生利润的新组合的人，也可以被看作使经济体系被不断改组的"工具"。

所以，在市场不断创新再到归于均衡状态之中，企业家从来不是风险的承担者。如果这个企业家是靠过去的利润来经营，或者利用原属于他的"静态"企业的生产手段来经营，那他也是以资本家或商品拥有者的身份，而不是以企业家的身份，来承担风险。

七、拓展阅读

（1）《经济分析史》/ 约瑟夫·熊彼特著

（2）《资本主义、社会主义与民主》/ 约瑟夫·熊彼特著

（3）《经济学原理》/ 格里高利·曼昆著

扫码获取附赠资料

24

《经济与社会》：多维度反映人类文明的社会学之镜

百科全书式学者——马克斯·韦伯

马克斯·韦伯（1864—1920），德国人，20世纪最著名的社会学家。他通晓欧洲多种语言，在政治学、历史学、经济学、哲学、宗教学、教育学、文艺学等领域，都有重要建树，是公认的百科全书式学者。毫不夸张地说，西方的社会学家几乎是言必称韦伯，韦伯的观点在西方学术界的引用率，一直处在最前列。

马克斯·韦伯

他积极投身于社会政治运动，曾随德国代表团参加凡尔赛会议，反对签订《凡尔赛和约》，并参与了魏玛共和国宪法的起草设计。

此外，他还有专门研究亚洲文化的论著，如《中国的宗教：儒教与道教》《印度的宗教：印度教与佛教》等，这让亚洲的学者们也逐渐关注到了韦伯，尤其是现代新儒家，在寻求中国现代化的进程中，掀起了一股"韦伯热"，对韦伯的思想进行了深刻的反思及再研究。

一、作者生平

马克斯·韦伯，1864 年出生于爱尔福特城的一个知识分子家庭。韦伯的父亲是一位训练有素的律师，他的母亲信仰基督新教，开明而有教养。在韦伯 5 岁的时候，韦伯全家移居到柏林，他的父亲开始活跃于政坛，参与了柏林市议会、普鲁士邦议会、帝国新国会等，和他来往交游的，都是政界和学术界的有名人物。这让韦伯从小就受到了高于同龄人的思想和文化的熏陶，增加了他的见识，为他一生的学术研究打下了良好的基础。

18 岁的韦伯就读于海德堡大学，和他的父亲一样，专业是法律。后来，韦伯在柏林大学获得了博士学位，他的博士论文从法律史、经济史的交叉点切入，研究了中世纪的贸易公司史，方法是从社会、经济和文化等多方面来分析社会现象与社会发展。这种研究方法一直被韦伯所用，成为他的一种特色。

二、为什么要写这本书

《经济与社会》系统地表述了韦伯的社会学观点和对现代文明本质的见解，包含了他对社会学基础的论述以及他的经济社会学、法律社会学、政治社会学和宗教社会学思想，并阐释了这几个领域各自的特点和彼此交叉的内容。

韦伯曾求学于海德堡大学，在柏林大学开始教职生涯，并陆续在维也纳大学、慕尼黑大学等大学任教。他曾前往凡尔赛会议代表德国进行谈判，并且参与了魏玛共和国宪法的起草。他的学习、工作经历，为他写《经济与社会》提供了坚实的理论基础。

马克斯·韦伯生活的年代，是启蒙运动带来资产阶级理性的时代，但是法国大革命之后社会的动荡开始让一些知识分子怀疑"永恒的理性"。于是出现了叔本华与尼采等人为代表的非理性主义与理性主义的对抗。韦伯是理性主义的捍卫者，他认为现时代是理智化、理性化和"祛魅"的时代，但是他所处的时代背景同时也让他感受到理性主义所带来的不安，所以他的思想中也有非理性主义的痕迹。

《经济与社会》是对现代资本主义产生、兴起的条件以及世界未来的前景构建一个有充分解释力的推导框架。推导的逻辑起点是"社会行动"，社会行动就是对他人产生影响的行动。人的社会行动不论是主动的还是被动的，都是受自身主观意识影响的。人的主观意识是不可观察的，那么如何去理解和解释社会行动？韦伯是从理性化的角度切入的，历史可以看作社会行动持续理性化的过程。除了按照惯习、传统这种不假思索的方式进行社会行动之外，人们的目的和手段都是理性规划的过程。

三、研究的视角：反实证主义的立场与个人主义的方法论理想类型学的分析方法

作为韦伯在经济、社会、政治等诸多领域研究综述的集成，《经济与社会》旗帜鲜明地体现了韦伯反实证主义的立场。

实证主义是一种哲学思想，它以"实际验证"为中心。这一

思想最早可以追溯到英国 13 世纪的经验主义学者罗杰·培根。"实证"一词可以解释为"发现是真的"。狭义而言，实证主义是指法国哲学家康德的哲学，康德认为对现实的认识只有靠特定科学和对寻常事物的观察才能获得。康德成长的时代，正是科学思想发端的时代，人们逐渐以注重经验的科学方法观察、研究事物，探求事实的本原和变化的现象。实证主义的中心论点是：必须通过观察或感觉经验，去认识每个人身处的客观环境和外在事物，这样才能得出事实。实证论者认为，虽然每个人接受的教育不同，但他们用来验证感觉经验的原则，并无太大差异。实证主义的目的在于建立知识的客观性。它反对神秘玄想，主张以科学方法建立经验性的知识。在实证主义的影响下，社会科学的研究方法也逐渐向自然科学的研究方法靠拢，将研究客体抽象成为一个相对静态的研究对象。但是自然科学的研究客体，大多具有稳定性、可以被量化观测的特点。自然科学的研究结论，一经得出，也具有普适性。与自然科学不同，社会科学的研究对象，比如经济运动和社会运动，不具有自然科学研究对象一般的恒定性，是不能被完全量化观测、拿进实验室重复实验的，在某个具体历史限定条件下得出的研究结论，很可能不适应下一个历史阶段。因此韦伯在《经济与社会》的写作中选择了和实证主义相对的视角：社会科学的研究应该经历严格的经验与历史分析，而不能像自然科学一般被数学模型和逻辑推理主导。

但是社会科学的本质也是科学，抽象这种手段在研究中必不可少。所以在研究中，学者们经常会陷入两难境地：在研究一些现象时用抽象手段得出的概念，要么因为过分宽泛，简化了现象的一些具体特征；要么由于概念过于狭窄，无法完整地包含与现象相关的特质。为了避免自己陷入同样的困境，韦伯采用了方法论的个人主义来进行写作，并在方法论的个人主义这一框架下，采用理想类型分析法来展开研究。

方法论的个人主义又称个人主义方法论，它将社会的发展看作是许多个人的聚集，通常倾向于将一个大的实体化为许许多多的小实体来解读和研究。在这种视角的认知中，社会学应当研究人的行动，因为群体只不过是许多个体的组合，赋予群体一定"意义"的是每个个体，因此应该以个体行为作为基础研究社会科学。个人主义方法论是韦伯在文本中提出的观察角度，很多人将家族、国家等集团视为一个个整体，认为它们像是人一样，具有能动性和单独的人格，但是这些集合体不过是对每个个人的具体行为加以组织的模式和结果。

韦伯在本书中，运用的研究方法是理想类型分析法。所谓的理想类型，是一种用于研究社会和解释现实的分析概念或逻辑工具，是高度抽象出来的、反映事物本质特征的分类概念。理想类型分析法结合了研究者的理论基础，通过对经验事实的提炼，得出现实的某种变异形式。用理想类型分析法抽象出的概念类型虽然最大程度上包含了经验性事实的特性，但它与现实本身有一定距离，因此并不能等同于真正的现实存在。比如"资本主义精神""新教伦理""科层制"等概念，它们揭示的是一定历史条件下经验事实中的共性和规律，并呈现以某个典型的形式，它们在现实当中其实不是具体存在的。

韦伯使用的个人主义方法论下的理想类型法，平衡了抽象提取概念过程中的矛盾：既不让结论过分粗略，以至于简化了现象的描述，也不至于过分狭窄，无法完整包含现象的特征，或者把一些并不能成系统的单个情况过分特殊化。

四、研究的对象：宗教经济伦理，政府与权力研究，法律社会学

本书的研究对象有几个方面：宗教经济伦理、政府与权力研究、法律社会学。

关键词一：宗教经济伦理。

在宗教经济伦理方面，韦伯构建了宗教概念的结构，并根据不同宗教在这个结构和元素上的表现展开对比，多方面探究宗教对经济环境的影响：神圣教义在世俗中通过特定的传递方式和组织活动，让宗教伦理为世俗道德塑造规范，从而使信仰对人们生活中的价值选择产生重大影响，这一影响当然包括对人们经济行为的形塑。例如宗教信仰中建立的禁忌体系，是规范社会道德的戒尺，规定了哪些行为是被认为应受到制裁的宗教丑行，影响着人们的价值判断。

只要这种禁忌体系有巨大能量，就不可能催生原生的经济理性化。假使某些为了追逐利益的经济行为被宗教视作禁忌，那么在这种宗教禁忌发挥影响的地区，就很难有经济理性化的转变。在印度教的教义影响下，种姓制度对印度社会影响深远，种姓制度通过内婚制、继承的方式传承某一特定阶层的生活方式，深深影响了职业道德的构建。种姓制度下衡量一门手艺的价值，不是基于这门手艺产生了多少经济收益，而是与这门手艺匹配的种姓职业要求。这就使得印度教支配下的经济很难像资本主义经济一样发展。加尔文宗废除了无序的布施，强调人只有通过职业劳动才能证明自己。清教传教士就在此基础上作出了更多延伸：有劳动能力的人无所事事，是他们自己的问题，而没有劳动能力的人

需要慈善，则是出于上帝的荣耀。在细致地比较和探求不同宗教及其所处社会环境的异同的过程中，韦伯论证了不同宗教的各自的经济伦理。

关键词二：政府与权力研究。

在政府与权力研究方面，韦伯聚焦的重点在于政府权力合法性的构建和官僚制度的研究上。

官僚制又被称作科层制，是一种理性化的管理组织结构，由一群经任命产生、执行决策者命令的官员组成。它必须遵循一套特定的规则与程序，有明确的权威登记、专业的人员分工，人员各自的权责自上而下传递。官僚制的组织活动是"由一些固定不变的抽象规则体系来控制的，这个体系包括了在各种特定情形中对规则的应用"。法律和规章制度是组织的最高权威，任何组织成员在任何情况下都要严格遵守，不能徇私处事。同时官僚制通常根据公开的考试和法定程序来决定人员任用，以技能资历来决定人员升迁，并考核管理人员绩效。

韦伯提出了三种正式的政治支配和权威的形成来源，分别为：传统权威、魅力权威以及理性法定权威。

传统权威很大程度上依赖于传统或习俗的权力领导，在这种模式下，政体会让一个被传统和惯例评判为正当继承者的领导来行使权力。传统权威的重要表现是封建、世袭制度，比如部落和君主制。这种权力不利于社会变革，往往是非理性的和不一致的。

魅力权威是一个领导者的自身特质和愿景，因为能够激励或吸引他人，从而形成其权力基础。对魅力领袖的忠实服从和领导者执政的正当性，往往来自对一种信念的笃信。在这种语境下，领导被认为拥有天赋的魅力或超自然的力量，如宗教先知、战争英雄或革命领袖。韦伯更是对于魅力统治的这个形式做了大篇幅的叙述，探究了超凡魅力从历史上的形成伊始，到王朝、封建制没落后产生形变扩散到政党政治，乃至渗透进商业活动的总过程。

理性法定权威是以理性和法律规定为基础行使权威。服从并不是因为信仰或崇拜，而是因为规则给予领导者的权力。因此，理性法定权力的运用能够形成一个客观、具体的组织结构。社会的理性化是无可避免的趋势，在此趋势下，权力架构的支配将从传统权威、魅力权威转向法定权威，在理性法定权威之下的社会体制将会出现一个新的组织形态。

关键词三：法律社会学。

韦伯的法律社会学，是基于"外部视角"展开的，是从整体的视域研究法律，仅仅把法律看作是社会现象或要素之一。

韦伯从理性与否的角度对法律进行了分类，划分了四种理想类型：形式非理性的法律、实质非理性的法律、实质理性的法律和形式理性的法律。

"理性"是指裁决案件的依据明确，有可察的源头，判定具有同一衡量的标准，"非理性"则与之相反，比如通过求助神灵的判定、情感或未经反思的传统的裁决就是非理性的。而在这个理想类型概念里，"形式"是指使用"法内标准"，是在法律框架内给出的评判标准，"实质"是指使用"法外标准"，宗教或道德伦理的裁决最后决定了法外标准。

形式非理性的法律采取"法外标准"，裁决案件的依据往往由具体案件的条件决定，因而裁决结果具有高度的不确定性和随机性，只有采取"法内标准"的形式理性法律，同类案件的裁决结果才具有一致性，因为裁决有据可依。在韦伯的认知中，在现代的理性化社会，只有形式理性的法律才与人们的理性行为相契合，才能推动社会的发展。因此韦伯论证，在现代社会，形式理性的法律将会取代其他类型的法律而占据主导地位。

五、研究的思路：比较特征—分析关系—解释现象

理想类型的分析方法主要包括比较不同理想类型的本质特征，分析不同类型之间的结构关系，并根据结构一致性的原则，来解释事物或现象的原因。

韦伯广泛地援引世界历史资料，把发生在不同时代、不同文明和不同社会中的经济形式、法律形式、统治形式和宗教形式纳入他独特的概念体系，通过对东西古今各种文明的比较，分门别类地作出了类型化的研究和系统化因果分析。

● 韦伯提供了一个能把所有宗教置于其中进行比较的结构，用组成宗教生活相关的各种元素来填充它们。其一，被人们从万事万物运作背后抽象出来的，被视为具有奇妙能力的力量。其二，人们贴近这种神秘力量过程中发展出的象征主义，所形成的特殊宗教仪式。其三，围绕宗教仪式产生的不同职业，最初是换取经济报酬进行占卜预言的巫师，之后随着宗教发展，产生了亲身得到了神启，因而来传达神的启示谕旨的先知，之后有了服务于宗教机构的神职人员，如祭司。其四，宗教仪式运作和神职人员同信徒交流过程中发展出的一系列的伦理道德评判标准和禁忌规

范。其五，作为宗教教义载体的经文、著作。其六，宗教
的社会功能和宗教与不同阶层的关系。其七，不同宗教的
神学体系和同种宗教内部不同教派之间的不同性质的教义
与论调。

● 通过对东西方文明本质的观察，韦伯抽象出了这套能够清
晰体现东西方不同宗教结构的概念模型，将不同宗教在这
些元素和构架上表现出的不同点加以对比，从而得出对于
每种宗教本身特殊性的观察结果。

● 这套结构结合了具体历史条件和不同社会环境对宗教的形
塑的研究，也包括一些没有简单地局限于地域和文化的新
概念模型，来对宗教进行新的分类归置，这种分类的前提，
在于严肃考察了不同社会发展对于人们的观念和组织形式
的影响。比如，针对在信仰中得救的方式，就有三种：第
一种是通过仪式而得救，在古代佛教的语境里，可以完全
通过自身的努力获得救赎，而在犹太教所处的社会，教义
和律法相互关联，犹太教则是通过让参与者接受特殊的律
法教育来得救；第二种是通过善举而得救，比如做出让宗
教承认的善举来成为救赎的方法；第三种则是通过自我完
善来得救，例如努力获取神对人要求的品质，比如遵守道
德和规范，让自己在精神上与神融为一体。

韦伯通过理想类型的分析法，从最基本的细节到整体上敏锐
地发现了不同历史时期、不同社会环境下不同文明和制度构建中
的特点，在比较中完成了对经济、宗教、政治、法律在社会上运
作方式的考察。

六、拓展阅读

（1）《经济学原理》/ 格里高利·曼昆著

（2）《社会学的基本概念》/ 马克斯·韦伯著

（3）《美好社会与美美与共》/ 费孝通著

扫码获取附赠资料

25

《国富论》：自由市场竞争模式的奠基

现代经济学之父——亚当·斯密

亚当·斯密（1723—1790），英国经济学家、哲学家、作家，经济学的主要创立者。亚当·斯密强调自由市场、自由贸易以及劳动分工，被誉为"古典经济学之父""现代经济学之父"。

亚当·斯密

一、作者生平

1723 年，亚当·斯密出生于苏格兰菲弗郡卡柯尔迪的一个海关官员家庭，幼年丧父的他在母亲的支持下获得了良好的教育。亚当·斯密的小学启蒙教育从造就过一批卓越人才的寇克卡迪学校开始，幼年的亚当·斯密就表现出对书籍的热爱和超人的记忆力。

斯密 14 岁时以优异的成绩进入格拉斯哥大学学习，并在道德哲学方面显示出聪慧的天资。之后，他在牛津大学深造时，认真研究了古代伟大思想家的作品，以及《人性论》等当代著作，对古典哲学与当代哲学有了深入了解。

1750—1751 年的冬天，斯密在爱丁堡大学任教经济学讲师。1751 年，他又被选为格拉斯哥大学的逻辑学教授。

斯密在临终前，坚持将未完成的十几部手稿付之一炬。在他逝世后，后人根据他的学生所记的笔记，1796 年整理出版了《正义、警察、岁入和军备讲稿》，其他遗稿也陆续整理出版，包括 1793 年的《哲学问题论集》、1795 年的《天文学史》等。

二、为什么要写这本书

英国是世界上最早建立资本主义制度的国家。到 18 世纪上半叶，英国在资本主义世界已经遥遥领先。《国富论》的写作正值工业革命的前夜。当时工场手工业仍是英国资本主义生产的主要形式，但机器生产代替手工技术的趋势越来越明显。尽管资本主义的原始积累已经完成，但由于封建势力在政治上占有统治地位，封建经济大量存在，严重阻碍了资本主义的进一步发展。时代迫切要求一个新的经济学说体系的诞生。

在格拉斯哥大学教书时，斯密除了关注道德问题外，还经常去格拉斯哥工业区实地考察那里的经济生活，渐渐地将自己的学术重心研究转移到经济方面。同时，他还参加了格拉斯哥地区的政治经济学俱乐部。在这一系列活动中，逐渐形成了自己的经济学思想。

1764 年，斯密辞去格拉斯哥大学教授职务，改任青年公爵贝克莱的私人教师，陪同他到欧洲大陆旅行。在巴黎，他结识了法国启蒙学派代表人物伏尔泰、重农学派主要代表人物魁奈和杜尔阁等名流，在交往中他受益匪浅。

在此期间，他访问了法国和瑞士的一些重要城市，考察了各地的经济、政治和社会状况，开展了广泛的学术交流活动。1764 年 7 月，斯密在给休谟的信中写道："为了消磨时光，我已开始写一本书。"他在这封信中所提到的书就是《国富论》。

1767 年，斯密返乡后闭门著书。1773 年，他带着自己的著作到伦敦准备出版。可到了伦敦后，斯密发现，在他隐居的这几年又出了许多新的资料，他又用了整整三年时间对这本书进行了增补和修订。

三、谈生产力：论劳动生产力增进的原因并论劳动生产物自然而然地分配给各阶级人民的顺序

斯密认为增加财富的具体途径主要有两条：一是加强劳动分

工以提高劳动生产率；二是增加资本积累，从而增加从事生产的劳动者人数。

第一，劳动生产力逐渐增进，以及劳动者能拥有更加熟练的技巧和精准的判断力，都是分工的结果。

有了分工，劳动者就能完成比过去多得多的工作量。第一，劳动者的技巧因专职一业而日益增进；第二，由一种工作转到另一种工作，通常会损失不少时间，有了分工，就可以免除这种损失；第三，分工使人们将全部注意力自然倾注在一种简单事物上，于是出现了许多简化劳动和缩减工时的机械，让一个人能够做许多人的工作。

有了分工，一个人能生产的东西变得非常单一，只能满足自己欲望的极小部分。他需要用自己消费不了的剩余劳动生产物，交换自己所需要的其他东西，这就组成了商业社会。此时，有了文明商业社会上的通用媒介——货币。原则上，一切货物都能通过货币实现交换。

第二，价格由劳动工资、资本利润、地租等因素构成。

斯密认为，价格的界定不应该以金银货币为价值标的，而要以劳动确定。劳动才是商品的实际价格，货币只是商品的名义价格。

劳动者是贫是富，其劳动报酬是高是低，不和他／她劳动的名义价格成比例，而和他／她劳动的真实价格成比例。真实价格与名义价格的区分，对订立永久地租或缔结长期租地契约很有用处。实际情况来看，在相隔很远的两个地方，商品的真实价格与货币价格不成正比例。

在先进社会，商品价格的组成要素也更加明显。斯密认为，无论什么商品的全部价格，最后必由劳动工资、资本利润、地租这三个部分或其中一个部分构成。从一个国家的角度来看，由劳动采集或生产的全部物品，最终会以工资、利润和地租形式分配给不同的社会成员。

在实际的市场交易中，如果市场上的商品价格与出售这商品的人的实际成本相等，就是达到了商品的自然价格。这个价格未必是一般商人卖出货物的最低价格，但却是他在相当长的时期内肯出卖的最低价格。

当然，市场价格并不总是等于它的自然价格。因为，市场价格还受商品的实际供求关系影响。如果有人为了满足自己对商品的需求，而在市场上支付较高价格，那么该商品的市场价格就会高于自然价格，因为竞争会在需求者之间发生。

商品市场价格的一时变动，对价格中工资和利润会产生一定影响。当然，如果工资提高了，价格也会等比例提高。斯密表示，如果工资的提高是伴随着生产效能的提高，那么劳动量的减少就可抵偿劳动价格的增加。所以，企业主会给他的工人提供生产效率更高的机器，同时也会将工人的分工安排得更加精密。

而以资本增加的方式提高工资之后，行业却会向着利润降低的方向倾斜。斯密发现，在同一行业中，如果有许多富商投下了资本，他们激烈竞争之后的结果，往往是倾向于减低这一行业的利润；同一社会各种行业的资本，如果全都增加了，那么竞争必对所有行业产生同样的结果。这个时候，富商们就开始需求更广阔的市场，比如国际贸易。

斯密特别提到，如果是因提高利润而使商品价格上升，其上升幅度要比提高工资的影响大得多。劳动生产力的增进，如果能直接使商品真实价格回落，一定能间接提高土地的真实地租。因为，地主通常把他消费不了的原生产物或剩余原生产物，去交换制造品。制造品价格降低，地主便能购买更多的他所需要的便利品、装饰品和奢侈品。当然，改良及耕作的扩大，也可直接抬高土地的真实地租。

第三，三大阶级。

社会人群就产生了与地租、劳动工资、资本利润相对应的三大阶级——地主阶级、劳动阶级、资本阶级。

第一阶级是地主阶级，此阶级是和社会一般利益密切相关、不可分离的。凡是促进社会一般利益的，也一定促进地主利益；凡是妨害社会一般利益的，也一定妨害地主利益。这一阶级人群不用劳力，不用劳心，更用不着任何计划与打算，就自然可以取得收入。

第二阶级是靠工资过活的劳动阶级，此阶级也同样和社会利益密切相关。劳动工资最高的时候，就是对劳动的需求不断增加、所雇劳动量逐年显著增加的时候。当社会的真实财富处于不增不减的状态时，劳动者的工资马上就会回落，只够他们维持生计。当社会衰退时，其工资甚至会降低到这一限度以下。

第三阶级是资本阶级，此阶级是劳动者的雇主，靠资本利润为生的人。资本使用者的规划和设计，支配指导着劳动者的一切最重要动作。但一切规划和设计都是以利润为目标。利润率不像地租和工资那样，随社会繁荣而上升，随社会衰退而下降。反之，它的价值在富国自然低，在贫国自然高，而在迅速趋于没落的国家最高。

四、谈资本：论资产的性质、积累及使用

斯密阐述了资财的性质，资财蓄积对各种资本的影响；资本的不同用途，以及其影响。

1. 流动资本和固定资本

流动资本，通过生产、制造或购买物品，然后卖出去以取得利润。固定资本是通过改良土地，购买有用的机器和工具，置备无须易主或无须进一步流通，以此提供利润。

就牧民说，耕畜的价格或价值，可称为固定资本；饲养牲畜的费用，可称为流动资本。就一个国家或社会来讲，居民的资财有三个用途：一是留供目前消费，其特性是不提供收入或利润。二是可提供利润的、不必经过流动的固定资本。三是依靠流动而换取收入的流动资本，比如货币。

流动资本和固定资本都具有提供收入的目的，且固定资本是由流动资本变成的，而且要不断地由流动资本来补充。这个时候，银行就应运而生。银行的设立也是工商业大发展的原因之一。

2. 资本的不同用途

虽然资本的目的相同，但等量的资本会随着用途的不同而产生不同的生产性劳动量。斯密认为，资本有四种不同用途：第一，用以获取社会上每年所须使用、所须消费的原生产物，常常被农业家、矿业家、渔业家采用；第二，用以制造原生产物，使适于眼前的使用和消费，常常出现在制造业中；第三，用以运输原生产物或制造品，从有余的地方运往缺乏的地方，往往被批发商人青睐；第四，用以分散一定部分的原生产物或制造品，使成为较

小的部分，适于需要者的临时需要，经常在零售环节出现。

这四种用途出现在不同环节，环环相扣，缺一不可。现实情况却是，一个国家或者个人没有足够资本，既把一切土地改良和耕种起来，又把全部原生产物加工成适于直接消费及使用的制造品，还把剩余的原生产物及制造品运往远方的市场换取国内需要的物品。

国内各地因有相互交换剩余生产物的必要，诞生了国内贸易。在国内贸易的范围中，投在国内贸易上的资本量，必受国内各地剩余生产物价值的限制。而消费品在国外贸易范围内，必受本国全部剩余生产物价值以及能由此购得的物品的价值的限制。运送贸易所交换的是全世界各国的剩余生产物，其范围必受全世界各国剩余生产物的价值的限制，有的范围可能没有止境，所以它所能吸引的资本也最大。

五、谈国家：论不同国家中财富的不同发展

按照事物的本性，生活资料必先于便利品和奢侈品，这与后来的心理学家马斯洛提出的需求金字塔异曲同工。所以，进步社会的资本，首先会选择投入在农业上，其次投在工业上，最后投在对外贸易上。

同时，私人利润的打算，是决定资本用途的唯一动机。所以在利润相等或几乎相等的条件下，人们依然会选择投资农业，因为和制造商的资本比较，地主或农业家的资本更为稳当。而在制造业与对外贸易业两者中，更多人宁愿选择制造业。但是此时的欧洲各国却因为此前政府的人为干预，表现出与原本的自然发展顺序相悖的形态。你会发现，这些国家的精细制造业快速发展，

是得益于对外贸易体量增大，而制造业和对外贸易对原材料需求的增长，倒逼农业大改良。

古意大利土地非常肥沃，且是世界最大文明的中心地，但是农业发展停滞不前。斯密用了大量篇幅阐述了罗马帝国崩溃后，长子继承法和限定继承制限制了土地的流转，土地改良也受到了限制，对欧洲农业整体的发展造成了严重的恶果。而且，在古代欧洲的政策中，还有其他不利于土地改良与垦作的地方：到处都规定未经特许谷物输出一律禁止；限制谷物甚至各种农产物的内地贸易，实行禁垄断禁零售禁囤积，确立集市市场的特权；等等。

在罗马帝国崩溃后，国王与城市居民联合向地主贵族进行斗争，城市居民因此摆脱奴隶式待遇，城市也得以在产业发展及资本积累的过程中发展起来，这成为制造业发展的必备条件。此时，土壤肥沃的内地，耕作容易，所产物品除了维持耕者生活所需外，还有很多剩余，这就激发了制造业的潜能，毕竟粗实的谷物在运输上较为困难，如果加工成精制品，则更容易销售到更远的市场，这是成熟农业助推制造业发展的典型案例，也是对外贸易倒逼制造业的推广和改进的重要体现。同时，城市的发展也在通过三个方面推动农村的发展：一是城市为农村的原生产物提供一个巨大而便利的市场，鼓励了农村的开发与进一步的改进。二是富裕的城市居民还常用剩余财富换取土地，节约、秩序、谨慎的商人更适合进行土地改良。三是工商业的发达让农村的地主和王公贵族的剩余资产得以利用，而不是用于圈养奴仆，于是个人拥有了自由，社会形成了良好秩序。

另外，斯密清楚地看到，通过工商业而获得的资本，除非其某一部分已在土地耕作与改良事业上得到保障和实现，否则它会是极不确定的财产，也不能说这部分财产属于哪个国家。究竟在何处经营的问题，对于商人本身其实没有多大意义，如果他对甲国产生哪怕一丁点的厌恶，就可促使他把资本从甲国迁到乙国。而随着资本的迁移，资本所维持的产业也必将进行迁移。在现代政治经济中，吸引资本也是解决本国经济低迷的重要手段。2004年，美国通过《本土投资法案》引导大量资本回流本土。特朗普政府也是通过减免公司税的方式吸引企业回国投资，且世界各国争相效仿。

六、谈政治：论政治经济学体系

重商主义相信财富是由货币构成的，财富的来源要么是国内的金银矿山，要么是对外贸易中的贸易差额，金银在对外战争中占据重要地位，所以采取非常严苛的限制金银出口政策，但是当国家商业化程度加深时，从事对外贸易的企业主就认为这种限制严重阻碍了经济发展。

重商主义提出的富国两大手段，虽是奖励输出和阻抑输入，但对于某些特定商品，则采取奖励输入和阻抑输出的做法。重商主义的拥护者认为，这两种做法，都是通过政策调整贸易差额，使国家致富。比如，对于凡能与本国产物和制造品竞争的一切外国商品，在输入时加以限制，就显然是为着本国生产者的利益而牺牲国内消费者的利益；为了使本国生产者能在比较有利的条件下输出某几种产物到一个遥远国家去，消费者不能向邻国购买本国气候所不宜生产的商品，却必须向这一个遥远的国家购买这种商品。

消费应是一切生产的唯一目的，而生产者的利益，只在能提升消费者的利益时，才应当加以注意。但在重商主义下，消费者的利益因为生产者的利益而被牺牲，这种主义不把消费看作一切工商业的终极目的，而把生产看作工商业的终极目的。

进入 18 世纪，重商主义不再适用于当时的欧洲。于是，斯密研究了和它相左的重农主义。

重农主义极为强调农业在财富中的地位。同时，他们相当重视经济中的自然秩序，提出自由放任的经济政策主张。

斯密表示，重农主义认为"国民财富并非由不可消费的货币财富构成，而由社会劳动每年所再生产的可消费的货物构成，并认为，完全自由是使这种每年再生产能以最大程度增进的唯一有效方策"。这个思想是公正且毫无偏见的。但是这个学说最大的谬误是认为工匠、制造业工人和商人的劳动不增加社会的真实收入。

同时，斯密认为，任何一种学说，如果要特别鼓励特定产业，违反自然趋势，把社会上一大部分资本投入这种产业中去，或要特别限制某种产业，强迫一部分原来要投在这种产业上的资本远离这种产业，那实际上都和它所提倡的促进目的背道而驰。结果只能是阻碍，而不能促进社会走向富强；只能是减少其土地和劳动的年产物的价值，而不能增加。重农学派的学说，归根到底实际上妨害了它们所爱护的农业。

他提出，一切特惠或限制的制度，一经完全废除，最明白最单纯的自然自由制度就会树立起来。这有点像我国的道家学说。在老子《道德经》中有一句政治名言：我无为，而民自化；我好静，而民自正；我无事，而民自富；我无欲，而民自朴。就是说政府不要忤逆事物的天性，过多干预民众行为；要顺其自然，相信自然秩序在和谐社会中的作用。

七、谈收入：论君主和国家的收入

斯密认为，君主的支出是为臣民达成三项基本工作：保护社会不受其他独立社会的侵犯，即国防；尽可能保护任何社会成员不受其他任何成员的侵犯和压迫，即设立完全公正的司法机构；建立并维持某些公共机关和公共工程，比如道路、桥梁、运河、港湾等。

国防和司法机构的设立必然需要由国家组织收入进行合理分配。但针对公共工程建设来说，斯密认为，可以通过更小的政府机构实施和管理。一项公共工程，如果不能由其自身收入维持，而又只限于某特定地方或某特定区域可以获得工程利益，那么，把它放在国家行政当局管理之下，由国家一般收入维持，确实不如把它放在地方行政当局管理之下，由地方收入维持。比如，伦敦市上的照明与铺路费用，如果仅由伦敦各特定街坊、特定教区、特定市区的居民所提供的地方税进行支付，那么英国国内不能收获这街灯利益的大部分居民，就无须分摊这部分费用。

如果将一些公共工程交给个人管理，此工程产生的收益也收归个人，个人对该工程后期的维护工作或许会比政府更加用心。斯密看到，欧洲许多地方的运河通行税或水闸税，都被归为个人私有财产，这些人为保持项目利益，必竭尽全力维护运河。多年来，这种做法一直在被世界各国所采用，且颇见成效。我国近年来极力推行 PPP 模式，即政府和社会资本合作，它鼓励私营企业、民营资本与政府进行合作，参与公共基础设施的建设。该模式已经在我国公共基础设施运作工作中扮演了非常重要的角色。

斯密极为推崇国家财富在支持教育方面的作用。他认为，在文明的商业社会中，对普通人民提供教育，往往比对拥有较多财富的人提供教育更为重要。斯密建议政府在各地方设立教育儿童的公立学校，以供贫民用较少的资金完成基本教育。有知识的人显然比无知的人，更知晓礼节，也更遵守秩序。

君主或国家曾经的收入主要来自资财及土地。而君主的资财收入方式，和其他资财所有者一样，一是亲自使用这笔资财，产生的利润；二是把它贷给他人，所产生的利息。在欧洲现代文明国家中，以国有土地地租作为国家大部分收入的情况，已不复存在，而且这种做法也有损全社会。

当这两项收入不再能够覆盖文明国家的支出时，人民就需要拿出一部分私有收入交给国家作为公共收入，这就是税赋。

设立税赋需注意四项基本原则：第一，国民都须在可能范围内，按照各自能力的比例，按照各自在国家保护下享得的收入的比例，缴纳国赋，维持政府的运转。第二，完纳日期，完纳方法，完纳额数，都应当让全部纳税者十分清楚明白。第三，各种赋税完纳的日期及完纳的方法，应给予纳税者最大的便利。第四，对人民的税赋征收需要符合国家所需的实际收入。

八、拓展阅读

（1）《道德情操论》/ 亚当·斯密著

（2）《经济史中的结构与变迁》/ 诺思著

（3）《经济思想史》/ 哈里·兰德雷斯著

扫码获取附赠资料

26

《资本论》：对资本主义社会的彻底洞见

卡尔·马克思，全名卡尔·海因里希·马克思（德语：Karl Heinrich Marx，1818 年 5 月 5 日—1883 年 3 月 14 日），马克思主义的创始人之一，第一国际的组织者和领导者，马克思主义政党的缔造者之一，全世界无产阶级和劳动人民的革命导师，无产阶级的精神领袖，国际共产主义运动的开创者。

卡尔·马克思

马克思是德国的思想家、政治学家、哲学家、经济学家、革命理论家、历史学家和社会学家。主要著作有《资本论》《共产党宣言》等。马克思创立了经济理论《资本论》，马克思确立他的阐述原则是"政治经济学批判"。马克思认为，这是"政治经济学原理"的东西。马克思认为资产阶级的灭亡和无产阶级的胜利是同样不可避免的。他和恩格斯共同创立的马克思主义学说，被认为是指引全世界劳动人民为实现社会主义和共产主义理想而进行斗争的理论武器和行动指南。

一、作者生平

卡尔·马克思1818年5月5日出生于德意志邦联普鲁士王国莱茵省特里尔城一个律师家庭。1835—1841年，他先后在波恩大学和柏林大学法律系学习，大学期间成为青年黑格尔分子。1842年他为《莱茵报》撰稿，同年10月任该报主编，与"自由人"决裂。

1844年，马克思在巴黎认识了恩格斯，共同的信仰使彼此把对方看得比自己都重要。马克思长期流亡，生活很苦，常常靠典当为生，有时甚至连买邮票的钱都没有，但他仍然顽强地进行研究工作和革命活动。恩格斯为了维持马克思的生活，宁愿经营自己十分厌恶的商业，把挣来的钱源源不断地寄给马克思。他不但在生活上帮助马克思，在事业上，他们更是互相关怀、互相帮助、密切合作。马克思和恩格斯合作了40年，建立起了伟大的友谊，共同创造了伟大的马克思主义。马克思逝世后，恩格斯将马克思遗留下的手稿、遗著整理出版，并众望所归地成为国际工人运动的领袖。

二、为什么要写这本书

马克思写这本书，是基于特殊的历史发展时期。19世纪中叶前后资本主义发展迅猛，经济系统积弊已久，社会不平等随处可见；资本家对工人无情剥削，世界各地频频发起了工人阶级反抗的斗争；当时社会批判的理论产出，不尽完善，难以成功地指导社会革新。马克思察觉到资本主义经济本身的劣根性，感受到整个资本主义社会已病入膏肓，在总结继承了各个学科领域优秀成果的基础上，著成《资本论》一书，旨在彻底地完成对资本主义社会的批判。

背景一：19 世纪中叶的资本主义经济矛盾。

马克思创作《资本论》的时间在 19 世纪中叶。在这个历史阶段，资本主义的发展已经相当成熟，商品经济的进步和城市化的扩张，同规模化的工厂生产相辅相成，大批为了工厂生产而劳作的工人群体也集聚产生。劳动者阶级势力因为工人的增加而不断扩大。生产的无限扩大，建立在以工厂主为代表的资产阶级对物质生产资源的独占之上。大批的工人在漫长工时和苛刻生产要求中为资本家出卖血汗，自身的购买力却受着低微薪水的严重制约；整个市场不受计划与调控的无节制生产状况，同个别企业内部生产的高度组织性极其矛盾。既有经济状况下，生产与分配方式造成的局限购买力，以及不加节制的过剩生产，寄居在资本主义经济内部，构成了资本主义经济周期性崩溃的基本矛盾。

背景二：世界各地频频发起了工人阶级反抗的斗争。

资本主义市场经济实践中的矛盾，也导致贫富分化、生态恶化等社会危机频生。工人阶级受着严苛的劳作制度支配，却只能获取相当稀薄的薪水；工人阶级中受过教育的人口比例微乎其微，不会读写在这个群体之中是稀松平常之事；工厂内恶劣的生产环境和工人贫寒的住所条件，使得各类疾病在工人之中广泛盛行；

工人阶级中妇女儿童的生存权利更是得不到保障。在恶劣生存条件和同资产阶级尖锐矛盾的夹击下，已然成熟的无产阶级独立登上政治舞台，开始为夺回自身应有权益抗争：法国里昂丝织工人的两次起义、英国宪章运动、德国西里西亚纺织工人起义，构成了著名的欧洲三大工人运动。工人的斗争激情深刻打动了马克思，他们的运动经验为马克思理论研究提供了重要材料。除了欧洲，资本主义生产在全球范围内的扩张，使殖民地也被卷入资本主义生产体系中，殖民地的人民遭受着经济和政治上的双重压迫，也对殖民者频频发起反击。

背景三：空想社会主义的失败。

在此之前，克劳德·昂列·圣西门、罗伯特·欧文、查尔斯·傅里叶等人提出了乌托邦社会主义，也称空想社会主义。19世纪三四十年代，正值空想社会主义发展的顶峰。空想社会主义者对资本主义社会作出了初步全方位的批判：指出私有制产生阶级，且导致资产阶级对无产阶级的剥削，谴责以大工厂制为缩影的社会制度下的不平等，主张"公有制"。空想社会主义关注到了资本主义经济的弊端和诸多社会不平等，却忽略了无产阶级的能动性和力量，将社会制度的重新构建，建立于本身属于资本主义社会的思想基础上。与该学说相关的实践，虽然无可避免地以失败告终，却成为启发马克思的重要理论源泉。

整体而言，目睹了资本家对工人的无情剥削，在世界各地工人阶级的反抗过程之中，在前人的相应理论启示之下，马克思不仅察觉到资本主义经济本身的劣根性，也洞见了资产阶级政治的合法性危机，乃至整个资本主义社会的结构性问题。

三、研究的核心：劳动价值理论和剩余价值理论

《资本论》的核心思想立足于劳动价值理论和剩余价值理论两大基石，马克思通过论述劳动价值理论和剩余价值理论，解读了资本主义社会生产方式的本质，即剥削。这种剥削在彻底成形之后，渗透进社会各个角落，造成了阶级对立、贫富悬殊等大量社会危机。

其一，劳动价值理论。

以一句话总结劳动价值理论的核心，就是商品价值由人类生产商品过程中的劳动所决定。根据亚当·斯密的观点，一般商品价值的多少取决于生产者投入的劳动量，两者必须成正比。

大卫·李嘉图肯定了亚当·斯密的部分观点，即"如果体现在商品中的劳动量规定商品的交换价值，那么劳动量每有所增加，就一定会增加劳动商品的价值，劳动量每有所减少，其商品价值也必然减少"。但他指出有生产的劳动才能决定商品的相对价值（交换价值）。

马克思在李嘉图的基础上，总结整合 19 世纪 20—40 年代英国经济学家们的理论成果，发掘了生产商品的二重性和劳动的二重性，以及二者之间的联系。

商品的二重性，即商品具有价值和使用价值，使用价值同商品的自然属性相关，价值则是人类生产商品过程中凝结的劳动；劳动具有二重性，即劳动分为抽象劳动和具体劳动。具体劳动指在具体形式下的劳动，即在一定的劳动目的、操作方法、劳动对象、劳动手段和劳动结果下进行的劳动。

抽象劳动生产价值，具体劳动生产使用价值。就抽象劳动的使用范围而言，抽象劳动必须是社会的劳动，参与社会交换的劳动，而不仅仅是私人生产的劳动。它满足的不仅仅是生理学意义上的规定，更为本质地，是满足了社会交换意义上的规定。抽象劳动是商品经济范畴的劳动，在资本主义社会中，劳动的形式越来越多样，且劳动已具有社会化的特性，劳动已经不是为了满足工人自身的需要而进行的私人活动，劳动者也无法占有自己的劳动产品，劳动者所得的是以工资为表现形式的金钱来体现的，和自身劳动付出不可一概而论的利益。这样一来，寓于劳动中的二重性，恰恰是在资本主义历史阶段拥有了现实意义。马克思发展了劳动价值理论，发掘了价值和使用价值、抽象劳动和具体劳动之间的矛盾关系，为科学说明资本主义生产方式的一切矛盾找到了立足点，也为深入资本主义社会的核心矛盾找到了突破口。

其二，剩余价值理论。

资本主义社会下的抽象劳动创造了商品的价值，其由两部分组成：一部分是劳动者生产出的维持生计必要的价值；另一部分是超过自身及家庭需要，且被资本家无偿地占有并获利的剩余价值。也就是说，利润产生于劳动者劳动价值中的剩余价值，即"劳动者创造的被资产阶级无偿占有的劳动"。

资本家用于生产的资本，可以分为不可变资本和可变资本，不可变资本指购买诸如机器和厂房一类的生产资料的资本，它在生产过程仅仅发生了价值转移；可变资本指购买劳动力的资本。因此，生产过程中劳动者与生产资料结合，就会生产出比自身的等价大得多的价值。购买工人劳动力的过程中通过结付工资之类的所谓等价交换形式，掩盖了不平等交换的实质。可变资本与不变资本在相互作用中，除了生产出价值转移的具体产品，还生产出依附于产品的价值增值（形式上表现为利润）。在资本社会的生产方式里，资本家占有着购买到的生产资料和劳动力，而这两种生产要素相结合所产生的全部产品及其价值，价值增值过程产生的剩余价值，也理所当然地归资本家所有。这种对剩余价值的无偿占有一语点破了资本主义社会生产方式的"剥削"本质。

在资本主义生产方式中，资本的本质是生产，是无限度地扩大生产和获取剩余价值。在对剩余价值的榨取中，劳动本身也出现了异化。由于资本家垄断了生产资料，劳动者无法独立地进行生产，只能出售自身劳动力，供资本家剥削，此时劳动的本质出现了变化，在资本主义的语境里化为待价而沽的商品；工人生产出的商品不属于工人自身，工人对自己的劳动失去了控制；劳动成了工人的非自发性活动，而拥有主动权的资本家也不会让劳动者收获满足。工人因此失去了支配自身劳动产品的权利，成了为资本产蛋生仔的"母鸡"。

四、研究的对象：资本主义社会发展过程和运动形式

马克思在《资本论》第一卷序言中开宗明义："我要在本书研究的，是资本主义生产方式以及和它相适应的生产关系和交换关系。"因此马克思在《资本论》中的研究对象，不仅仅是单纯的经济现象，更包括对整个资本主义社会发展过程和运动形式。

《资本论》第一卷奠定了整个《资本论》的基础。其中的主要理论为商品的交换理论、剩余价值的生产论、资本的积累。通过对直接生产过程的分析，研究了作为资本主义一般基础的商品

经济，揭示了剩余价值的秘密、资本的本质、资本主义的基本矛盾及其发展的历史趋势，阐明了资本主义经济中的最主要、最基本的问题。

《资本论》第二卷考察的是广义的资本流通过程。狭义讲，流通是"真正的流通过程，即资本的运动处在流通领域的过程"。广义讲，流通是包括了生产过程和流通过程的统一，或叫流通的总过程。马克思在这一卷，考察了单个资本在它的循环中所采取的不同的形式和这个循环本身的各种形式。资本除了有流动时间，还有流通时间。资本的不同组成部分，即固定资本和流动资本，在不同的时间，以不同的方式完成各种形式的循环，也得到了考察。之后马克思研究的是社会的全部资本是按照什么方式进行再生产的，社会资本的再生产究竟要具备哪些条件。马克思通过研究单个资本的再生产和社会总资本的再生产过程，同时展现了资本主义的微观经济和宏观经济的运行过程。

《资本论》第三卷是对资本运动总过程的分析。通过展示资本形式的变化，对资本主义社会结构进行了解释。马克思借助对资本运动总过程的分析，推导出了资本主义社会制度的积弊，从这一积弊中看到了所有者和劳动者之间的阶级矛盾，并导出了矛盾对立的后果，提出了推翻资本主义制度的构想。

《资本论》通过研究得出资本主义经济运作方式中的特点，并从经济入手，透视了相应的社会政治、文化、法律等制度的构建，完成了对资本主义社会总体的考察。

五、研究的视角：唯物史观

《资本论》中论证视角与同时期其他经济著作最大的不同，

是贯穿《资本论》全书的历史唯物主义，即唯物史观。

唯物史观之下，劳动力、劳动手段、劳动对象是生产力的三要素。生产关系是在社会生产过程中形成的人与人的关系，是一套复杂的经济结构，包括生产资料的所有制形式、各种社会集团在生产过程中的地位和交换关系、产品的分配形式以及由此所直接决定的消费关系三个方面。

生产力对生产关系起着决定作用、支配作用。第一，生产力的性质决定生产关系的性质。第二，生产力的发展变化决定生产关系的改变。生产力和生产关系之间的矛盾，在生产发展的不同阶段具有不同的情况。在新的生产关系建立起来以后的一定时期内，生产关系的性质同生产力的发展要求基本上是相适合的，这时，生产关系对生产力的发展具有积极的推动作用，因而保持生产关系的相对稳定，是生产力发展的客观要求。这时生产关系和生产力之间虽然也有矛盾，但不具有对抗性质，因此，不会也不需要对生产关系进行根本变革。

当生产力发展到一定程度，原来适合于生产力发展要求的生产关系，就逐渐变成不适合新的生产力发展的要求了，矛盾就日益激化起来，其性质也由非对抗转化为对抗，这时就必然要提出根本变革旧的生产关系的要求，社会也随之发生变革。社会的经济发展是一切重要历史的终极原因和动力，生产方式和交换方式的变革推动经济的发展，并促进社会阶级的分化，而在社会阶级间的矛盾运动中，社会经济又得以进一步发展。

在马克思的视角里，解读一切历史事变、社会变迁，要从经济的发展变更出发去理解。社会历史并不是一个简单的过程，它由相应的经济范畴体现，包含了丰富且具体化的社会关系。生产力的发展，注定了社会的形式也不会一成不变。探讨社会经济中的现象，必须将其置于具体的、历史性社会生产关系之中，资本主义制度本身只是人类发展历史中的一个阶段。

六、拓展阅读

（1）《共产党宣言》/ 卡尔·马克思、弗里德里希·恩格斯著

（2）《剩余价值理论》/ 卡尔·马克思著

（3）《雇佣劳动与资本》/ 卡尔·马克思著

扫码获取附赠资料

心理学

27

《社会中的心智》：心智演化的逻辑，研究范式的革命

心理学家——列夫·维果茨基

列夫·维果茨基（1896—1934），苏联心理学家。他主要研究儿童发展与教育心理，着重探讨思维和语言、儿童学习与发展的关系问题。由于他在心理学领域作出的重要贡献而被誉为"心理学中的莫扎特"，他所创立的文化历史理论不仅对苏联，而且对西方心理学产生了广泛的影响。

列夫·维果茨基

一、作者生平

列夫·维果茨基 1896 年出生于白俄罗斯的一个犹太人家庭，生活富裕，家庭教育良好。维果茨基从小对文学和哲学非常感兴趣，还会在家庭中举行不定期的讨论会。由于当时白俄罗斯对犹太人的歧视性政策，维果茨基初中时只能上体育学校，最终靠运气抽签才进入莫斯科大学。

1917 年他大学毕业，还获得了一枚金质奖章。1918 年，他回到故乡教书，在中学讲授文学课程。教书育人的经历引发了维果茨基对于教育学和心理学的强烈兴趣。

1924 年，维果茨基进入莫斯科大学心理研究所工作，此后他便专注于研究心理学，主要成果集中在无意识、意识等高级心理机能方面。同时维果茨基还主持了苏联很多学校的心理学研究工作，成为心理学领域的泰斗级人物。1934 年维果茨基因肺结核病逝，年仅 38 岁。

二、研究的核心：影响人心理发展的三个因素

维果茨基认为影响人心理发展的主要因素有三个，分别是使用工具的能力、使用语言的能力和内化能力。使用工具的能力意味着使用多种方法解决问题。使用语言的能力意味着可以学习一

般逻辑和原理。内化能力意味着儿童可以培养出稳定的价值观。

首先，使用工具的能力会影响心理发展。

这里的工具并不是特指锤子、镰刀这样的器具，而是有更加广泛的内涵，它可以被理解为运用多种方法解决问题的能力。维果茨基在这里举了一个猩猩和孩子的对照实验来说明自己的观点。在这个实验中，孩子和猩猩都被要求从一根水平悬空的棍子上取下圆环。结果维果茨基发现，10个月大的婴儿可以拉动绳子一端取下圆环，但是却无法将圆环从杆子中间移出来，这种能力只有在2岁中期的孩子身上才会出现，而猩猩则始终没有出现这种能力。实验显示，无论年龄大小，猩猩只会拉动绳子一端取下圆环。

据此维果茨基提出，儿童心理的发展不仅取决于器官的发育程度，还取决于工具的掌握程度。进一步地，维果茨基指出，使用工具的能力不是单纯的模仿和重复，而是儿童内在行为的结构性改变。也就是说，只有儿童认识到为什么要使用工具，我们才能说儿童使用工具的能力得到了提高。在上面的例子中，猩猩也可以通过单纯的模仿和重复学会将圆环从杆子中间移动出来，但是猩猩并不明白不同的取圆环方式之间存在着特有的内在关联和区别，也不知道应该在什么样的情况下选择什么样的行动方式。所以，维果茨基进一步提出，我们提升使用工具的能力的目的在于"发展出一种真正适应的替代和补偿，而不只是通过重复和模仿获得一种适应性的能力"。维果茨基之所以强调心理学要关注社会历史因素，也是因为他认为在教学和实验中，单纯的学习和模仿无法帮助人的心理得到真正的发展。

其次，使用语言的能力会影响心理发展。

所谓使用语言的能力，就是人类使用语言来帮助自己认知事物的能力，比如我们在读一本晦涩难懂的书时，可能会用手指着语句，逐字逐句地读出声。在这个过程中，手指的触觉、耳朵的听觉、大脑的知觉通过语言完成了相互融合。

维果茨基认为这种多重感觉互相融合的认知过程可以帮助我们更好地发现和理解世界。而多重感觉之间正是依靠语言这一桥梁和纽带来进行相互融合的。维果茨基曾经做过这样一个实验。他选择了不同年龄段的婴儿来一起看一幅图片并相互交流。要求是交流过程中不可以出声，只能够做手势。结果他发现年龄较小的婴儿根本无法脱离语言的帮助来描述事物，他们总是要通过一定的声音和词语来描述具体的形象。而 2 岁以上的儿童就可以在不出声的情况下使用手势和动作来描述图片中的事物。

维果茨基认为这证明了语言在儿童的认知过程中发挥着非常重要的作用。在儿童的早期认知中，他们必须使用语言作为媒介来联结不同的知觉和感受。只有当心理足够成熟时，儿童才能脱离语言的辅助功能。进一步地，维果茨基认为语言的另一个重要作用是帮助记忆。记忆可以帮助我们从无限的具体场景中抽离出一般的逻辑和原理。比如有一天你学会了骑自行车，那么以后无论是晴天还是雨天，你都会骑自行车。因为一旦你掌握了骑自行车的技巧，就不会被具体的环境所束缚了。更加重要的是，记忆可以让过去的经验和现在的行动联系起来，比如你在小学时期学会了乘法口诀，那么在以后的中学和大学中，你还可以使用乘法口诀来帮助你计算，这正是记忆的妙用。维果茨基认为，由于语言和记忆的存在，人类的活动时间得到了向前和向后的纵向扩展，未来的活动以一般原理的形式纳入当下进行的活动之中。无论是骑自行车还是乘法口诀，只要你通过语言和记忆学会了这种技巧，你就在可预见的未来提升你计算和骑车的能力。

最后，内化能力会影响心理发展。

所谓内化能力，就是外部操作的内部重建能力，一个孩子无意识地在空中挥舞指头，这就是外部操作。如果有一天，他可以用手坚定地指向某种东西，那么我们就认为他完成了"指"这一外部动作的内部重建。因为此时的孩子已经意识到，他可以通过"指"这一动作来展示他的目的和意图。维果茨基认为用手指向某种东西这一动作看起来平平无奇，但其实背后隐藏着内化能力的发展。

他认为"指"这一动作隐含着三个前提。第一个前提是，儿童认识到事物在他活动区域之外，这种活动区域的识别代表着高级心理的产生。第二个前提是，儿童展示了完成复杂动作的能力。维果茨基认为"指"这一动作是十分复杂的，儿童必须将手臂稳定在空中，并且通过手指之间的配合完成特殊的动作，同时整个身体必须在全过程中保持平衡。在这个过程中，儿童的肢体协调能力得到了很大的提高。第三个前提是，儿童体现了理解社会含义的能力。维果茨基认为"指"这一动作具有更加复杂的社会性含义。比如婴儿指着奶瓶，是因为婴儿知道"指"这一动作将会给自己带来什么样的后果，即得到食物。同时婴儿也在社会互动的过程中不断学习"指"这一行为的具体含义。

基于这三个前提，维果茨基把儿童的内化过程总结为三个阶段，最初，代表外部活动的操作被重构，然后，人际的互动影响个人心理的发展，此时儿童可能通过父母的教导或者学习知道了用手指人不礼貌，这代表着内化持续。最后，一系列发展事件不断推动个人心理的发展，最终形成稳定的价值观念，比如儿童最终学会了不能随便用手指人，这意味着内化过程最终完成。

三、研究的对象：训练和游戏

维果茨基认为，传统的教学无法深远地影响孩子的心理发展，而只是培养出了一群善于考试的庸才。他认为，改革传统教学要从书写训练和游戏开始。在教育中要改革书写训练，更加注重实际意义。在应用游戏时要循序渐进，更加符合儿童需要。最后要关注儿童的最近发展区的变化和影响，及时调整教学策略。

关键词一：书写训练。

首先，维果茨基认为书写训练对于儿童的心理发展具有非凡的作用。

他曾经做过这样一个实验，他邀请了一群不会写字的孩子来记忆很多句子，这些句子的数量远远超过了孩子们的自然记忆能力。同时他发给孩子们一些纸笔，要求他们在发现自己记不下来的时候做一些简单的记号。实验的结果十分有趣，他发现 3～4 岁的儿童虽然会在图纸上做出标记，但是在回忆的时候几乎不会看他们做出的记号，实际上这些记号和他们记忆的短句之间并没有关系。但是 4～5 岁的孩子，情况就大不一样了。虽然孩子们还是会在纸上画出一些无意义、模糊不清的字迹和线条，但当他们回忆句子的时候，他们会反复提及一些特殊标记，准确无误地指出哪个标记象征着哪个短句。一个全新的关系在这些标记和句子中产生了，这些标记第一次变成了记忆的符号。据此，维果茨基认为人类正是从这种粗糙的标记中逐渐抽象出了能够代表事物的一般符号，这种标记从代替事物的图案转化为能自由组合的符号。此时，字母就出现了。然后在字母的基础上出现了固定组合——单词，最终形成了我们今天使用的语言。

维果茨基认为书写实际上是一种象征意义的构建过程，如果儿童能够尽快地学会并且贯彻书写的象征功能，那么孩子可以在学习过程中大幅度提升注意力和记忆力。实际上在很多发达国家，孩子在很小就接受了书写训练。比如，在英国 3 ～ 5 岁的孩子都允许入校学习字母，大多数孩子在 4 ～ 5 岁的时候就可以开始阅读。意大利的孩子也是 4 岁就开始书写，在 5 岁就可以开始阅读了。

其次，维果茨基认为书写训练应该更加具有实际意义。

如果只是常规套路化的书写训练和练习，比如写一封祝贺信或者感谢信，这种写作模式很快会让孩子感到厌烦，因为他本身的心理活动无法体现在写作当中，他刚萌发的个性无法得到成长。维果茨基认为书写应该是一种复杂的文化活动而不只是简单的生活技能，书写必须与生活相关，书写训练应当唤起孩子的内在需要，将写作与生活相结合。并且维果茨基认为书写应该自然地教授，应当让孩子在情境中自然地发现书写技巧并练习。总之，维果茨基认为当孩子可以说话的时候，就可以开始练习书写了，同时书写不应该被局限于固定的内容和场合，在其他方面也应该融入书写训练，比如游戏、家庭教育等。

关键词二：游戏。

维果茨基认为在游戏中蕴含着丰富的心理发展机会。比如，当孩子在玩骑马打仗时，他们会用一个棍子放在两腿之间当作马。维果茨基认为在这个过程中孩子通过自我运动及其姿势赋予了物体功能和意义。从这个角度来看，可以将孩子的象征性游戏理解为一种非常复杂的言语系统，在指示性姿势的基础上，木棍和玩具逐渐获得了它们的意义。

　　维果茨基在这里开展了一个有趣的实验。他找来一群孩子给他们讲故事，刚开始他用熟悉的物体指代故事中的人或事物，比如用一本书指代一所房子，钥匙指代孩子，怀表代表药店，铅笔代表医生。然后用这些物体的象征意义来讲一个简单的故事。维果茨基将铅笔从怀表旁边挪到书旁边，然后把钥匙放在了铅笔旁边。这代表着医生从药店出来到一所房子里为孩子看病的故事。值得注意的是，物体的视觉相似性在这种指代的过程中没有发挥明显作用，比如从外观来看书明显不像房子。结果是大多数 3 岁左右的孩子能够轻而易举地读懂这种指代。但是如果将指代的范围进一步扩大，比如抓住孩子的一根手指说这是孩子，那么大多数孩子都无法理解故事了，因为幼小的儿童还不能把自我和故事分得非常清楚，但是成年人就可以轻易地理解如何"扮演"一个角色。这意味着孩子理解的指代范围呈现出一种渐进发展的态势。当孩子很小的时候，他们会用动作和模仿来参与游戏，这时孩子还不能特别清楚地区分自我和外部世界的界限。当孩子长大一些，孩子们将会边玩游戏边说话，这时语言作为一种认知的工具正在发挥作用，孩子通过描述"我正在干什么"这一方式逐渐明确了自己和外部世界的界限。

关键词三：最近发展区。

　　最近发展区指的是实际发展水平与潜在发展水平之间的距离，实际发展水平是指儿童独立解决问题的现有水平，潜在发展水平是指在成人指导下或同伴帮助下儿童解决问题的水平，两者的距离便构成了最近发展区。比如一个孩子可以独立计算 10 以内的加减法，这是他实际的发展水平。但是他在老师的帮助下可以把复杂的运算化简为多个简单运算，这样他就能解决更加复杂的问题，这就是他的潜在发展水平，二者之间的差距就是最近发展区。最近发展区意味着我们有一些处于萌芽状态、尚未成熟的能力，一般认为经过不断的社会互动和学习，这些能力最终会成熟并更加完善。维果茨基认为，学习是一个自己与他人互动的过程，并受到所处的社会环境的影响。

从社会文化角度来看，知识和理解不是单靠传授，而是通过人与人之间的相互作用来建构的，这种建构是无法由他人来代替的。比如家长只能监督你学习，但是终究不能够代替你学习，学没学会只有你自己有发言权。而且，一个人的最近发展区并非是一成不变的，而是随着学习者与他人的互动不断发展和变化的。人的能力水平是在自身发展过程中通过与外部世界的互动形成的。在接受帮助和帮助他人的过程中，人们完成了本来自身无法完成的任务，其潜在的知识和技能转化为现有的发展水平，而新的知识和技能又源源不断进入这个动态的最近发展区。

四、拓展阅读

（1）《阿德勒：在自我启发中成长》/ 阿尔弗雷德·阿德勒著
（2）《人格心理学》/ 杰瑞·伯格著
（3）《发展心理学》/ 罗伯特·费尔德曼著

扫码获取附赠资料

28

《自卑与超越》：理解自卑的逻辑，走出人生的陷阱

阿尔弗雷德·阿德勒（1870—1937），奥地利精神病学家，人本主义心理学先驱，个体心理学的创始人，与弗洛伊德、荣格并称为心理学的三大奠基人。

他著有《自卑与超越》《人性的研究》《个体心理学的理论与实践》《自卑与生活》等，他在进一步接受叔本华的生活意志论和尼采的权力意志论之后，对弗洛伊德学说进行了改造，将精神分析的关注点，从生物学意义上的自我转向社会文化意义上的自我，从而完成了生物心理学向社会心理学的飞跃。

阿尔弗雷德·阿德勒

一、作者生平

阿尔弗雷德·阿德勒 1870 年出生于维也纳的一个犹太人家庭，从小生活安逸、条件优越。但他的童年生活并不幸福，他从小身体不好，出生便患有软骨病，4 岁才学会走路，随后又亲眼看见弟弟死亡。

他 5 岁患上严重的肺炎差点去世，后来又遭遇了两次严重的车祸。除了身体上受过伤害以外，阿德勒还有一个健壮英俊、学习优异的哥哥，这使得阿德勒始终生活在哥哥的影子之下。这些经历让阿德勒内心始终笼罩着对于疾病的恐惧和对自己软弱无力的愤怒。他立志要成为一名医生，以便更好地抵抗疾病的风险。

1888 年，阿德勒以优异的成绩考入维也纳医学院，1895 年获得医学博士学位。1900 年，阿德勒公开声援弗洛伊德的理论，这开启了他与弗洛伊德的合作生涯，直到 1911 年二人因为学术理念的不同而分道扬镳。1927 年，阿德勒担任哥伦比亚大学客座教授，1932 年担任纽约长岛医学院教授。1937 年阿德勒心脏病突发猝死于英格兰，享年 67 岁。

他曾追随弗洛伊德，但也是精神分析学派内部第一个反对弗洛伊德的心理学家，对后来西方心理学的发展具有重要意义。

阿德勒改造了弗洛伊德的理论，强调社会因素对人的影响。一方面他把人克服自卑和追求优越的情结作为人最大的动机，强调家庭环境、社会文化对人格发展的影响。另一方面他把研究的重点放在正常人身上，探讨生活环境对人格形成和发展的作用，对人本主义心理学产生了积极的影响。同时阿德勒把人视为主观与客观、意识与潜意识、个体性与社会性统一的整体，并以整体论的原则分析了自卑与超越、社会兴趣与创造性自我等人格特性，开创了精神分析的整体论先河。

二、研究的基础：自卑产生的根源

自卑感产生的根源是什么？阿德勒认为这个问题的回答可以分为三个方面：理想自我和现实自我的差距、社会性和生理缺陷。

自卑感产生的第一个根源是理想自我和现实自我之间的差距。

所谓理想自我，就是我们自己内心所追求的完美形象，比如你想发一篇顶刊论文、想申请一个国家社科基金项目、想早日升职加薪，这都是你自己追求的目标。这些目标构成了你想象中的理想自我。但是现实生活中总会有很多困难和意外导致你没能达到这些目标，这时你的理想自我和现实自我之间就产生了差距。这种差距就会产生自卑。阿德勒还指出，现实自我的认定往往与自我的评价有关，每个人自卑的点各不相同，有些较为内在、隐蔽的自卑点可能只有自己心里清楚。这就解释了为什么一些看起来光鲜亮丽的企业高管、公司经理却经常患上抑郁症等心理疾病。同时阿德勒认为，理想自我和现实自我之间的差距并不单纯是由自己决定的，这种差距还会随着社会交往的变化而变化。这也符合他的个体心理学强调的社会影响的基本逻辑。阿德勒认为理想自我的形成和完善其实离不开社会的影响，人是根据不同的社会交往和社会评价逐渐完善对于理想自我的认知，不断调整理想自我和现实自我之间的差距的。所以实际上阿德勒认为自卑感和一个人的社会关系是密切相关的。

自卑感产生的第二个根源是社会经历和社会合作的影响。

阿德勒举了一个例子来说明。一个人在婴儿时期，不能走路也不能说话，饿了自己无法找到吃的，冷了自己无法保暖，只能求助于父母。那么实际上他在和家人互动的过程中就产生了自卑感。因为在婴儿的眼中，自己的父母简直无所不能，能够完成各种神奇的动作，还能够彼此说笑，毫无障碍地交流。阿德勒认为在这个时期，虽然懵懂，但是婴儿还是会自然地产生一种弱小、无助的感觉，自卑的情绪就会产生。进一步地，阿德勒认为在个体的社会经历之外，社会合作也能够极大地影响自卑感的产生。阿德勒认为"自卑感的起源往往是社会适应不良"。他发现恶性罪犯、常年酗酒者、问题少年、神经病患者都有类似的共同点，就是缺乏社会合作的经历和意识。阿德勒通过研究发现，从小在家庭中被溺爱的孩子走上社会以后，在适应社会的过程中会遭遇到比较大的困难和挫折。因为一个在以自我为中心的家庭中成长起来的人，他自己本身只会索取，不会付出。他总是想着别人能为我做什么，而不是我能为别人做什么，所以也无法培养出社会合作的意识。

自卑感产生的第三个根源是生理缺陷。

阿德勒认为有生理缺陷的，或是从小被忽视的孩子也会出现自卑感。这是从阿德勒本身的经验出发来谈的，因为阿德勒从小体弱多病，还生活在哥哥的阴影之中，但是阿德勒后来克服了自卑，取得了辉煌的事业。所以阿德勒也认为这并不是绝对的，对于不愉快的童年经历，不同的人可以作出完全不同的解读，比如说身体缺陷可能会让一个人回避困难，也可能让另一个人超越自我，一个被娇惯的孩子长大以后也可能在社会化的过程中认识到社会合作的重要性。这背后其实暗含着阿德勒的个体心理学的一个基本假设，"决定我们自身的不是过去的经历，而是我们自己赋予经历的意义。"怎么解读自己的经历，是你自己的权利。

三、研究的核心：克服自卑的方法

阿德勒认为克服自卑的办法主要有自我解读与自卑补偿两个方面。一种是对于自我经历的创造性解读，这可以帮助我们从过去的经验中汲取力量。一种是对自卑进行补偿，需要注意的是要直面问题、解决问题，不然可能只是通过虚假的补偿掩盖了自卑。

第一，自我解读。

阿德勒用自我解读反对弗洛伊德的经历决定论，他认为人的经历不能够决定人的行为，因为人可以对自己的经历进行创造性解读。比如，一个孩子从小家境贫寒、生活拮据，那么这个孩子长大以后一定会自卑敏感且多疑吗？在阿德勒看来并非如此。因为人的经历虽然是注定的，但是人从自己的经历中收获的经验是不同的。这个孩子有可能因为家庭贫困而产生不平衡的心理，从而自暴自弃或者怨天尤人。也有可能更加刻苦学习，最终改变命运。阿德勒认为环境因素不能决定我们的命运，我们可以通过解读自己的经历，自己改变自己的命运。真正束缚一个人能力的，是他自己的思想。阿德勒也举了自己的例子来佐证这个观点。阿德勒刚上学的时候成绩很差，特别是数学成绩，非常糟糕，自己也觉得自己很没天赋。但他的父亲一直鼓励他，有一天，他把老师都不会做的一道题完整地做完了，一下子信心大增，完全改变了对待数学的态度，开始喜欢数学了，之后就一直在尽力提高自己的数学成绩，成绩自然就变好了。所以阿德勒十分强调个人的主观能动性，每个人都有能力通过自己的努力，去改变自己的行为，去追求更卓越的目标。

具体应该怎么去做呢？阿德勒认为应当认定自己的目标。在他看来，决定我们行为的，不是过去的经历，而是未来的目标。比如，一个人在地铁上突然开始大声演讲、胡言乱语，乘客们肯定会认为这个人精神有问题。但是如果这个人说清楚自己的目的，说自己练习演讲就是为了克服恐惧和自卑，那么乘客们不仅不会觉得奇怪，反而会觉得这个人非常勇敢，甚至为他鼓掌。这个例子说明，真正决定一个人行为的，是我们想要达到的那个目标。如果你想要改变自己，首先就要认清自己的目标。一旦确定目标之后，你就要专注于目标，投入大量的时间和精力，你的一切行为都是为这个目标服务。在阿德勒这里，每一个行为，都有它的目标，并且都受到目标的影响。如果要改变一个行为，不能头痛医头、脚痛医脚，而是要从这个行为的目标本身入手。

第二，自卑补偿。

所谓自卑补偿，就是人们在无法直接解决自卑的问题时寻求的其他能够弥补自卑感的行动。阿德勒认为，当人们要摆脱自卑时，主要有两种选择：一是直接解决自卑的原因，二是间接地通过补偿的方式弥补自卑感。但是补偿有真假之分，真实补偿能够克服自卑、利人利己，虚假补偿只能是自欺欺人、更加自卑。所谓真实补偿，就是直面问题、解决问题。这需要脚踏实地的努力和直面自卑的勇气，阿德勒认为只有少数人能够做到。比如一个人害怕公开演讲，但是他认为越是害怕就越要克服，他不断地参加各种比赛，最终一步一步成为演讲大师。这就是一种真实补偿。当然如果这个人选择不去演讲，专注于写作，最终成为一个著名作家，这也是一种真实补偿。因为他在写作上的优越感克服了演讲方面的自卑感，完成了对于自卑的超越。阿德勒认为这种补偿能够真正克服自卑，利人利己。

而所谓虚假补偿，就是回避问题、拖延问题，甚至使用虚假的优越感欺骗自己，阿德勒认为大多数人都是这样。还是用演讲的例子。一个人害怕公开演讲，他一有公开演讲的任务就会头痛欲裂，最后只能作罢。在他的心中，他不去演讲是因为身体问题而不是害怕演讲，这就是一种虚假补偿，他用身体上虚假的疼痛来掩盖自己内心真实的自卑。有自卑情结的人经常会说，因为我身体不舒服，所以我没能去学习；因为我工作太忙，所以我没法提升自己。这种人就好像是自己给自己画了一个圆圈，然后自己为自己找了充足的借口来向别人解释自己为什么不能迈出这个圆圈。这种情况看似荒谬，但其实在生活中随处可见。除了回避问题、拖延问题以外，更加严重的自卑情结是用虚假的优越感来欺骗自己。比如一个人陷入自卑情结时，他自己心里是很不舒服的，他想要摆脱自卑却又不愿意付出实际行动。这时他就会寻求虚假的优越感，比如他考不上好大学时就会说学习好的都是书呆子，他读不完书的时候就会说读完又没有什么用，他学不会游泳的时候就会说淹死的都是会游泳的。阿德勒认为他实际上是告诉自己"我很优越，很成功"，以此来制造一种虚假的优越感，有虚假优越感的人经常表现出傲慢自大、自吹自擂，就像人们常说的，"一个人越是吹嘘什么，越是缺少什么"。

四、研究的方法论：超越自卑

阿德勒在工作、社交、情感中为我们提供了方法论，即如何在人生的道路上克服自卑，分别是明确自己的价值、处理好归属分寸、寻找互补伴侣三种方法。这三种方法都有一个基本的原则，就是在发展的过程中关注他人而不是关注自己。

阿德勒认为我们每个人都有缺点和局限，而与他人合作就是对我们自身局限的一种补偿。阿德勒认为要想成功地超越自卑，终极出路是关心他人的利益和福祉，与他人合作，为人类社会贡献价值。在这个过程中，我们的能力自然会得到提升。

第一，在工作中如何超越自卑。

阿德勒认为有些人的职业选择，是为了弥补小时候的自卑感。比如，有的人在童年就经历过亲人离去，他们很早就意识到了生命的消失，因此会希望成为医生来弥补这种遗憾。但有时候这种经历也可能通过其他的方式来加以补偿，有些人可能希望成为画家、诗人，通过艺术来超越死亡的概念，献身于更加崇高的事业。但除了克服自卑感，有些人的职业选择是为了追求一种优越感。比如有些孩子说自己未来想当警察，可能并不是因为他真的明白警察是什么，而只是喜欢支配别人。所以阿德勒认为要在工作中超越自卑，其最重要的点在于明确自己想在哪些方面获得优越感，自己认为人生中最有价值的东西是什么。

第二，在社交中如何超越自卑。

马克思说人是社会关系的总和，我们人类的生存发展离不开他人的帮助与支持，离不开群体中的归属感。阿德勒的研究发现，归属感和自卑感之间是一种反比关系。一个人的归属感越强，他的自卑感越弱。这就是为什么生活在一个幸福、稳定、和谐的家庭中的人往往善良自信、开朗大方。同时阿德勒认为童年时代的归属感也会影响到成年以后的发展。比如说，如果一个婴儿认为，当他表现出聪明可爱或者手足无措的时候可以获得关爱，那么成年之后他也可能通过同样的方式来获取归属感，但是如果群体对于他的这种方式没有回应，他就会感到自卑。所以阿德勒认为要在社交中超越自卑，最重要的点在于处理好归属感与自卑感之间的关系，在于把握好寻求归属感的方式。

第三，在感情中如何超越自卑。

阿德勒认为我们总是会寻找能够满足我们自卑情结的人，比如你可能会喜欢一个你想要成为的人，他的技能、特质和天赋能够间接满足你对优越感的追求。再比如你可能会喜欢一个和你形成互补的人，他掌握你不会的技能，他能够做到你做不到的事情，这也是用一种间接补偿的方式来弥补自卑。同时阿德勒认为童年时代的经历对感情关系也有影响。如果男孩和母亲相处得不好，或是女孩和父亲关系不和，他们会寻求和父母正好相反的类型。如果母亲脾气暴躁，儿子可能会找一个性格温和的女人。如果父亲总是非常严厉，女儿又不喜欢受人管制，她可能会找一个愿意顺从她的男性。所以阿德勒认为要在感情中超越自卑，重点在于处理好伴侣和你的自卑感之间的关系，寻找能和你形成互补的伴侣。

五、拓展阅读

（1）《理解人性》/ 阿尔弗雷德·阿德勒著

（2）《心理学与生活》/ 理查德·格里格、菲利普·津巴多著

（3）《社会心理学》/ 戴维·迈尔斯著

扫码获取附赠资料

29

《乌合之众》：解读群体心理的密码

群体心理学创始人——古斯塔夫·勒庞

古斯塔夫·勒庞（1841—1931），法国人，群体心理学的创始人，有"群体社会的马基雅维利"之称，著有《乌合之众》等。

勒庞认为群集时的行为本质上不同于人的个体行为。群集时有一种思想上的互相统一，勒庞称之为"群体精神统一性的心理学定律"。勒庞的思想对分析的社会心理学产生了较大影响，同时也成为现代意识形态研究中不可或缺的内容。

古斯塔夫·勒庞

一、作者生平

古斯塔夫·勒庞 1841 年 5 月 7 日出生于法国，1931 年 12 月 13 日去世。

《乌合之众》是一本研究大众心理学的著作。在书中，勒庞阐述了群体以及群体心理的特征，指出当个人是一个孤立的个体时，他有着自己鲜明的个性化特征，而当这个人融入群体后，他的所有个性都会被这个群体所淹没，他的思想立刻就会被群体的思想所取代，从而表现出情绪化、无异议、低智商等特征。

自 1895 年首次出版以来，截至 2013 年，本书已被翻译成近 20 种语言，在中国、美国、日本等多个国家和地区传播。奥地利著名心理学家弗洛伊德曾经评价《乌合之众》道："勒庞的这本书是当之无愧的名著，他极为精致地描述了集体心态。"

二、为什么要写这本书

《乌合之众》源于勒庞在目睹了法国一系列革命运动之后，对群体行为盲动、非理性表现的独到观察和深刻反思。他希望通过这本书的研究，去探索群体心理的奥秘，去阐明群体心理特征，分析群体心理的形成机制。这与作者丰富的人生经历有关。

勒庞出生于 1841 年，他成长的年代正是法国革命形势波云诡谲的时代。从 1830 年到 19 世纪 70 年代，法国守旧势力、资产阶级、无产阶级等政治力量在历史舞台上交替出现，法兰西帝国和法兰西共和国在法国的大地上你方唱罢我登场，领导法国的政治力量换了一茬又一茬。在各种各样的革命运动中，法国的群众始终发挥了重要作用。尤其是普法战争之后发生的布朗热事件，更将群众在革命运动中的盲动和非理性展现得淋漓尽致。

法国的布朗热事件发生在 1887—1889 年，这是被打倒了的保皇党分子反对法兰西第三共和国、企图复辟的一次阴谋政变事件，也是 19 世纪 80 年代在法国以将军布朗热为首掀起的民族沙文主义运动。沙文主义鼓吹法兰西民族是世界上最优秀的民族，宣扬本民族利益高于一切，煽动民族仇恨，主张征服和奴役其他民族。布朗热在 1886 年 1 月至 1887 年 5 月任陆军部长时，要求收复法国当时被德国占领的阿尔萨斯、洛林，燃起了民众对德国复仇的沙文主义狂热。他联合保王势力和沙文主义的爱国者同盟，试图实行军事独裁。1886 年 6 月，布朗热被法国政府任命为驻克莱蒙费朗 13 军团司令，利用群众对共和派政府的不满，投身政界，以谋取政权。后来，布朗热勾结保王党的阴谋败露，开始失去追随者的支持。1889 年 4 月 1 日，法兰西第三共和国政府决定以破坏共和国安全的罪行逮捕布朗热。次日，布朗热潜逃国外，从此退出了政治舞台，历时 3 年的布朗热运动遂告结束。

勒庞和他同时代的人目睹了这一切，但是勒庞和其他人不同，他对自己所见所闻有进一步的思考和探索。在法国的各种革命运动，尤其是布朗热运动中，勒庞亲眼见证了法国民众对他们的"马背英雄"布朗热极度狂热的崇拜，也见证了在布朗热运动失败之后法国人们迅速忘记了他们的"马背英雄"。

为什么人们会在革命中失去理智，陷入群体的盲动之中？为什么之前对布朗热疯狂崇拜的人群在布朗热失败之后又迅速将他忘记？当个体陷入群体之后，究竟会发生什么？关于群体心理的一系列问题萦绕在勒庞的心头，他想对这些问题作出自己的回答。1884年，勒庞开启了正式研究群体心理学之路，并于1895年正式出版了他关于这一问题的系统性思考——《乌合之众》。

三、研究的核心问题：为什么个体会产生
盲动、非理性等异化行为

《乌合之众》的核心问题，就是研究融入群体之后，为什么个体会产生盲动、非理性等异化行为。

第一，当个体融入群体之后，会丧失理智，做出很多盲目甚至失智的行为。

比如说，第二次世界大战期间德国纳粹党人对犹太人的大屠杀。当时，纳粹党人在以希特勒为首的极端种族主义者的煽动下，对犹太人实行残酷的种族灭绝政策。除了极少数纳粹党头目之外，很多当时的德国人都是在加入纳粹党这个群体之后才失去理智从而做出丧尽天良的罪行的。而在德国战败、纳粹接受审判之后，很多为纳粹服务过的德国人都醒悟过来，表达了对自己助纣为虐行为的忏悔。德国著名作家、1999年诺贝尔文学奖获得者京特·格拉斯在他的自传《在剥洋葱时》中坦白，17岁时他曾参加纳粹德国党卫军。党卫军不属于纳粹德国国防军，而是直属于纳粹高层，由臭名昭著的"杀人魔王"希姆莱领导，负责保卫希特勒的安全，战后被纽伦堡国际法庭判为犯罪机构。格拉斯坦言，虽然他没有参加过任何战事，只是一名预备役士兵，和许多年轻人一样，自己当时在纳粹的蛊惑和诱骗下对所从事的事情没有任何负罪感。

但当他对历史有了清醒的认识后，这段经历就变成了困扰，他对自己曾经助纣为虐的行为感到非常后悔。

第二，为什么个体融入群体之后会丧失理智，做出很多盲目甚至是低智的行为？

所谓的群体，并不仅仅指在物理空间上聚集在一起的人，更多的是指有着共同目标的"心理群体"。当个体融入群体之后，就会发生"群体无意识"的情况，也就是个体会失去理智，变为"无意识"的野蛮人。比如说在纳粹鼓动下的一些德国民众，就陷入"群体无意识"之中。勒庞认为，推理、逻辑、智力等这些有意识的"理性"因素，在人类的头脑中只起着很小的作用。一个人绝大多数的行动，都是跟着感觉走，受到情感、本能、欲望这些"无意识因素"的支配。当个体聚集在一起的时候，个体中的非理智因素会被无限叠加放大，而个体的推理、逻辑等理性因素被淹没，从而形成了"群体无意识"。而长时间处于群体中的人，大脑也会被彻底麻木，他们会进入一种被催眠的迷幻状态，只能进行条件反射，完全丧失思考能力。这样，个体就会被群体的非理智因素裹挟，成为群体的机械木偶，做出各种反智、盲动甚至丧心病狂的行为。

四、研究的对象：群体心理

《乌合之众》是对群体心理的研究，主要涉及群体的心理特征、群体心理影响因素以及依据群体心理特征进行的群体分类这三个方面。

关键词一：群体的心理特征。

当个体融入群体之后，个体的个性会逐步消失，进而形成一种无意识、低智力等占支配地位的群体心理。形成群体的个人会感觉到一种势不可挡的力量，让他敢于发泄出本能的欲望，这和他是孤立个体的时候所表现出来的特点截然相反，并且群体之间的情绪会存在传染的现象。比如说，法国大革命时期的国民公会。国民公会是法国大革命时期的最高立法机构，在法兰西第一共和国初期拥有行政权和立法权。如果分开来看国民公会中的每一个成员，他们很多都是举止温和的开明公民。但是当他们形成国民公会这样一个群体之后，就作出了很多非理智的决定，听命于最野蛮的提议，在法国大革命时期把很多清白无辜的人送上了断头台。

大多数群体会表现出冲动、易变、急躁、保守、偏执、专横的特点，群体非常容易受到煽动和暗示。可以说，"群体的道德水平十分低劣。"人都有野蛮和破坏性的本能，如果加入不负责任的群体，清楚不会受惩罚后，便会彻底放纵这种本能。群体可能无恶不作，也可能表现出极崇高的献身和牺牲举动，所以"以名誉、光荣和爱国主义作为号召，最有可能影响到组成群体的个人，而且经常可以达到使他慷慨赴死的地步"。

关键词二：群体心理影响因素。

影响群体心理的因素可以分为两类：间接因素和直接因素。间接因素主要包括种族、传统、时间、政治和社会制度、教育这五个方面。

● 种族。勒庞认为，一个种族在历史上形成了什么样的特点、有什么样的禀赋，都会通过遗传规律传承下来，这对民族的心理产生了重要影响。比如中华民族的勤劳、勇敢、善良等民族性格，对于我们今天走和平发展道路产生了很大的影响。

● 传统。勒庞指出，胚胎学可以证明，过去的时间对于生物进化会产生巨大影响，把这种理论放到历史学，也可以看出传统的重要性。他举了中国的例子，认为中国受到传统文化习俗的影响很大，导致中国后来存在一定的保守性，缺乏与时俱进的能力。

● 时间。一个群体心理特征的形成，不可能一蹴而就，而是需要时间的积累，甚至是漫长的时间等待才能完成。

● 政治和社会制度。这一点也很容易理解，一个群体心理特征的形成，肯定会受到当时时代环境的影响，不可能凭空产生，时代环境的主要表现形式就是政治和社会制度。

● 教育。教育可以让一个国家的年轻人了解这个国家目前的状况，并且在让群体保持头脑清醒方面可以发挥一定的作用，当他们在群体中进行非理智的活动的时候，曾经受过的教育可能会提醒他们不能这么做。

影响群体心理的直接因素有四个方面，分别是词语、幻觉、经验以及理性。

● 词语。最不明确的词语，有时反而影响最大。比如像民主、平等、自由等词语，它们的含义极为模糊，对这些概念的理解现在学界还是莫衷一是。但是概念却有巨大的魔力，很多时候人们并不需要理解这些词语真正的内涵是什么，而是让这些词语成为一种口号，以达到自己的目的。

● 幻觉。勒庞指出，"推动各民族演化的主要因素，永远不是真理，而是谬误。"这种谬误，就可以理解为群体产生的幻觉。比如说之前提到的沙文主义，就是一种幻觉。

- 经验。经验可以让过于危险的幻想破灭，但是经验发挥的作用需要长时间的验证。
- 理性。群体中的理性因素是很少的，根本无力对抗群体中的欲望、感情等非理性因素，他认为从历史来看，理性对指引人类走上文明之路并没有发挥很大的作用。

关键词三：群体分类。

群体总体上可以分为两大类，即同质性群体和异质性群体。同质性群体还可以分为派别、身份团体和阶级三类。

- 派别。勒庞认为派别是同质性群体组织的第一步，一个派别中的人可能在教育、职业和社会阶级的归属方面大不相同，把这些人连接在一起的是共同的信仰，比如说宗教和政治派别。
- 身份团体。身份团体是最容易组织起来的一个群体，因为身份团体很多情况下都是由职业相同的个人组成的，他们有相似的教养和相当的社会地位，比如说军人和僧侣。
- 阶级。阶级是由来源不同的人组成的，让阶级这个群体的人组织在一起的，既不是共同的信仰，也不是相同的职业，而是某种利益、生活习惯或几乎相同的教育，比如说中产阶级、农民阶级等。

所谓异质性群体，就是个体心理行为和群体心理行为有本质差别的群体。异质性群体主要分为两种，即无名称的群体和有名称的群体。

- 无名称的群体包括很多，比如说街头混混、犯罪群体等，勒庞在书中举了巴士底狱监狱长的遇害案来说明这个问题。在巴士底狱监狱长的堡垒被攻破之后,一群极度兴奋的人把监狱长团团围住,对他拳脚相加。有人建议吊死他,有人建议砍死他。在监狱长反抗的过程中,他偶然踢到了一个在场看热闹的厨子,于是有人建议,让那个挨踢的厨子割断监狱长的喉咙。这个群体纷纷支持这个提议,于是厨子拿出刀果断地执行了群体的命令。从这个例子中,我们可以看出,在无名称的群体中,个体很容易受到群体的煽动、怂恿。厨子受到无名称的群体怂恿之后,就有恃无恐地去执行群体的命令,并认为自己做了一件有功德的事。他做的这件事从法律上来说是犯罪,但是他自己却认为不是犯罪。

● 有名称的群体包括陪审团、议会、选民群体等。我们以选民群体为例来说明这个问题。选民群体,就是有权选出某人担任某种职务的集体,他们的行为非常明确而有限,就是在不同的候选人中作出选择。选民群体的特征就是缺少批判精神、轻信、易怒、头脑简单,他们很少具备推理能力。候选人为了获得选票,就会投选民所好,利用选民的群体心理特征去采取竞选策略。如果选民以工人为主,候选人就会极力侮辱和中伤雇主,以此赢得工人的支持。在竞选过程中,候选人会开出各种天花乱坠的空头支票,承诺各种各样的改革措施和福利政策,都是为了调动选民的情绪,以谋求选民对他的支持。

五、拓展阅读

（1）《动机与人格》/ 亚伯拉罕·哈罗德·马斯洛著

（2）《法西斯主义大众心理学》/ 威尔海姆·赖希著

（3）《狂热分子》/ 埃里克·霍弗著

扫码获取附赠资料

30

《精神分析引论》：探秘无意识的巨大能量

精神分析学派创始人——西格蒙德·弗洛伊德

西格蒙德·弗洛伊德（1856—1939），奥地利精神病医师、心理学家、精神分析学派创始人，被称为"维也纳第一精神分析学派"。著有《梦的解析》（释梦）、《精神分析引论》、《图腾与禁忌》等，被世人誉为"精神分析之父"，20世纪最伟大的心理学家之一。

西格蒙德·弗洛伊德

他开创了潜意识研究的新领域，促进了动力心理学、人格心理学和变态心理学的发展，奠定了现代医学模式的新基础，为20世纪西方人文学科提供了重要理论支柱。他提出"潜意识""自我""本我""超我""俄狄浦斯情结""力比多""心理防卫机制"等概念。他提出的精神分析学后来被认为并非有效的临床治疗方法，但激发了后人提出各式各样的精神病理学理论，在临床心理学的发展史上具有重要意义。

一、作者生平

西格蒙德·弗洛伊德 1856 年出生于奥地利一个犹太家庭，父亲雅各布是一位心地善良、助人为乐但资本微薄的犹太商人，他虽然经商，但为人诚实、单纯，这些性格，对弗洛伊德有很大的影响。

弗洛伊德 4 岁时全家迁居到维也纳，他的一生几乎都是在那里度过的。在上中学以前，弗洛伊德是在家里接受父亲的教育的，尽管父亲的文化程度很低。弗洛伊德 9 岁的时候，由于具备过人的智力，加上平时的努力自修，以优异的成绩比入学年龄提前 1 年通过了中学入学考试，17 岁时以全优的成绩毕业于吉姆那森学校。1873 年，弗洛伊德从大学预科毕业前夕，面临着一生职业的抉择。他对成为政治家及达尔文的进化论均感兴趣，但作为犹太人，行医是可供选择的几种职业之一，他在自传中曾说：毕业之前，在卡尔·布鲁尔教授的课上，听他朗诵歌德那美妙的论自然的散文，遂决定成为一名医科学生。

1873 年他入维也纳大学医学院学习，1881 年获医学博士学位。1882—1885 年在维也纳综合医院担任医师，从事脑解剖和病理学研究。然后私人开业治疗精神病。1895 年正式提出精神分析的概念。1899 年出版《梦的解析》，被认为是精神分析心理学的正式形成。1919 年成立国际精神分析学会，标志着精神分析学派最终形成。1930 年被授予歌德奖。1936 年成为英国皇家学会会员。1938 年奥地利被德国侵占，赴英国避难，次年于伦敦逝世。

二、为什么要写这本书

《精神分析引论》及弗洛伊德的精神分析理论，是为了解决当时的社会问题产生的。

背景一：压抑的文化环境导致精神症和精神病发病率增高。

当时的奥地利，在经济上，自由资本主义发展到垄断阶段，社会的阶级矛盾更加尖锐；在政治上，民族矛盾和阶级矛盾相互交织，广大人民遭受封建主义、资产阶级和民族主义三重压迫，整个社会动荡不安；在社会文化上，仍处于维多利亚女王时代，宗教气氛浓厚，两性禁忌非常严格，人们正常的性欲望、性生活得不到满足，性本能受到极大压抑，造成人们精神上的巨大创伤和内部紧张的冲突状态。这种压抑的文化环境导致了当时神经症和精神病的发病率日益增高。

背景二：心理学、哲学、科学方面的理论基础。

精神分析理论有三大文化思想渊源，分别来自心理学、哲学和科学。在心理学上，莱布尼茨的微觉说指出单子的无意识，认为客观存在的、有意识的实体，是由精神单子组成的，它作为一种潜在的东西存在于心灵中，按照"欲望"这一内在原则，从较低级、不清晰的知觉逐渐向较高级、较清晰的知觉状态过渡，知觉继续发展为意识的实现，便成了统觉。赫尔巴特在莱布尼茨的基础上提出了意识阈和意识运动的学说，认为一个观念要从一个完全被压抑的状态进入一个现实观念的状态，必须跨过"意识阈"这个门槛，这种运动也成为弗洛伊德精神分析的心理动力学基础。在哲学上，弗洛伊德认同叔本华和尼采的反理性哲学，他曾说：

精神分析的前辈首推伟大的思想家——叔本华，他的无意识意志相当于精神分析中的精神欲望。尼采和弗洛伊德的观点更为相近，两人都把文明视为人类动物天性的大敌。弗洛伊德还吸收了系统科学方法论，认为人体是一个复杂的能量系统。心理能量可转化为不同的形态，但总能量不变。

背景三：作者的临床经验。

精神分析理论的诞生还和弗洛伊德的精神病医学临床经验有直接的关系。他在作为精神病医生的过程中，日益证实了造成疾病中意识混乱的主导情绪是性的情绪，由此发现性欲在神经官能症中起着支配的作用。只有通过自由联想法，进行精神分析，才能找出症结，达到治愈的目的。

三、研究的基础：潜意识

弗洛伊德假定，人的心理可以分成意识、前意识和潜意识三个层面，它们在人格中的角色地位是不同的。如果把人的心理比作一座漂浮在水面上的冰山，露在水面上的山尖是意识心理活动，只占全部精神世界的一小部分，而无意识领域则是水下面的那巨大的山体。

意识指我们能够觉察到的观念和感情。它是人格的表面活动，在人格的发展和功能方面起的作用相对较小。前意识是潜意识中经过稍微努力即可成为意识的这部分经验。它是潜意识和意识的中介环节，一些不愉快或痛苦的感觉、意念、回忆常被压存在前意识这个层次，一般情况下不会被个体所觉察，但当个体的控制能力松懈时，比如醉酒、催眠状态或梦境中，偶尔会暂时出现在意识层次里，让个体觉察到。潜意识由那些我们无法觉察的经验和记忆构成。潜意识中蕴藏着人的欲望、性冲动及其替代物，大部分不被人类社会、伦理道德和宗教法律接纳，有的来自童年被压抑的经历，有的来自种族遗传经验。潜意识是人格的最深层活动，是一切意识行为的出发点和动力源泉。

弗洛伊德通过对日常生活中的口误、笔误、遗忘等过失进行探索，发现它们并不是偶然存在的，而是深层无意识愿望的流露。我们可以通过自由联想和梦的解析，让潜意识显现出来，二者也构成了精神分析最基本的方法论。

自由联想是从催眠术中演化出来的，需要设置保密安静的环境，让研究对象处于身心放松状态，鼓励他说出脑海里涌现的任何思想观点或感情经验。精神分析师要事无巨细地记录患者所表达的内容，并对材料加以分析和解释，直到分析者和患者都认为找到了被压抑的潜意识为止。

梦的解析法也是人们探索无意识的重要途径，弗洛伊德认为，梦的本质是潜意识愿望的曲折表达，是被压抑的潜意识欲望伪装的、象征性的满足，是每个人无意识冲动的一种安全、健康的出口。

弗洛伊德把梦分为显梦和隐梦两部分。显梦是指人们真正体验到的梦。隐梦则指梦的真正含义，也就是梦象征性表现的被压抑的潜意识欲望。隐梦可以通过凝缩、移置、象征、润饰变成显梦，这一过程被称为梦的工作。精神分析师通过分析病人所讲述的梦，剥掉显梦伪装的外壳，从中破译出隐梦来，就被称为梦的解析，它能够帮助我们分析人的情绪和心理状态，找到症结所在。

四、研究的核心：本能论

弗洛伊德早期把本能分为自我本能和性本能。自我本能是回避危险，使自我不受伤害的本能。性本能是维持生命和存续种族的本能，驱动这种本能的力量被称为"力比多"。

后来他又把本能分为生本能和死本能。性本能和自我本能统称为生本能。生本能使人倾向于爱和建设，死本能却使人倾向于恨和破坏。当死本能表现于外，造成了人类历史上难以计数的侵略、战争和灾难，而当它指向内部，就表现为自虐和自杀等严重的精神疾病。

弗洛伊德最重视的就是性本能，它的力量是人类行为的最重要的动力。但是力比多寻找满足的过程通常是不顺利的，往往与社会文化相冲突，内在自我和外在环境之间产生的心理冲突导致了焦虑的产生。

焦虑的防御机制有很多种。

第一种是压抑，它也是最基本的防御机制，它将力比多冲动排除到意识之外，进入潜意识之中。弗洛伊德认为：真正通过两性活动得以释放的力比多能量仅仅是一小部分，大部分力比多能量是被压抑的，可以通过做梦、玩笑、变态行为等释放出来。

第二种是否认。人们总是拒绝承认让人感到焦虑和痛苦的事件，仿佛这样它们就从未存在过，比如"这不可能""绝对不会"等。

第三种是反向形成机制，指一个人总和自己原有的意识对着干，越是缺什么，就越会表现什么。

第四种是幻想。当一个人无力处理现实的困难时，往往用幻想满足内心的愿望，比如英雄幻想、灰姑娘幻想都是我们缓解焦虑的重要手段。

第五种是置换和迁怒。当我们对某一对象的情感因某种原因无法直接表现时，就会转移到其他较安全或容易被接受的对象身上，"一朝被蛇咬，十年怕井绳"就是一种对蛇恐惧的移置。

第六种是退行。一个人面对难以应付的挫折时，会自动以儿童的幼稚方式来满足自己的欲望，从而避免成人角色所导致的焦虑。比如明明能控制大小便的小孩在母亲生了二胎后又开始尿床以寻求关爱，刚做完手术、死里逃生的病人像小孩一样向护士撒娇等。

第七种是投射。它将自己内心不被社会认可的态度、行为和欲望推给别人或其他事物，以减轻内心的痛苦，你可以将它理解为"以小人之心度君子之腹"。比如强奸犯总是不愿承认自己先产生的非分之想，推脱是别人勾引自己在先。

第八种是内投射。把自己爱或恨的外界对象的某些特点摄入自己的行为和信仰之中，"近朱者赤，近墨者黑"就是这样一种外界向内部的投射。

第九种是合理化。其实是吃不到葡萄就说葡萄酸的找补心态，人们以社会认可的好理由来取代个人内心的真理由，以达到心理平衡的作用。

第十种是理智化，它看似和"合理化"的防御机制相近，但更多指的是对本能的欲望或巨大的痛苦以平淡的情感方式表达出来，也叫作去情绪化，比如"我有一个朋友……"就是经典的理智化表达。

当防御机制过度工作时，往往会出现躯体化现象，患者难以承受精神上的痛苦便把它转化为躯体症状表现出来，比如某些强迫症患者会不断重复一种无意识行为，甚至出现瘫痪、抽搐、昏倒等症状。

在弗洛伊德看来，随着人类的进化，防御机制也会逐渐升级，幽默和升华就是他认可的两种高级防御机制，具有一定的积极作用。

当一个成熟的人遇到挫折时，往往会用幽默来化解困境，解决内心和环境的冲突，一个优秀的脱口秀演员恰恰是最能用喜剧表现群体焦虑的。

升华是人类最积极、最富建设性的防御机制，它把本能欲望以符合社会要求的高尚形式表现出来，如艺术、科学等创造性活动不仅是艺术家本能冲动的升华，而且还能引发并满足读者自身的潜意识愿望。

防御机制对当事人来说，往往是无意识地、自动地形成的，它们能起到暂时缓解焦虑的作用，但不能从根本上消除焦虑。要想找到焦虑的根源，还需要精神医生的帮助和引导，破除自我防御机制的层层阻抗，使患者潜意识中的欲望、动机进入意识，通过了解内心、接纳自己，间接地解除精神症状，促进人格走向成熟。

精神分析治疗到了一定阶段，患者会对医生产生爱情、倾慕、憎恨、不信任等强烈的个人情感，这叫移情。通常我们会认为它是患者对治疗的一种抵抗，因为它偏离或回避了本来治疗的目的。但弗洛伊德认识到，这种情况正是患者把他对过去生活中人物的感情和印象，不知不觉地移向了医生，是过去情感纠葛的重现，医生可以以此为依据，了解患者病症的根本原因，从而能够有目的地进行治疗。

五、研究的对象：人格

人在不同的年龄，力比多通过身体的不同部位获得满足，弗洛伊德称这些部位为性感区，并以性感区的变化来划分人格发展的阶段，将人生全程分为五个发展阶段，其中前三个阶段的发展对整个人格发展起关键作用。

第一个阶段是口唇期，在 0～1 岁。此时婴儿性欲望的满足，主要通过口唇的吮吸、咀嚼和吞咽等活动获得。比如婴儿即使不饿，也喜欢含着奶嘴不放，喜欢吸自己的手指也是常见的婴儿行为。如果人格发展停滞在这一阶段，就形成口唇性格，这种人往往贪吃、抽烟、酗酒，过于依赖，总希望被照顾，以自己的需要为中心，强求别人，缺乏耐心，贪婪，多疑而又悲观。

第二个阶段是肛门期，在 1～3 岁。这时的本能要求是及时排泄以获得快感，但家庭教育却要求孩子定时大小便，这种管制如果过于严格，将会导致人格发展的停滞，就会形成肛门性格，表现为过于守秩序、爱清洁、吝啬、固执、报复心强等。

第三个阶段是最为关键的性器期，在 3～6 岁。这个阶段的儿童开始关注身体的性别差异，甚至偷看异性同伴或异性父母的性器官以获得快感。这时的儿童会对异性父母产生爱恋，并对同性父母产生嫉恨。儿童对父母的这种感情，在男孩是恋母情结，也称为俄狄浦斯情结；在女孩则为恋父情结，称为厄勒克特拉情结。此时男孩由于嫉恨父亲，又发现异性女孩没有那个小器官，以为是被父亲割掉了，于是产生阉割恐惧或阉割情结。为了克服这种恐惧，男孩就转而向父亲学习，以父亲为榜样，这种现象叫作认同。女孩由于发现男孩有的器官而自己没有，于是产生自卑感，并心怀嫉妒，在弗洛伊德看来，女性的所有追求都来自想得到这一性器官的内驱愿望。如果性器期的基本冲突不能顺利解决，恋父、恋母情结将会固着在潜意识中，成为以后心理疾病的根源。精神分析学家认为这种情结对以后个体的精神健康起着极其重要的作用，与道德规范、社会价值观的内化以及性别角色的认同也有着密切关系。

第四个阶段是指从 7 岁到青春期之间的潜伏期。这一时期的儿童，注意力从自己的身体和对父母的感情转向外部的环境，转向学习和游戏，更多地和同性同伴相处，此时性心理的发展处于潜伏期。

第五个阶段是进入青春期以后的两性期。性需求开始朝向年龄接近的异性，并希望与其建立两性关系，性心理的发展走向成熟，人格也趋向成熟。此期若发展顺利，则会形成生殖人格。弗洛伊德认为生殖人格是理想的人格类型，可以通过建立稳定的亲密关系让人获得幸福，达到终极目标，也就是拥有爱和被爱的能力。

六、拓展阅读

（1）《梦的解析》/ 西格蒙德·弗洛伊德著

（2）《图腾与禁忌》/ 西格蒙德·弗洛伊德著

（3）《自我与本我》/ 西格蒙德·弗洛伊德著

扫码获取附赠资料

后　　记

本书历时一年，经过精心打磨，终于和大家见面了。实际上，我们在备稿阶段，精选了100多本经典名著，邀请了50多名优秀学者进行解读，从中优中选优，最终确定了本书中的30篇精品文稿。

在组稿中，有赖于以下学者的大力支持，在此特别感谢：

王泽宇、薛冬霞、张甲子、辛航行、许梦麟、马琳、骆良虎、骆飞、侯海锋、王济民、邹嘉媛、王昆、张晓芹、刘颖、何北辰、张艺璇（排名不分先后）。

本书是我们对经典名著解读的首次尝试，不足之处，在所难免，若有疏忽错漏之处，可与学术志阅读项目组联系。